Ralf Laging, Ahmet Derecik, Katrin Riegel,
Cordula Stobbe

MIT BEWEGUNG GANZTAGSSCHULE GESTALTEN

Beispiele und Anregungen aus bewegungsorientierten Schulportraits

unter Mitarbeit von Tanja Bartmann, Reiner Hildebrandt-Stramann,
Olivia Marschner, Claudia Reimer, Oliver Senff

D1619969

Schneider Verlag Hohengehren GmbH

IMPRESSUM

Bibliografische Information der Deutschen Nationalbibliothek
Die Deutsche Nationalbibliothek verzeichnet diese Publikation in der Deutschen Nationalbibliografie; detaillierte bibliografische Angaben sind im Internet über http://dnb.d-nb.de abrufbar.

Gefördert durch das BMBF (Bundesministerium für Bildung und Forschung) und den ESF (Europäischer Sozialfonds).

© Schneider Verlag Hohengehren GmbH,
   D-73666 Baltmannsweiler 2010
   www.paedagogik.de

Coverabbildung:
Katrin Riegel
Illustration Figuren:
Peter Schönwandt
Layout und Satz:
Weigand Design und Kommunikation GmbH, Frankfurt am Main
Druck:
Druckerei Bercker, Kevelaer
Printed in Germany

ISBN 978-3-8340-0683-7

„ *Das Leben besteht nicht nur aus Schul-
arbeiten. Der Mensch soll lernen, nur die
Ochsen büffeln. [...] Der Kopf ist nicht der
einzige Körperteil. Wer das Gegenteil
behauptet, lügt. [...] Man muss nämlich
auch springen, turnen, tanzen und singen
können [...] "*

ERICH KÄSTNER

INHALT

VORWORT

Die verstärkte Einführung von Ganztagsschulen zu Beginn dieses Jahrhunderts hat mehr denn je die Frage der Gestaltung von Schule und Unterricht aufgeworfen. Das größere Zeitbudget der Ganztagsschule gibt Anlass, über gewohnte Strukturen, Zeiten und Räume nachzudenken. „Zeit für Mehr" lautet das Motto des Bundesministeriums für Bildung und Forschung (BMBF) für viele Innovationen in der Schule, für mehr individuelle Förderung, für mehr Nachhaltigkeit, für mehr Partizipation, für besseres und vernetztes Lernen und für vieles mehr – auch für mehr Bewegung! Dieses Buch will zeigen, wie Ganztagsschulen sich so entwickeln können, dass mehr Bewegung in die Schule kommt. Im Rahmen des vom BMBF und dem Europäischen Sozialfonds (ESF) geförderten Verbund-Forschungsprojekts „Studie zur Entwicklung von Bewegung, Spiel und Sport in der Ganztagsschule" an den Universitäten Marburg, Braunschweig und Jena sind wir der Fragestellung nachgegangen, wie es Ganztagsschulen gelingt, Bewegung, Spiel und Sport in die Ganztagsschule zu integrieren. Neben den wissenschaftlichen Ergebnissen, die in eigenen Buchpublikationen die Diskussion um die Bewegte Ganztagsschule fundieren sollen, ging und geht es um das Anliegen, praxisorientierte Materialien für die bewegungsorientierte Entwicklung von Ganztagsschulen zu erstellen. Vor diesem Hintergrund ist das vorliegende Buch entstanden. Die hierfür dokumentierte Praxis geht auf Schulportraits zurück, die im Rahmen des Projektes aus einer Bewegungsperspektive entstanden sind. Die darin enthaltenen vielfältigen Lösungen, Ideen und Entwicklungsschritte der am Projekt beteiligten Ganztagsschulen zeigen Wege auf, die zu einer „Bewegten Ganztagsschule" führen. Die gewählten Ausschnitte aus den Schulportraits und deren Aufbereitung für dieses Buch sollen als Ideenpool für die Schulentwicklung vieler am Thema Bewegung interessierter Schulen zur Verfügung gestellt werden.

Eine komplementäre Ergänzung zu diesem Buch liegt mit dem Film „Bewegt den ganzen Tag" (Becker; Michel & Laging, 2008) bereits vor, der ebenfalls als praxisorientiertes Material aus dem Projekt heraus im Schneider Verlag erschienen ist. Der Film nimmt im Kern die gleichen Themenbereiche wie dieses Buch auf, präsentiert sechs der hier vorgestellten Schulen ausführlicher und kann dabei als Film das Thema Bewegung auch in der Tat „bewegt" präsentieren.

An dieser Stelle möchten wir uns ganz herzlich für die Förderung durch das BMBF und den ESF sowie für die gute Unterstützung während des gesamten Projektes bedanken, insbesondere bei Frau Dr. Petra Gruner, die uns in dieser Zeit begleitet hat. Die mit dieser Förderung verbundene Wertschätzung der Entwicklung praxisorientierter Materialien für die Schulentwicklung freut uns ganz besonders.

Ein ganz besonderer Dank gilt auch allen beteiligten Schulen für die gute Zusammenarbeit während des Projektes sowie speziell auch für die Unterstützung bei der Entstehung dieses Buches. Ohne die Bereitschaft der vielen beteiligten Lehrkräfte, Schülerinnen und Schüler, Schulleitungen und vieler weiterer mit der Schule verbundener Personen und Institutionen hätte dieses Buch nicht entstehen können – hierfür an alle beteiligten Personen ein ganz herzliches Dankeschön!

Für ihre Unterstützung während des Entstehungsprozesses dieses Buches möchten wir darüber hinaus Markus Seib sowie Meike Hartmann herzlich danken.

Zu guter Letzt seien hier alle Projektmitarbeiter(innen) erwähnt, auf deren Schulportraits die Ausführungen in diesem Buch zurück gehen und die somit als indirekte Mit-Autor(inn)en dieses Buches zu würdigen sind: Neben den Hauptautor(inn)en dieses Buches sind dies Tanja Bartmann, Reiner Hildebrandt-Stramann, Olivia Marschner, Claudia Reimer sowie Oliver Senff.

Wir hoffen, dass wir mit diesem Buch einerseits das bewegte Schulleben der vorgestellten Schulen würdigen und andererseits den Leserinnen und Lesern dieses Buches vielfältige Ideen für die eigene bewegte Ganztagsschulentwicklung bieten können.

im Februar 2010
Ralf Laging, Ahmet Derecik, Katrin Riegel und Cordula Stobbe

1 EINLEITUNG

Die derzeitige Ganztagsschulentwicklung ist eine Antwort auf aktuelle bildungs-
politische und gesellschaftliche Probleme, wie z. B. „soziale Ungleichheit in
den Bildungschancen", „Vereinbarkeit von Berufstätigkeit der Eltern und schulischer Bildung der Kinder", „Förderung individueller Entwicklung", „Verbesserung schulischer Leistungen" oder „sozialerzieherische Aufgaben der Schule".
Nun scheint in der schulpädagogischen Konzeptdiskussion Klarheit darüber
zu bestehen, dass eine Ganztagsschule nicht die Verlängerung der stoffbela-
denen Vormittagsschule nach dem Prinzip „more of the same" bedeuten kann,
sondern es eher um die Neukonzeption einer ganztägig arbeitenden Schule
gehen muss (vgl. Höhmann, Holtappels & Schnetzer, 2004).
Das erweiterte schulische Zeitraster („Zeit für mehr") wirft die Frage auf, wie
eine ganztägig arbeitende Schule das Lernen und Leben für Schüler(innen)
in eine förderliche Taktung und Rhythmisierung überführt. Aus sport- und
bewegungspädagogischer Sicht stellt sich die Frage, wie Bewegung, Spiel und
Sport in diesen Takt und Rhythmus integriert und so zu einem eigenständigen
Gestaltungsbeitrag werden können.
Das vorliegende Buch ist im Rahmen des vom BMBF geförderten empirisch
orientierten Forschungsprojekts „**Stu**die zur Entwicklung von **B**ewegung, **S**piel
und **S**port in der Ganztagsschule" (StuBSS) entstanden (vgl. **http://www.uni-
marburg.de/fb21/ifsm/ganztagsschule**). Es geht der Frage nach, welche
Formen Ganztagsschulen gefunden haben, um Bewegungs- und Sportaktivitäten in den Schulalltag zu integrieren. Dabei sind nicht allein die sportlichen
Aktivitäten in Kooperation mit Vereinen oder die sportbezogenen Arbeitsgemeinschaften am Nachmittag Gegenstand der Untersuchung gewesen, sondern auch die Einbeziehung von Bewegungsaktivitäten in die Gestaltung des
ganzen Schultages, etwa zur Rhythmisierung und Taktung des Schultages, zu
den Organisationsformen einer ganztägig arbeitenden Schule, zu den Möglichkeiten des informellen und zum rhythmisierten Lernen und vieles mehr
(vgl. Laging, 2008).

In diesem Buch stellen wir Auszüge aus bewegungsorientierten Schulportraits vor, die zeigen, welche Antworten einzelne Schulen auf diese Frage gefunden haben. Die Schulportraits werden thematisch so zugespitzt, dass aus einzelnen Schulen jeweils ein besonderer Schwerpunkt der ganztägigen Schulgestaltung hervorgehoben wird. Aus der Unterschiedlichkeit gewählter Auszüge ergibt sich ein Anregungsspektrum, das anderen Schulen dazu dienen soll, die eigene Schule bewegungsorientiert weiterzuentwickeln.

Die Schulportraits basieren auf qualitativen Daten, die im Rahmen des Projektes erhoben worden sind. In Kap. 1.2 wird erläutert, wie die Schulportraits zur Integration von Bewegung, Spiel und Sport entstanden sind und welche Bedeutung sie im Rahmen der Schulentwicklung haben. Welche Auszüge wir für dieses Buch ausgewählt haben und wie daraus der Aufbau des Buches zu verstehen ist, soll in Kap. 1.3 erläutert werden. Zunächst wird jetzt jedoch in Kap. 1.1 der konzeptionelle Rahmen für eine bewegungsorientierte Schulentwicklung vorgestellt.

1.1 GANZTAGSSCHULE BEWEGUNGSORIENTIERT GESTALTEN

Schulen ganztägig zu gestalten ist in der Schulgeschichte nicht neu (vgl. Ludwig, 2005) und dennoch zieht der Ausbau von Ganztagsschulen (vgl. Holtappels, 2007) seit Auflage des „Investitionsprogramms Zukunft, Bildung und Betreuung" (IZBB) und der Bund-Länder-Verwaltungsvereinbarung vom 12. Mai 2003 erhebliche pädagogische Aufmerksamkeit auf sich, wie es die Schule schon lange nicht mehr erfahren hat. Mit einem Investitionsvolumen von vier Milliarden Euro für den Zeitraum 2003 bis 2009 soll die flächendeckende Einführung von Ganztagsschulen angestoßen und forciert werden. Die Länder sind aufgerufen, mit diesen Investitionsmitteln ein pädagogisches Konzept zu entwickeln, das sowohl in bildungspolitischer als auch in pädagogischer Hinsicht das Schulsystem durch Ganztagsschulen erheblich verbessert. Die pädagogischen Hoffnungen, die eine solche Veränderung bestehender Strukturen in der Schule und der außerschulischen Lebenswelt rechtfertigen, sind groß. Die Schulleistungsuntersuchungen der letzten Jahre wie TIMSS und PISA haben die Notwendigkeit einer Qualitätsdiskussion über Schule und Unterricht aufgezeigt und befördert. Die Ganztagsschule versteht sich als eine mögliche Antwort auf die Problemlage bundesdeutscher Schulen. Zur Begründung einer Ausdehnung von Ganztagsschulen in der deutschen Schullandschaft werden in der pädagogischen und bildungspolitischen Debatte vor diesem Hintergrund drei Argumente genannt (vgl. Tilmann, 2005, S. 49 ff.):

Eine *sozial-politische Begründung*, die auf die Veränderung von Familie und auf das gewandelte Frauenbild verweist und demzufolge eine ganztägige Betreuung für Kinder fordert. Ganztägige Schulen sind in dieser Hinsicht als „gesellschaftlicher Beitrag zur Sicherstellung und zur Qualitätssteigerung der soziokulturellen Infrastruktur zu verstehen" (Höhmann, Holtappels & Schnetzer, 2004, S. 254). Konkret geht es vor allem um die Verbesserung der Vereinbarkeit von Erwerbstätigkeit und Familie.

Eine *erzieherische Begründung*, die auf die durch gesellschaftliche Entwicklungen bedingte Reduzierung der Erziehungsleistung von Familien zielt. „Auch in der normalen Familie werden soziale Kompetenzen deutlich schwächer vermittelt als früher" schreibt Tillmann (2005, S. 50). Ganztägigen Schulen kommt somit eine kompensatorische Funktion im Bereich des sozialen Lernens und der Sozialerziehung zu. Mehr Zeit in der Schule soll zu einer Verbesserung des erziehlichen Milieus führen, in dem Kinder und Jugendliche heute aufwachsen.

Eine *schulpädagogisch-didaktische Begründung*, die auf eine Veränderung der Schul- und mit ihr der Unterrichts- und Lernkultur zielt. Für Tillmann ist diese Begründung mit Blick auf die zurückliegenden PISA-Ergebnisse die wichtigste. Er schreibt: „Wer (wie z.B. die KMK) mehr ganztägige Schulangebote als Antwort auf PISA fordert, muss dem schulpädagogisch-didaktischen Motiv eine hohe Relevanz zusprechen" (2005, S. 51). Aber auch dies allein reicht nicht. Letztlich muss die Schule ihre eigene Kultur hinsichtlich von Lernen und Leben neu denken und eine entsprechende Schulentwicklung vorantreiben.

In diesem pädagogischen und bildungs- sowie gesellschaftspolitischen Horizont ist die Bedeutung von Bewegung, Spiel und Sport in der Ganztagsschule zu verorten. Unter einer Bewegungsperspektive stellt sich die Ganztagsschule als spezifische Herausforderung für die Bedingungen des Aufwachsens von Kindern und Jugendlichen dar. In einer Ganztagsschule ist die Frage nach der Verantwortung für den Umgang mit Körper und Bewegung weit umfassender als durch Kooperationen von Schule und Sportverein zu beantworten. Denn es geht in der Schule nicht allein um die Verhinderung einer noch längeren Sitzzeit durch Verlängerung des Vormittagsunterrichts, um die Aufrechterhaltung oder gar Ausdehnung von sportlichen Aktivitäten am Nachmittag, um einen nachhaltigen bewegungsorientierten Lebensstil und um eine konstruktive Begegnung mit dem vielfach beklagten Rückgang an Bewegungsaktivitäten von Kindern und Jugendlichen. Um diese Themen geht es auch, aber vor allem geht es grundlegend darum, im pädagogischen Interesse Bewegungsaktivitäten zur Klärung des Selbstverhältnisses im Umgang mit dem eigenen Körper als bedeutenden Aspekt für gelingende Bildungs- und Sozialisationsprozesse zu begreifen. Insofern besteht die zentrale Frage darin, wie Bewegungsaktivitäten in einem ganztägigen Schultag umfassend und integriert berücksichtigt werden können.

Was aber ist in diesem Zusammenhang unter Bewegung zu verstehen, um eine bewegungsorientierte Schulgestaltung begründen zu können? Die folgenden Überlegungen stellen ein Bewegungsverständnis vor, das hierfür eine Grundlage bilden soll.

Bewegungsaktivitäten sind im hier gemeinten Verständnis selbstzweckhaft auf die Bewältigung von Bewegungsaufgaben gerichtet, z.B. wenn es darum geht, für sich mit dem Seil zu springen oder mit anderen eine Spielidee (z.B. Ball ins Tor) zu realisieren. Anders ist es, wenn es darum geht, einen Nutzen durch Bewegung zu erzielen, wie z.B. durch schnelles Laufen einen Bus zu erreichen. Die gemeinte Selbstzweckhaftigkeit des Sich-Bewegens ist kontextgebunden und insofern situationsgestaltend. Daher finden Bewegungsaktivitäten nicht in einem gesellschafts- und kulturfreien Raum statt, sondern sie sind von vielfältigen Sinn- und Bedeutungsdimensionen durchzogen. Grundsätzlich geht es um „bewegungsthematisch gebundene, auf die Bewältigung und Gestaltung von Bewegungssituationen gerichtete Aufgaben" (Scherer, 2005, S. 126). Das dafür notwendige lösungsbezogene Tätigsein kann als intentionales Bewegungshandeln begriffen werden (vgl. Tamboer, 1979; Trebels, 1992).

Sich-Bewegen ist insofern nicht der physiologische Vorgang von Muskeltätig-keit, sondern ein dialogischer Prozess zwischen Mensch und Welt, zwischen Subjekt und sich stellender Aufgabe, wobei sich Mensch und Welt nicht gegen-über stehen, sondern relational verknüpft sind. Die Praxis des Bewegungshan-delns kann daher als ästhetische Erfahrung leiblich-sinnlich erlebter Aufgaben-bewältigung begriffen werden, wobei die Suche nach Lösungen immer eine Offenheit oder ein Stück Nicht-Beherrschbarkeit beinhaltet, auch wenn das Be-wegungskönnen bereits ein hohes Niveau erreicht hat. Diese prinzipielle Offen-heit der Bewegung hebt die grundsätzliche Funktionalität des Sich-Bewegens nicht auf, wohl aber unterscheiden sich die funktionellen Antworten. So geht es um den geschickten Umgang des Körpers mit Bewegungsherausforderun-gen oder um die gelingende gemeinsame Bewegungshandlung mit anderen. Bewegungen können auch das symbolische Spiel des Bewegungsausdrucks durch Rollenspiele und Gesten zeigen oder das Spüren des eigenen Körpers meinen. Immer steht ein intentionaler Weltzugang dahinter, der mit der Wider-ständigkeit von Welt im Horizont der eigenen Bewegungsmöglichkeiten umge-hen muss (vgl. Funke-Wieneke, 2004, S. 182).

Die Bedeutung von Bewegungsaktivität und Bewegungsförderung im pädagogi-schen Kontext lässt sich somit erst auf einer phänomenologisch-anthropolo-gischen Grundlage erschließen (vgl. Trebels, 1992 mit Bezug auf Merleau-Ponty, 1966). Bewegungsaktivitäten können im schulischen Kontext zunächst einmal als fachlicher Gegenstand begriffen und im Unterricht vermittelt werden. Hier hat der schulische Sportunterricht seinen Kern, aber auch viele Nachmittags-angebote und Bewegungsaktivitäten in den Pausen thematisieren in mehr oder weniger sportiver Weise diesen Kern als geformte und gestaltete Bewegung. Der pädagogische Kontext dieser fachlichen Vermittlungsbemühungen muss auf die Entwicklung der unterschiedlichen Funktionen des Sich-Bewegens gerichtet sein.

Gleichzeitig verweist das skizzierte Bewegungsverständnis darauf, dass Bewe-gung nicht nur in spezifischer Weise fachlich thematisiert werden kann, son-dern grundlegend den Lebensalltag in Bezug auf Bewegungsgeschick, sozialen Umgang, sensible Selbstwahrnehmung und leibliche Ausdrucksfähigkeit durch-zieht. Im schulischen Kontext spielt demnach das Sich-Bewegen in allen Fächern und im Schulleben als überfachliche Dimension eine grundlegende Rolle. Schü-ler(innen) begegnen sich körperlich, gehen in Spielen und sportlichen Hand-lungen Bewegungsbeziehungen in nicht formellen und formellen Situationen ein, spüren ihr Wohlbefinden oder Missbefinden leiblich, lernen ganzheitlich in Bewegung und mit allen Sinnen und vieles mehr (vgl. Hildebrandt-Stramann, 2007a).

Verstehen wir Bewegung als eine jenseits der sprachlichen Ebene liegende ebenfalls fundamentale Weise der Weltbegegnung im Sinne eines nicht-sprachli-chen leiblich-sinnlichen Erlebens, dann existiert neben der sprachlichen Refle-xion über Welt eine über und in Bewegung vermittelte ästhetische Erfahrung mit einer anderen Ausdrucks- und Reflexionsstruktur (vgl. Franke, 2003, S. 32).

Ebenso wie die Sprache fundamental in einer zweifachen Vermittlungsleistung gesehen werden muss (vgl. Benner, 1996, S. 268), nämlich als Lerngegenstand in ihrer Weltvermittlungsfunktion und als pädagogische Interaktion in ihrer kommunikativen Funktion, so muss auch, aber auf einer anderen Ebene liegend, die Bewegung als fundamental verstanden werden, da sie sowohl einen Lerngegenstand konstituiert als auch als Ausdruck einer sozialleiblichen Bewegungsbeziehung fungiert.

Bewegung und Sport lassen sich nicht als „Sache" einem materialen Bildungsdenken in schulischer Tradition von Wissens- und Könnensbeständen unterordnen, denn Bildung ist „kein Arsenal, sondern ein Horizont" (Blumenberg, 1998). Jedem Wissen und Können gegenüber kann erst dann von Bildung gesprochen werden, wenn eine Haltung hinzukommt, in der das Wissen/Können aufgehoben ist; eine Haltung zur Welt des Wissens, der Kunst, der Musik oder auch der menschlichen Bewegung. Es geht hier also nicht um Nützlichkeit und Machbarkeit, sondern um Prozesse der Selbstbildung. Es geht nicht um die naive, materialem Bildungsdenken folgende Behauptung, dass auch Sport wie alle anderen Fächer bildet, indem man sportlich etwas kann, sondern vielmehr darum, Bewegung als leiblich-sinnlichen Vorgang zu verstehen, der als leibliche Bildung auf der nicht-sprachlichen Ebene eine „andere Vernunft" (Franke, 2005) darstellt.

Die menschliche Bewegung mit ihren leiblich-sinnlichen Erfahrungsmöglichkeiten erweist sich in dieser Betrachtung als eigene Erkenntnis- und Bildungsmöglichkeit. Das Sich-Bewegen ist nicht gleich Sport, sondern muss in seinen je unterschiedlichen Funktionen und Verwendungsweisen in der Beziehung von Mensch und Welt gesehen werden; erst dann lassen sich mögliche Bewegungsaktivitäten zwischen sportlicher Form und lernunterstützender Begleitung gemeinsam und gleichzeitig im Rahmen von bewegungsorientierten Schulentwicklungsprozessen zur Entfaltung bringen.

Auch wenn sich die derzeitige Praxis von Ganztagsschulen meist auf die betreute Verlängerung des Schulvormittages beschränkt und im Wesentlichen inte-
ressante, meist sportliche Angebote für den Nachmittag bereithält, kommt die
Ganztagsschule mittel- und langfristig nicht ohne die konzeptionelle Verzahnung von Vor- und Nachmittag aus. Eine Beschränkung auf Nachmittagsangebote mit klassischen Sportarten wie Fußball und Basketball oder auch mit
Zirkusprojekten, Tanzimprovisationen, Abenteuer- und Erlebnispädagogik blie-
be weit hinter dem Potenzial des Sich-Bewegens zurück, etwa dann, wenn es
um die Rhythmisierung des Schultages, den Wechsel von Konzentration und
Zerstreuung, Ruhe und Bewegung oder Drinnen und Draußen geht oder sich
die Frage nach Bewegungspausen im Unterricht stellt und im Unterricht bewegtes Lernen stattfinden soll. Genau dieses Spektrum an Möglichkeiten soll das
oben skizzierte Bewegungsverständnis für Schulentwicklungsprozesse erschließen (vgl. Laging & Schillack, 2007; Hildebrandt-Stramann, 2007a). Diese Möglichkeiten sind zudem in einem integrativen Konzept mit dem Schulsport und
den Kooperationen mit außer*schulischen* Einrichtungen des Sports oder anderer Bewegungsanbieter zu verzahnen.
Wie wichtig eine solche Verzahnung in einem integrativen Konzept ist, zeigt
sich auch daran, dass derzeit vor allem die außerunterrichtlichen Schul-
sportangebote, die schulintern ermöglicht werden oder in Kooperation mit
außerschulischen Partnern zustande kommen, zur Belebung der Schulkultur
beitragen. Dies bestätigen auch die neuen Zahlen der StEG-Untersuchung (vgl.
Holtappels et al., 2007) eindrücklich - StEG ist die „Studie zur Entwicklung von
Ganztagsschulen", von der aktuell die Ergebnisse der Ausgangserhebung zur
Ganztagsschulentwicklung vorliegen. Unter den Kooperationspartnern für die
Ganztagsschule dominieren sowohl in den Grundschulen als auch in den Schulen der Sekundarstufe I deutlich die freien Sportanbieter (meist Sportvereine)
mit 30 bis 37 % aller Angebote (vgl. Arnoldt 2007, S. 93 f). Solche Sportangebote sind an 90 bis 95 % aller Ganztagsschulen vorhanden (vgl. Holtappels
2007, S. 192). An 46 bis 52 % der Schulen findet dieses Angebot an 2 - 3 Tagen,
an 26 bis 35 % der Schulen sogar an 4 - 5 Tagen in der Woche statt.
Vor dem Hintergrund dieser Ausführungen ist Bewegung, Spiel und Sport
umfassend an der Gestaltung von Ganztagsschulen beteiligt und dies nicht
nur kompensatorisch zur Minderung der Belastung eines langen Schultages,
zur Auflockerung eines ungesunden Sitzunterrichts oder fehlender Sportver-
einsaktivitäten, sondern konstruktiv an der Gestaltung eines Lebensraumes.
Diese Mitgestaltungsmöglichkeiten lassen sich zusammenfassend mit den folgenden Fragen umreißen:
Wie kann die Schule einen rhythmischen Tagesablauf entwickeln, der ein ausge-
wogenes Verhältnis von konzentriertem Lernen und „bewegter" Zerstreuung
ermöglicht? Wie lässt sich die zusätzliche Zeit für eine Lernförderung aller Kin-
der nutzen und in ganzheitliche Bildungsprozesse unter Einbeziehung der leibli-
chen Dimension einbinden? Wie kann der „reguläre" Unterricht bewegter gestaltet
werden? Wie kann es gelingen, die zusätzliche Zeit in Ganztagsschulen nicht
allein zur Förderung kognitiver Leistungen in den Hauptfächern zu verwenden,

sondern auch zur Förderung von Bewegungskompetenzen oder – allgemeiner – von ästhetischen Erfahrungen durch Sport, Kunst und Musik? Wie können (bewegungsorientierte) Freizeitaktivitäten in der ganztägig arbeitenden Schule für alle Kinder und Jugendlichen eröffnet werden?

Vor diesem Fragehorizont deuten sich für Ganztagsschulen vier große Handlungsfelder an, in denen Bewegungsaktivitäten eine wichtige integrative Gestaltungsfunktion übernehmen können.

- **Erstens** benötigen Ganztagsschulen einen rhythmisierten Schultag, der Unterricht und freie Zeit, Förderung und Angebote, Lernarbeit und Pausen, Kopf und Körper, Vormittag und Nachmittag in ein angemessenes entwicklungsförderndes Verhältnis zueinander bringt. Der klassische Schultag gliedert sich in 45 Minuten-Einheiten und berücksichtigt einen solchen rhythmischen Wechsel von Bewegung und Ruhe nicht. Ein bewegter Schulalltag lässt sich aber nur realisieren, wenn der Takt rhythmisiert wird. So gibt es Schulen, die mit einer Gleitzeit beginnen, in der die Kinder Unterschiedliches tun können. Sie haben die Möglichkeit, Aufgaben zu bearbeiten oder mit anderen zu spielen, im Raum umherzugehen, sich zu unterhalten, Ruhe oder Bewegung zu suchen. Es folgt ein erster Unterrichtsblock, der sehr unterschiedliche Anforderungen erfüllen soll: konzentriertes und bewegtes Arbeiten im Wechsel, Individualisierung und Gemeinsamkeit, Bearbeitung im Frontalunterricht und in differenzierten Gruppen usw. Es schließt sich eine Frühstückspause mit ausgedehnter Bewegungs- und Spielpause bis zu 45 Minuten an. Im zweiten Unterrichtsblock wird stärker projektbezogen und in Vorhaben gearbeitet – eine Unterrichtsform, die ohnehin bewegt ist. Nach der Mittagspause von etwa 60 Minuten folgt an gebundenen Ganztagsschulen eine weitere Lernzeit (an offenen Ganztagsschulen eine Angebots- und Betreuungszeit).

- **Zweitens** entsteht an Ganztagsschulen ein vermehrter Bedarf an Bewegungs- und Sportangeboten zur Betreuung und außerunterrichtlichen Jugendbildung. Sport- und Bewegungsangebote bilden nach verschiedenen Untersuchungen – wie oben gezeigt – die umfangreichsten und wichtigsten Aktivitätsbereiche. Sie werden sowohl durch einzelne Honorarkräfte, eigenes Lehrpersonal, weitere pädagogische Mitarbeiter(innen) oder durch Kooperationen mit freien Trägern der Jugendhilfe, einschließlich der Sportvereine gestaltet. Die Angebote können auf den Nachmittag konzentriert werden, aber auch am Vormittag oder in der Mittagspause stattfinden. Damit eng verbunden sind die Bewegungsangebote im nichtformellen Raum.

- **Drittens** spielt in der Ganztagsschule das gesamte Feld der informellen und nicht-formellen Bewegungsgelegenheiten eine bedeutende Rolle. Pädagogische Konzeptionen von Ganztagsschulen gehen davon, dass nicht der ganze Schultag mit einem Lerncurriculum gefüllt werden kann und soll, sondern Räume zur Selbstgestaltung und -nutzung bereitgestellt werden. In diesem Kontext legen Schulen sehr viel Wert auf Pausen und freie Bewegungs- und Rückzugsmöglichkeiten im Schulgelände. Dies trifft auch auf weitere freie Zeiten, wie Freistunden, nicht verplante Zeiten vor und nach der Schule oder Freispielzeiten am Nachmittag zu. Hierfür gestalten die Schulen zunehmend ihr Schulgelände zu einem Bewegungsraum um. Vielfach wird auch das Schulhaus als informeller Bewegungsraum in die Überlegungen miteinbezogen.
- **Viertens** soll der Unterricht bewegter werden. Sofern Ganztagsschulen auch am Nachmittag Pflichtunterricht durchführen (und dies geschieht ohne das Etikett einer teil- oder vollgebundenen Ganztagsschule) sind sie mit der Frage konfrontiert, wie viele verschiedene Fächer hintereinander bei 7 oder 8 Unterrichtsstunden sinnvoll gestaltet werden können. Hinzu kommt die Frage, wie ein Unterrichtstag mit mehr als 6 Stunden Unterricht so rhythmisiert werden kann, dass die Schüler(innen) ein ausgewogenes Verhältnis von Konzentration und Zerstreuung erleben. Viele Ganztagsschulen sind dazu übergegangen, nicht nur die Stunden in einen gestalteten Tagestakt zu bringen, sondern auch die Lernzeit innerhalb der einzelnen Unterrichtsstunden durch Umstellung auf Doppelstunden zu rhythmisieren. Auf diese Weise lässt sich ein rhythmisiertes Lernen mit unterschiedlichen Phasen der Anspannung und Entspannung, also konzentriertes und ruhiges Arbeiten einerseits und bewegtes Lernen bzw. die Integration von Bewegungspausen in Lernphasen andererseits initiieren. Die Umstellung auf längere Zeiteinheiten mit Bewegungsanteilen ist eine von vielen Ganztagsschulen angestrebte Lösung eines verlängerten Schultages.

Diese vier Handlungsfelder können sehr unterschiedlich gestaltet und auf ganz unterschiedliche Weise kombiniert werden. Auf jeden Fall ergibt sich aus den Antworten auf die vier Gestaltungsaufgaben nach einem rhythmisierten Schultag, den Kooperationen, dem vermehrten Bewegungsangebot und dem bewegten Unterricht ein Tagesablauf mit einer je bestimmten Taktung, in dem Bewegung, Spiel und Sport als integrative Elemente einer ganztägigen Schule bedeutsam sind.

In dem vorliegenden Buch werden diese vier Handlungsfelder mit praktischen Schulbeispielen veranschaulicht. Das Spektrum der Beispiele zeigt mögliche Gestaltungswege, -konzepte und -realisierungen auf, die als Anregung für die ganztägige Schulentwicklung gedacht sind. Grundlegend dafür ist ein integratives bewegungspädagogisches Verständnis von Bewegung, Spiel und Sport im Ganztag.

1.2 SCHULPORTRAITS ALS BEISPIELE INNOVATIVER SCHULENTWICKLUNG

Die in den Kapiteln 2 – 5 vorgestellten Schulbeispiele zu den vier oben beschriebenen Handlungsfeldern einer bewegungsorientierten Ganztagsschulgestaltung gehen auf Schulportraits zurück, die im Rahmen des Projektes StuBSS entstanden sind. In diesem Kapitel soll nun erläutert werden, wie diese Schulportraits, die die Bewegungsperspektive in den Mittelpunkt rücken, entstanden sind, welchem Kontext der Schulforschung sie zuzurechnen sind und welchen Beitrag sie zur innovativen Schulentwicklung leisten können. Hierzu erfolgen zunächst einige Ausführungen zum theoretischen Hintergrund von Schulportraits.

Schulportraits bilden im Rahmen der Einzelschulforschung seit den 1990er Jahren einen systematischen Zugang zu den unterschiedlichen Facetten der Schulgestaltung. Schulportraits stellen in unserem Verständnis eine systematische und methodisch kontrollierte, an Gütekriterien empirischer Forschung orientierte Darstellung der faktischen und konkreten Wirklichkeit der untersuchten Schule dar (vgl. Idel, 2000, S. 30). Sie können damit das komplexe Wechselspiel von Systemmerkmalen und Handlungsspielräumen der agierenden Personen reflektieren und bieten die Möglichkeit, die „inner- und außerschulischen hemmenden und fördernden Faktoren" differenziert zu betrachten (Idel, 1999, S. 32). Mit diesem Paradigmenwechsel in der Schulforschung vom Schulsystem zur Einzelschule ist eine Hinwendung zu qualitativen Forschungsstrategien verbunden gewesen. Die Schule soll in ihrer Autonomie gestärkt werden, was voraussetzt, die „Einzelschule als je konkrete, unverwechselbare Institution" (Idel, 1999, S. 32) zu sehen. In diesem Selbstverständnis von Schulentwicklung eignen sich Schulportraits sowohl für die Entwicklung der Einzelschule als auch zur Gewinnung von Erkenntnissen am Fall durch fallvergleichende und -kontrastierende Verfahren. Mit Idel lässt sich als erste Vorklärung festhalten: „Schulportraits sind in diesem Zusammenhang ein Instrument, mit dem Schulforschung Schulen in ihrer Entwicklung unterstützen und zugleich Erkenntnisse über Schulentwicklungsprozesse erzielen kann" (Idel, 1999, S. 33).

Als eine besondere Form von Fallstudien versuchen Schulportraits also Theorie und Praxis zu verbinden. Allerdings sind Schulportraits keine Totalerfassungen von Schulen, vielmehr sind sie „Momentaufnahmen einer Schule aus einer bestimmten Perspektive, das heißt unter einer spezifischen wissenschaftlichen Fragestellung mit dem Ziel der Dokumentation und Analyse, zum Teil auch der Beratung und Intervention" (Kunze & Meyer, 1999, S. 14). In unserem Fall geht es also darum, eine Momentaufnahme der Schulen aus bewegungspädagogischer Perspektive zu erfassen, zu dokumentieren und zu analysieren sowie etwaige Entwicklungsmöglichkeiten für die einzelnen Schulen mit Bezug auf das Handlungsfeld Bewegung, Spiel und Sport aufzuzeigen. Ob allerdings tatsächlich nur eine Momentaufnahme geliefert wird, ist fraglich, denn – wie Idel (1999, S. 56) herausstellt – ist es die ‚Aufnahme' einer geschichtlich gewordenen Institution und verweist aufgrund ihrer Einbindung in eine Schulentwicklungsperspektive immer auch in die Zukunft.

Neben dem praktischen Verwertungszusammenhang als Bestandsaufnahme, Selbstvergewisserung, Anschub von Innovationen oder auch Selbstdarstellung und Eigenwerbung, muss das Schulportrait als Fallstudie vor allem einen Beitrag zur Theorieproduktion liefern, so die Auslegung von Idel mit Bezug auf Fatke (1997, S. 59) zu Fallstudien: „Soll Theoriebildung gelingen, müssen Schulportraits, […] auf methodisch kontrollierte Weise den Einzelfall mit vorhandenen allgemeinen Wissensbeständen in Beziehung [setzen], um zu prüfen, was am Fall aus diesen Wissensbeständen heraus erklärbar ist und was an Wissensbeständen aus diesem Fall heraus zu differenzieren und gegebenenfalls zu korrigieren ist" (Idel, 1999, S. 53). Entsprechend ist die Produktivität von Schulportraits daran festzumachen, „inwiefern neue, über bestehende theoretische Sätze hinausweisende Erkenntnisse aus kontrastierenden Einzelfallanalysen generiert werden" (Idel, 1999, S. 53). Um zu solchen Erkenntnissen zu gelangen, reicht die bloße Deskription von Einzelschulen ebenso wenig aus, wie die subsumtionslogische Orientierung an bestehenden Theorien (vgl. Idel, 1999, S. 53; Fatke, 1997, S. 64). Vielmehr geht es um die systematisch kontrollierte Rekonstruktion des Geschehens – in diesem Fall mit dem doppelten Ziel der *Beratung und Intervention* als praxisorientierte Funktion von Schulportraits und der *Theoriebildung* durch kontrastierendes Vergleichen des Besonderen der Einzelfälle und der Konfrontation mit bestehenden Theorien.

Im Projekt StuBSS verstehen wir Schulportraits als Fallstudien in wissenschaft-lich-systematischer Absicht, mit dem Ziel, im Rahmen qualitativ orientierter Ein-zelschulforschung Schulen in ihrer eigenen Entwicklung zu unterstützen und durch anschließende fallvergleichende Verfahren zur Förderung der Theorie-bildung beizutragen. Im Rahmen dieses Buches steht jedoch das erste Ziel im Fokus der folgenden Überlegungen, da aufgezeigt werden soll, wie sich an-hand von Schulportraits Anstöße für die eigene Selbstvergewisserung und dar-auf aufbauend für die Weiterentwicklung des Schulkonzepts gewinnen lassen. Als Grundlage für die Erstellung der am Bewegungsleben orientierten Schul-portraits sind im Rahmen des StuBSS-Projektes drei reaktive Verfahren der Datenerhebung zum Einsatz gekommen:

- Leitfadeninterviews mit Schulleitung, Lehrkräften sowie Schülerinnen und Schülern zur Erfassung subjektiver Sichtweisen zum Themengebiet,
- Beobachtungen im gesamten Schulalltag von den Pausen und Zwischen-zeiten bis hin zu Unterricht und außerunterrichtlichen Angeboten im Sinne von nicht standardisierten leitfadenorientierten Beschreibungen und
- Gruppendiskussionen mit einem Teil des Kollegiums an allen Schulen zur Klärung der Positionen und Gruppenmeinungen im Hinblick auf den Frage-horizont der Studie, der in einem Gesprächsleitfaden seinen Nieder-schlag gefunden hat.

Die Auswertung der umfangreichen Datensätze zur Anfertigung von Schulpor-traits wirft zunächst die Frage auf, in welcher Weise die unterschiedlichen Datensorten miteinander kombiniert (trianguliert) werden können, um wesent-liche Aspekte dieser Schule sichtbar zu machen. Wir haben uns im Projekt StuBSS für einen Zwischenschritt auf dem Weg zum Schulportrait entschie-den, den wir in Anlehnung an Friebertshäuser (1992) und Apel u.a. (1995) „wissenschaftlicher Quellentext" nennen.

Der wissenschaftliche Quellentext wird als Teil einer mehrstufigen Auswer-tungsstrategie verstanden, in der unterschiedliche Materialien und Daten aus der Feldforschung für nachfolgende weitergehende Interpretationen zusammen-geführt werden. Er umfasst „eine aufbereitete Zusammenstellung von primä-ren und wissenschaftlich erzeugten Quellen unter analytischen Gesichtspunkten" (Friebertshäuser, 1992, S. 102; Apel u.a., 1995, S. 367). Der wissenschaftli-che Quellentext zeichnet sich u.a. aus durch die

- „theoretisch reflexive Auswahl der Materialien anhand von Leitthemen" und
- „das Zusammenführen von Quellen unterschiedlicher methodischer Herkunft" (ebd.).

Er liefert die Materialbasis für die anschließende Rekonstruktion des bewegungsbezogenen Schulalltags und der gegenstandsbezogenen Theoriebildung. Mit dieser Auswertung soll eine Antwort auf zwei grundlegende Probleme von Feldforschung gegeben werden. Zum einen handelt es sich beim „wissenschaftlichen Quellentext" um eine Form der Triangulation unterschiedlicher Methoden und Daten und zum anderen wird durch die Veröffentlichung der Quellentexte die Nachvollziehbarkeit und damit die Kontrolle des Schulportraits sowie die Reinterpretation der Daten, auch für neue Fragestellungen möglich (vgl. Lutz, Behnken & Zinnecker, 1997, S. 432).[1]

Der erste Punkt spricht die schwierige Problematik an, wie unterschiedliche Methoden und die so entstandenen Daten übersummativ miteinander verbunden oder unter einer gemeinsamen, im Material gefundenen Kategorie integriert werden können. Lutz, Behnken und Zinnecker (1997, S. 431 ff.) sehen in ihrem Projekt der „Narrativen Landkarten" den wissenschaftlichen Quellentext als eine Form der wechselseitigen Ergänzung, um zu Erkenntniserweiterungen zu gelangen (vgl. Flick, 2000, S. 311). Im vorliegenden Fall sollten in diesem Sinne die subjektiven Perspektiven von Schulleitungsmitgliedern, Lehrenden und Lernenden, das kollektive Meinungsbild eines (Teil-)Kollegiums und die von Beobachtern beschriebenen Aktivitäten der Schüler(innen) als Akteure im Schulalltag zu einem Quellentext zusammengeführt werden. Hierzu wurden die unterschiedlichen Datensorten (Interview- und Gruppendiskussionstranskripte sowie Beobachtungsprotokolle) in zwei Schritten offen und thematisch codiert. Dabei ging es zentral in Anlehnung an das thematische Codieren nach Flick um die „Generierung von thematischen Bereichen und Kategorien [...] für den einzelnen Fall" (Flick, 1995, S. 207). Die entstehende thematische Struktur ist gleichsam die Gliederung des wissenschaftlichen Quellentextes. Als Leitthemen für die thematischen Bereiche der Quellentexte haben sich nach dem offenen Kodieren, die das Projekt strukturierenden Teilprojekte als sinnvolle Hauptgliederung erwiesen: „Konzeption und Kooperation", „Bewegungsangebote und -aktivitäten" sowie „Bewegung im Unterricht".

---

[1] Die Quellentexte sind auf einer Forschungsplattform für wissenschaftliche Zwecke auf der Projekt-homepage von StuBSS veröffentlicht und werden von hier aus für weitere Forschungen zur Verfügung gestellt (**http://www.uni-marburg.de/fb21/ifsm/ganztagsschule**).

Diesen drei Leitthemen sind die kodierten Textstellen aus den Interviews, Gruppendiskussionen und Beobachtungsprotokollen zugeordnet worden, wobei die Originalität der Quellen an möglichst vielen Stellen erhalten bleiben sollte. Die unterschiedlichen Daten ergänzen sich dabei gegenseitig hinsichtlich der Fragestellung nach Konzept und Praxis von Bewegungsaktivitäten im Ganztag der Schule. Diese Auffassung von Triangulation auf der Ebene der Methoden deckt sich auch mit dem Verständnis vom „wissenschaftlichen Quellentext", wenn es darum geht, „Lücken in einem Dokument [...] mittels anderer Materialien" aufzufüllen (Friebertshäuser, 1992, S. 103).

Neben diesem Verdienst in Bezug auf die Triangulation ermöglicht der wissenschaftliche Quellentext auf der anderen Seite auch eine Antwort auf die gerade bei Schulportraits vielfach ungelöste Problematik der Nachvollziehbarkeit der Interpretation und die Möglichkeit der Reinterpretation. So ist es in qualitativen Schulforschungsprojekten nur selten möglich, den Rückgang auf die Rohdaten nachzuvollziehen. „Der ‚wissenschaftliche Quellentext' soll so abgefasst sein, dass darin das gültige Material aus den unterschiedlichen (Teil)Instrumenten, die in die Triangulation einbezogen werden, in einen Text vereint und konsistent präsentiert wird" (Lutz, Behnken & Zinnecker, 1997, S. 432). Der Rückbezug auf die triangulierten Daten, d.h. die Quellentexte, ist in den hier zugrunde liegenden Schulportraits durch jeweilige Verweise auf die entsprechenden Quellentexte grundsätzlich gegeben. Für diese Veröffentlichung haben wird aus Gründen der Lesbarkeit zugunsten eines didaktisch aufbereiteten Textes auf diese Verweise zu den Quellentexten verzichtet, sie lassen sich jedoch jederzeit herstellen.

Die Schulportraits sind nun aus den wissenschaftlichen Quellentexten dadurch entstanden, dass die thematischen Leitthemen mit den kodierten Texten aus den drei Datensorten verdichtet und mit theoriegeleiteten Erörterungen zugespitzt worden sind. Im Schulportrait wird das schulische Geschehen auf der Grundlage der thematischen Struktur des wissenschaftlichen Quellentextes im Kontext der konzeptionellen Programmatik der Schule beschrieben sowie mit Theorien zur Bewegungsorientierung von Schule konfrontiert und erörtert. Darüber hinaus geht es um die Rekonstruktion handlungsgenerierender Strukturen und Bedingungen der so gestalteten (Ganztags)Schule. Ein Schulportrait in diesem Sinne soll nicht nur zeigen, was in der Schule geschieht, sondern auch, warum es so ist oder sein könnte und welche Konsequenzen sich daraus für die Schulentwicklung ergeben. Solche Entwicklungsperspektiven bauen auf der Analyse der Gelingensbedingungen auf und sollen Schulen helfen, die Potenziale zu erkennen, die sie haben oder sich verschaffen müssen, um die Entwicklung ihrer Ganztagsschule als bewegungsorientierte Schule voranzubringen (vgl. Laging & Stobbe, 2009).

Die Portraitierung der Schule auf der Grundlage des wissenschaftlichen Quellentextes geschieht auf einer Metaebene, auf der die thematisch strukturierten Daten des wissenschaftlichen Quellentextes zu einem eigenständigen beschreibenden und erörternden Text zusammengefasst werden. Dabei wird so vorgegangen, dass der Quellentext zunächst auf bedeutende Zusammenhänge, Widersprüche und weitere Auffälligkeiten zwischen den hier zusammengestellten Daten untersucht wird und als Ergebnis zu den drei Themenbereichen einige Erkenntnisse zur Entwicklung der eigenen Schule zusammengetragen werden. Insgesamt geht es darum, die Wirklichkeit der Schule in Bezug auf die Bewegungsperspektive zu beschreiben und Entwicklungsperspektiven aufzuzeigen. Das Schulportrait ist eng an der Einzelschule orientiert, es wendet sich direkt an die Schule mit dem Ziel der Beratung und Intervention.

Für den Zweck dieser Veröffentlichung sind aus den entstandenen 21 Schulportraits 12 Portraits ausgewählt worden, die in Auszügen vorgestellt werden und in den aufgezeigten Facetten Beispiele für die eigene bewegungsorientierte Schulentwicklung geben sollen. Die Auszüge aus den Schulportraits sind für diesen Verwendungszweck zugeschnitten und redaktionell mit Hinweisen, Kommentaren und weiteren Informationen versehen worden. Dabei sollte die grundlegende Bedeutung von Schulportraits für Impulse zur innovativen Schulentwicklung weiterhin erkennbar bleiben.

Anzumerken bleibt zuletzt noch, dass die hier dargestellte Schulwirklichkeit der portraitierten Schulen auf eine Datenerhebung innerhalb der Jahre 2006 – 2007 zurückgeht. Da Schulentwicklung immer ein stetiger Prozess ist, haben sich einige der dargestellten Schwerpunkte einzelner Schulen sicherlich weiterentwickelt oder verändert. Dennoch liefern die hier dargestellten Momentaufnahmen einzelner Schulen wertvolle Einblicke in die gegenwärtige Ganztagsschulentwicklung, die von aktueller Bedeutsamkeit sind.

1.3 ZUM AUFBAU DES BUCHES

Auf dem Weg zu einer bewegungsorientierten Ganztagsschule können Schulen an verschiedenen, unter Kap. 1.1. aufgezeigten Handlungsfeldern anknüpfen. Im vorliegenden Buch werden vier bedeutsame Felder einer ganztägigen bewegungsorientierten Schulentwicklung ausführlich dargestellt. An jeweils drei Schulen werden die gefundenen Lösungsmöglichkeiten zu den einzelnen Handlungsfeldern anschaulich mit Ausschnitten aus den Schulportraits in didaktisch aufbereiteter Weise vorgestellt. Die vier Handlungsfelder, die zugleich die Gliederung für die nachfolgenden Kapitel bilden, sind:

1. *Rhythmisierung des Schultages mit und durch Bewegung,*
2. *Bewegungsangebote und Kooperationen,*
3. *Bewegung in den Pausen und*
4. *Bewegung im Unterricht.*

Die folgenden Kapitel 2 bis 4 gewinnen ihre praxisorientierte Bedeutung durch die Ausschnitte aus den Schulportraits. Insgesamt werden 12 Schulen in den vier Kapiteln vorgestellt, die alle in unterschiedlicher Art und Weise Bewegung, Spiel und Sport in den ganztägigen Schultag integrieren. Zunächst wird aufgezeigt, wie Schulen in der Rhythmisierung des Schultages besonders darauf achten können, Bewegung in den Tagesablauf einzubinden, in dem auf einen angemessenen Wechsel zwischen Phasen der An- und Entspannung, Bewegung und Ruhe geachtet wird (Kap. 2). Im anschließenden Kapitel geht es um Möglichkeiten für außerunterrichtliche Bewegungsangebote im Ganztag, die häufig gemeinsam mit Kooperationspartnern realisiert werden (Kap. 3). Im folgenden Kapitel werden Möglichkeiten der bewegungsorientierten Gestaltung von Pausen präsentiert. Dieses für die Gestaltung von Ganztagsschulen äußerst wichtige Thema behandelt sowohl Möglichkeiten zur Gestaltung eines bewegungsorientierten Geländes wie auch für konkrete Bewegungsangebote in den Pausen (Kap. 4). Das abschließende Kapitel zeigt dann, welche Möglichkeiten sich im Unterricht von Ganztagsschulen bieten, Bewegung über ein bewegtes Lernen und Bewegungspausen in den Unterricht zu integrieren (Kap. 5).

Für die sich stellende Schulentwicklungsaufgabe ist besonders das Zusammenwirken dieser vier Handlungsfelder interessant, also die Verbindung von Tagestakt, bewegungsorientierten Pausen, Bewegungs- und Sportangeboten am Nachmittag sowie bewegtem Unterricht. Die themenspezifische Sortierung der Kapitel soll nicht den Eindruck erwecken, als würden die vorgestellten Schulen nur in dem portraitierten Aspekt dieses Handlungsfeldes eine bewegungsorientierte Schulentwicklung vorantreiben oder auch als würde die Weiterentwicklung von Schulen in lediglich einem Bereich ausreichen. Vielmehr scheint uns der jeweils herausgestellte Aspekt mit seinen Ideen und konzeptionellen Orientierungen besonders gut gelungen und für die Schule bedeutsam zu sein sowie im Verbund mit den anderen Handlungsfeldern eine umfassende bewegungsorientierte Schulentwicklung zu unterstützen und insofern auch dazu geeignet, anderen Schulen in diesem Bereich als gutes Beispiel zu dienen. Die themenorientierte Portraitierung der Schulen bietet uns die Möglichkeit, über ein Thema ausführlich zu informieren und zu jedem Thema ein Spektrum an Möglichkeiten aufzuzeigen. Daher kann jedes Kapitel auch für sich einzeln gelesen und bearbeitet werden.

Jedes Kapitel ist so aufgebaut, dass zunächst eine Einleitung in das Thema des Kapitels einführt. Dem schließen sich thematische Portraits aus drei unterschiedlichen Schulen an. Jede der drei Schulen hat in dem betreffenden thematischen Handlungsfeld immer einen eigenen Weg zur Entwicklung von Bewegungsmöglichkeiten gefunden. So konnte für jede Schule ein Hauptthema, das dort zur Schaffung von Bewegungsmöglichkeiten entfaltet worden ist, herausgearbeitet werden. In diesem Sinne sollen in diesem Buch keine Best-Practise-Möglichkeiten zur Nachahmung für andere Schulen vorgestellt werden, sondern es soll gezeigt werden, dass abhängig von der Schulkonzeption und den schulspezifischen Bedingungen immer ganz unterschiedliche Lösungen zur Integration von Bewegung, Spiel und Sport im Schulalltag existieren. Gleichwohl können und sollen die thematischen Portraitauszüge dazu dienen, anderen Schulen Anregungen, Ideen und Impulse für eigene Lösungsmöglichkeiten zu geben.

Die Portraitierung der Schulen wird ergänzt durch weiterführende *Verweise, Ideen, Kommentare, Hintergrundwissen, Entwicklungsperspektiven* und *Literaturtipps* für interessierte Schulen. Um diese weiterführenden Informationen deutlich vom Fließtext abzugrenzen, werden sie jeweils von entsprechenden Figuren begleitet. Im Folgenden stellen sich diese Figuren kurz vor:

Verweis-Figur:
Ich verweise stets auf Zusammenhänge innerhalb des Buches und zeige Verbindungen zu weitergehenden Informationsquellen auf, an denen Sie Ihr Wissen zu diesem Thema vertiefen können.

Ideen-Figur:
Die Portraitierungen der einzelnen Schulen beinhalten zwar schon viele reichhaltige Ideen zur bewegungsorientierten Schulgestaltung, aber dennoch möchte ich Sie ergänzend auf weitere gute Ideen aus anderen Schulen bzw. aus anderen Praxisbeispielen oder aus der Theorie aufmerksam machen.

Kommentar-Figur:
Ich erscheine immer dann, wenn eine Kommentierung der jeweiligen schulspezifischen Umsetzung sinnvoll erscheint.

Hintergrundwissen-Figur:
Einige Umsetzungsmöglichkeiten der Schulen beziehen sich auf schulpädagogische Konzepte und Ansätze. Um hier den Zusammenhang herstellen zu können, liefere ich kurz und prägnant Hintergrundwissen zum erläuterten Thema.

Entwicklungsperspektiven-Figur:
Ich zeige auf, in welche Richtung sich Schulen weiterentwickeln können. Damit möchte ich einerseits den Nutzen von Schulportraits für die jeweiligen Schulen andeuten (vgl. Kap. 1.2) und andererseits beispielhaft zeigen, wie kleine Ansätze an Schulen als Möglichkeit zur Entfaltung einer größeren Idee ausgebaut werden können.

Literaturtipp-Figur:
Wenn Ihr Interesse am Thema eines Kapitels geweckt worden ist, dann biete ich Ihnen am Ende eines jeden Kapitels eine Auswahl relevanter Literaturhinweise zur vertiefenden Lektüre an.

2 RHYTHMISIERUNG DES SCHULTAGES MIT UND DURCH BEWEGUNG

Viele Ganztagsschulen haben ihren Schultag, angestoßen durch die Ganztags-schuldebatte im letzten Jahrzehnt, von einem ‚halben' zu einem ‚ganzen' Tag erweitert. In diesem Zusammenhang stehen sie vor der besonderen Herausfor-derung das im Vergleich zu Halbtagsschulen vorhandene ‚Mehr' an Zeit sinn-voll in ein (neues) Bildungskonzept einzubinden. Denn unumstritten in der pädagogischen Diskussion ist die Tatsache, dass es bei der Umwandlung von einer Halbtags- zu einer Ganztagsschule nicht nur um ein „more of the same" (vgl. Vogel, 2006, S. 18) des bisherigen Vormittagsunterrichts gehen kann, sondern dass man bei einem erweiterten Zeitrahmen grundsätzlich über eine Neugestaltung des schulischen Tagestaktes nachdenken muss. In diesem Zusammenhang ist häufig von der ‚Rhythmisierung des Schultages' die Rede. Dabei ist die Forderung nach einer Rhythmisierung des ganztägigen Schulta-ges durchaus nicht neu, sondern steht historisch betrachtet im Zusammen-hang mit Forderungen nach einer kindgemäßeren Lebensschule und hat somit ihre Wurzeln vor allem in der Blütezeit der Reformpädagogik in den 1920er Jahren. Zentrale und immer wiederkehrende Figuren und Schlagworte dieses Diskurses sind die Kritik an einer ‚Verkopfung des Unterrichts' und daraus hervorgehenden Forderungen nach einer ‚Entzerrung des Schultages', einem ‚Wechsel von Anspannung und Entspannung' sowie einer ‚Verzahnung von Vor- und Nachmittag' (vgl. Kolbe et al., 2006, S. 5). Die Argumente für eine sinn-volle Rhythmisierung des Tagesablaufes stehen also in einem engen Zusam-menhang mit reformpädagogischen Argumentationslinien. Daneben gibt es auch Anlehnungen an lernphysiologische Erkenntnisse bzgl. der physiologi-schen Leistungskurve, wobei diese Ergebnisse sehr uneindeutig sind (vgl. Kolbe et al., 2006).

Als zentrales Argument für ein Nachdenken über Zeit in der Schule wertet Burk (2006) die Achtung des kindlichen Umgangs mit Zeit. Er setzt dem linea-ren Zeitverständnis der Erwachsenen ein zyklisches Zeitverständnis der Kin-der gegenüber, auf das schulische Lernzeit sich beziehen soll: „Die Schule soll ein anderes Verhältnis zur Zeit gewinnen. Dem kindlichen Verhältnis zur Zeit soll Rechnung getragen werden: Das In-der-Gegenwart-leben, Außer-der-Zeit-sein […] muss eine Chance haben. Das verlangt, dass der Schultag […] selbstbestimmte Zeiten zulässt und einräumt. Dem zyklischen Zeitver-ständnis kann durch eine kindgerecht rhythmisierte Zeitstruktur Rechnung getragen werden" (Burk, 2006, S. 94).

Takt	Einteilung des Unterrichtstages in Blöcke und Pausen, Festlegung bestimmter Abschnitte innerhalb eines Unterrichtsblockes (z.B. Offener Anfang, Fächer, Arbeitsgemeinschaften)	**Gelenkt durch** Das System (Schulkonzept/ Gremien)
Äußere Rhythmisierung	Wechsel der Lehr- und Lernformen einer Gruppe innerhalb eines Unterrichtsblockes	**Gelenkt durch** Die unterrichtende Lehrkraft/ das Team/ das Kind
Innere Rhythmisierung	Eigenrhythmus, individuelle Steuerung des Lernprozesses	**Gelenkt durch** Das Kind

Abb. 1 Unterschiede zwischen Takt und Rhythmisierung (aus Burk, 2006, S. 97)

Um eine solche Zeitstruktur zu schaffen, differenziert Burk den Begriff der Rhythmisierung weiter aus: So wird zwischen dem Tagestakt sowie einer inneren und äußeren Rhythmisierung differenziert (vgl. Burk, 2006, S. 97). Takt meint dabei die rahmengebende Tagesstruktur, die die einzelne Schule jeweils findet. Rhythmisierung steht für die zeitliche Unterrichts- und Lerninszenierung, einerseits für die gesamte Lerngruppe (äußere Rhythmisierung), andererseits ausgehend vom einzelnen Kind (innere Rhythmisierung) (vgl. Abb. 1). Mit dieser Differenzierung rücken die individuellen Lernbedingungen für jede(n) Schüler(in), nach denen das Lernen im Sinne der inneren Rhythmisierung im besten Falle orientiert sein müsste, unmittelbar in den Blickpunkt. Äußere Rhythmisierung und Tagestakt sind somit lediglich als Hilfen zu verstehen, um dem jeweils individuellen ‚Eigenrhythmus' jedes Kindes bestmöglich gerecht werden zu können.

Für diese Betrachtung ist das zugrundeliegende Verständnis von Rhythmus bedeutsam. Eine erste Annäherung und gleichzeitig Differenzierung zwischen Takt und Rhythmus findet sich hierzu bei Höhmann & Kummer (2007, S. 93): „Der Takt zählt gleich bleibend weiter. Der Rhythmus dagegen lässt Variationen zu". Ausgehend von einer solchen Grunddifferenzierung wird Rhythmus hier mit Messner (1991, S. 55) „nicht einfach [als] Takt, also metrisch geschlagene Zeit, sondern [als] die sich auf der regelmäßigen Folge der Takte frei entfaltende Dynamik" verstanden. In dieser Definition wird besonders deutlich, dass das Thema Rhythmus im Schultag aus *bewegungspädagogischer* Perspektive eine besondere Relevanz hat: Es geht um die Möglichkeit der Entfaltung von *Dynamik* für die Schüler(innen) im Takt des Tages. Unter dieser

Perspektive ist die Beachtung der *körperlich-leiblichen* Bedürfnisse der Schüler(innen) eine Grundbedingung, die erst den Rahmen dafür schafft, dass sich eine jeweils individuelle ‚Lern-Dynamik' der Schüler(innen) im Rhythmus des Tages entwickeln kann. Denn der Körper an sich verweist auch auf die innewohnende Rhythmik jedes Menschen: „Mit ihren Körpern haben Menschen [...] an einer Vielzahl ineinander verwobener rhythmischer, sich oft polar vollziehender Abläufe Anteil. Unser organisches Lebenssubstrat ist durchgängig rhythmisch und nicht etwa mechanisch-kontinuierlich konstituiert" (Messner, 1991, S. 56). So zeigt sich körperlich z.B. auch ein kognitives Hoch und Tief (z.B. in Form von Müdigkeit) im Tagesverlauf. In diesem Sinne spüren Menschen aber nicht nur individuelle Vorgänge körperlich, sondern begegnen auch der Welt auf einer körperlichen Ebene. Denn vor dem Hintergrund eines Verständnisses von Körperlichkeit und Bewegung als „fundamentaler Weise der Weltbegegnung" fungieren diese „als Ausdruck einer sozial-leiblichen Bewegungsbeziehung" (vgl. Laging, 2008, S. 256) des Subjekts mit der Welt (vgl. hierzu Kap. 1.1).

Besonders an Ganztagsschulen, wo ein längerer Zeitraum für die Schüler(innen) sinnvoll ‚rhythmisiert' werden muss, ist also die Reflexion der Dimension Bewegung bei der Gestaltung eines schülerorientierten Tagestaktes unablässig. Rhythmuserleben geschieht in erster Linie durch den Körper, weshalb ein guter Tagestakt innerhalb der einzelnen Tageselemente Spielräume eröffnen sollte, die (Lern-)Dynamik der einzelnen Schüler(innen) durch äußere und innere Rhythmisierung körperlich zu entfalten. Die Einbindung und Reflexion von Körperlichkeit und Bewegung in den Schultag bietet vielfältige Möglichkeiten, einen Tagestakt körperlich-rhythmisch zu erleben – so z.B. bzgl. der Anordnung von Bewegungs- und Entspannungsphasen im Schultag, dem Wechsel von impliziten und expliziten Bewegungsangeboten und einer vielseitigen expliziten Thematisierung von Bewegung in formellen, informellen und nicht-formellen Settings im Schultag (d.h. Unterricht, Pausen und Freiräume sowie AGs), die jeweils einen anderen Zugang zu Bewegung bieten und sich somit gegenseitig ergänzen.

Dabei können diese Überlegungen jedoch nicht zu einer ‚Best-Practice-Lösung' führen, wie ein Tag mit und durch Bewegung getaktet und rhythmisiert werden sollte. Denn die Art und Weise der Gestaltung des Tagestaktes und der daraus hervorgehenden Rhythmisierungsmöglichkeiten sind eng verknüpft mit der jeweiligen Schulphilosophie. Es ist daher eher angebracht, „die Frage der zeitlichen Strukturierung des Lernens als Entwicklungsaufgabe der Einzelschule zu begreifen. [Dies] bedeutet auch, sie als Teil eines längeren Reflexions- und Diskussionsprozesses innerhalb der Schule über das für die eigene

Schule gelungenste pädagogische Profil anzusehen" (Kolbe et al., 2006, S. 39). Vor diesem Hintergrund sind auch die nachfolgenden Beispiele zu betrachten. Vorgestellt werden drei Schulen, die sich dem Thema der Taktung und Rhythmisierung auf ganz unterschiedliche Art und Weise nähern. Diese verschiedenen Zugangsweisen ergeben sich aus der jeweils schulspezifischen Konzeption bzw. Entwicklungssituation der Schulen. Alle Schulen eröffnen dabei auf unterschiedliche Art Rhythmisierungschancen und berücksichtigen wiederum auf vielfältige Weise die Integration dieser Bewegungschancen im Schultag.

Als erste Schule wird die **Gesamtschule Ebsdorfer Grund** präsentiert. Im Zusammenhang mit den Veränderungen für die Schulen durch die Einführung des achtjährigen Gymnasiums (G 8) entwarf die Schule ein Konzept, das sich im Kern zunächst stark auf die rahmengebende Taktung des Schultages konzentriert. An dieser Schule wird daher deutlich, wie bei der Taktung des Schultages Bewegung berücksichtigt werden kann. Die zweite Schule, die vorgestellt wird, ist die **Sophie-Scholl-Schule aus Gießen**. Diese Schule hat einen Tagestakt entwickelt, der durch große Blöcke besonders vielseitige Chancen zur äußeren Rhythmisierung innerhalb der Lern- und Betreuungsblöcke bietet. Die vielfältigen Handlungsspielräume der Lehrkräfte innerhalb der großen Blöcke im Tagestakt bieten implizit unterschiedliche Bewegungschancen durch die Möglichkeiten der äußeren Rhythmisierung. Den Abschluss dieses Kapitels bilden die Ausführungen zur **Glocksee-Schule Hannover**, die den Schwerpunkt ihres Konzeptes ganz eindeutig auf den Eigenrhythmus jedes Kindes setzt. Die gesamte Planung des Schultages wird hier am deutlichsten vom einzelnen Kind aus vorgenommen und jedes Kind bestimmt selbst, wann es von einer Arbeits- in eine freie Phase wechselt. In diesem Sinn kann an dieser Schule besonders deutlich werden, wie die Fokussierung auf eine innere Rhythmisierung zum Ausgangpunkt der Tagesstrukturierung werden kann und welche Bewegungschancen dies beinhaltet.

Die drei Schulen können insofern als Beispiele dafür angesehen werden, wie der Ansatzpunkt, ausgehend von der unterschiedlichen Schulphilosophie jeder Schule, für die Rhythmisierung des Tagestaktes jeweils stärker am Takt, an der äußeren oder inneren Rhythmisierung festgemacht wird. Dabei soll nicht der Eindruck entstehen, dass diese Schulen sich jeweils nur um den betreffenden Teilaspekt der Rhythmisierung kümmern. Die entsprechende Zugangsweise (der ersten Schule über den Takt, der zweiten über die äußere und der dritten Schule über die innere Rhythmisierung) ist immer eng verknüpft mit den anderen Teilaspekten der Taktung und Rhythmisierung des Schultages. Es zeigt sich nur an den einzelnen Schulen eine Akzentuierung auf jeweils einen Bereich, der an dieser Stelle verdeutlichen kann, wie unterschiedlich die schuleigenen Lösungen für eine gelungene Rhythmisierung sein können und welches Potenzial sie im Hinblick auf eine Berücksichtigung von Bewegung bieten können.

2.1 BEWEGUNGSORIENTIERTE TAKTUNG DES SCHULTAGES: DIE GESAMTSCHULE EBSDORFER GRUND

Als erste Schule wird die Gesamtschule Ebsdorfer Grund vorgestellt. Die Schule ist eine kooperative Gesamtschule mit Förderstufe. An der Schule unterrichten ca. 62 Lehrer(innen) sowie ca. 24 weitere pädagogische Mitarbeiter(innen) auf Honorarbasis, die hauptsächlich für das Ganztagsangebot zuständig sind. Die Schülerzahl beträgt insgesamt ca. 650, wobei Mädchen und Jungen etwa gleichermaßen verteilt sind. Die Schüler(innen) besuchen zunächst zwei Jahre lang die Förderstufe, bevor die Klassenkonferenz eine Entscheidung darüber trifft, welchen Schulzweig ein Kind ab der Klasse sieben besuchen sollte.

Weitere Informationen über die Gesamtschule Ebsdorfer Grund lassen sich unter **www.gs-ebsdorfergrund.de** finden.

Als kooperative Gesamtschule vereinigt die Schule neben der Förderstufe einen Gymnasial-, Real- und Hauptschulzweig sowie eine Förderschule. In Bezug auf die Ganztagsschulentwicklung sieht sich die Schule somit einerseits mit der Notwendigkeit von Nachmittagsunterricht durch die verkürzte Gymnasialzeit (G8) konfrontiert. Andererseits wird auch für viele Schüler(innen) aus den anderen Schulzweigen die Notwendigkeit betont, familienergänzende und -unterstützende Angebote im Rahmen einer Ganztagsbetreuung zu schaffen. Mittlerweile ist die Gesamtschule Ebsdorfer Grund wieder zur neunjährigen Gymnasialzeit zurückgekehrt (G 9).

Aus diesen konkreten Notwendigkeiten, die zunächst von außen an die Schule herangetragen wurden, ist die Ganztagsschulentwicklung an der Schule angestoßen worden, die die Schule dann im Rahmen einer schulinternen Diskussion aufgegriffen hat. Der formale Zwang, den Regelunterricht zumindest für den Gymnasialzweig in den Nachmittag ausweiten zu müssen, hat zu Überlegungen geführt, den Schultag möglichst verträglich und sinnvoll für alle zu gestalten. Wäre dieser Zwang von außen nicht gewesen, so wäre es nicht so schnell zu Veränderungen gekommen, für die die Mehrheit des Kollegiums zur Unterstützung des Weges gewonnen werden musste. So aber ist der Weg zu einer pädagogisch orientierten Ganztagsschulentwicklung befördert und beschleunigt worden und wird nun als pädagogische Chance begriffen, beispielsweise als Möglichkeit zur Verbesserung der Qualität der Lehr-Lernkultur durch eine Erweiterung und Differenzierung der Lern- und Erfahrungsmöglichkeiten. Die Motivation und Begründung der Schule zur Umwandlung in eine Ganztagsschule ist also aus einer Mischung aller Begründungsmuster für Ganztagsschulen entstanden (vgl. hierzu Holtappels, 2005, S. 7 ff.), d. h. aus schulorganisatorischen, sozialerzieherischen und schulpädagogischen Begründungen heraus. Die konkrete Umsetzung, wie der Tagestakt gestaltet werden sollte, folgte dann aber weitgehend schulpädagogischen Überlegungen und stellt kein einfaches Betreuungsangebot als Antwort auf die sozialpolitische Notwendigkeit zur verlässlichen Betreuung der Schüler(innen), sondern ein pädagogisch durchdachtes Konzept dar.

Im Folgenden wird nun auf die konkreten Veränderungen eingegangen, für die sich die Schule im Rahmen einer pädagogisch orientierten Ganztagsschulentwicklung entschieden hat. Kap. 2.1.1 gibt zunächst einen Überblick über den Tagestakt, in Kap. 2.1.2 und 2.1.3 werden dann zwei zentrale, veränderte Elemente des Tagestaktes dargestellt und in Kap. 2.1.4 erfolgt eine zusammenfassende Einordnung der Auswirkungen des veränderten Tagestaktes für die Ganztagsschulentwicklung an der Schule.

2.1.1 Veränderter Tagestakt mit Möglichkeiten für mehr Bewegung

Die Schule hat durch die neue Taktung des Schultages einen zeitlichen Rahmen geschaffen, der die Möglichkeiten für Bewegung innerhalb und außerhalb des Unterrichts deutlich erhöht. Im Folgenden wird der Tagestakt mit seinen wichtigsten Neuerungen vorgestellt. Kernelement des Tagestaktes ist zunächst die komplette Umstellung auf Doppelstunden (vgl. Abb. 2).

	Zeit	Montag	Dienstag	Mittwoch	Donnerstag	Freitag
1. Doppel-stunden-block	8.10 – 9.40	Klassenlehrer-stunde	Englisch	Mathematik	Deutsch	Biologie
20 min Pause						
2. Doppel-stunden-block	10.00 – 11.30	Englisch	Musik	Religion	Mathematik	Deutsch
20 min Pause						
3. Doppel-und Einzel-stundenblock	11.50 – 12.35	Mathematik		Ganztagsband ‚Gesundheit, Sport und Entspannung'	Englisch	Mathematik
	12.40 – 13.25	Deutsch	Sport		Gesellschafts-lehre	Englisch
55 min Mittagspause						
4. Nachmittags-block	14.15 – 15.45	Nachmittags-Angebote	Kunst	Gesellschafts-lehre	Nachmittags-Angebote	

Abb. 2 Beispielhafter Tagestakt einer fünften Klasse

Bis auf wenige Ausnahmen wird in allen Jahrgangsstufen in Doppelstunden unterrichtet, lediglich in der 5. und 6. Stunde gibt es vereinzelt 45 Minuten Einheiten, die durch Fächer mit ungerader Stundenzahl begründet sind. Durch diese größere Zeitspanne für einzelne Unterrichtseinheiten ergibt sich die Notwendigkeit, den Unterricht methodisch anders zu gestalten und z. B. mit Bewegungspausen anzureichern. Auf diese Möglichkeiten und deren Umsetzung wird in Kapitel 2.1.2 ausführlicher eingegangen.

Als weiteres zentrales Merkmal ist die veränderte Rhythmisierung der 5. bis 7. Jahrgangsstufe seit dem Schuljahr 2006/07 zu nennen. Da die Schulwoche in dieser Stufe an zwei Tagen in der Woche am Nachmittag Pflichtunterricht aufweist, wurde zur Auflockerung des Tagestaktes an einem der beiden ‚langen‘ Tage ein ‚Ganztagsband‘ integriert, in dem verschiedene Angebote unter der Thematik ‚Gesundheit, Sport und Entspannung (GSE)‘ stattfinden. Das Ganztagsband bezeichnet einen zeitlich strukturierten Rahmen für ein inhaltliches Angebot im Umfang von einer Doppelstunde an einem Tag in der Woche. Inhaltlich ausgefüllt wird dieser Baustein der Taktung des Schultages u. a. mit spiel- und bewegungsorientierten Angeboten. Auf dieses Tageselement wird in Kap. 2.1.3 näher eingegangen.

Neben diesen beiden großen Neuerungen sind auch die Pausen im Tagestakt verlängert worden: Durch die neue Taktung gibt es zwei 20-minütige Pausen am Vormittag sowie eine 55-minütige Mittagspause, in denen vielfältige Bewegungsangebote wahrgenommen werden können. So wird z. B. die Außensportanlage für die Schüler(innen) in den Pausen geöffnet und es wird Spiel- und Bewegungsmaterial angeboten (vgl. Abb. 3).

Abb. 3   Bewegungsaktivitäten während der Pause

In Kapitel 4 werden weitere Möglichkeiten für eine bewegte Pausengestaltung aufgezeigt.

Für die Nachmittage, an denen für die Schüler(innen) kein Nachmittagsunterricht stattfindet, bietet die Schule ein vielfältiges Angebot mit ca. 30 AGs an. Dabei handelt es sich neben musisch-künstlerischen und handwerklichen Angeboten vor allem um Sportangebote, d.h. auch hier werden vielfältige Möglichkeiten zu Bewegung und Sport präsentiert. Dies geschieht u. a. auch in Kooperation mit externen Partnern.

In Kapitel 3 werden Möglichkeiten einer Integration von außerunterrichtlichen Bewegungs- und Sportangeboten mit und ohne Kooperationspartner erläutert.

2.1.2 Neue Möglichkeiten der Unterrichtsinszenierung durch Doppelstunden

Die Einführung der Doppelstunden als strukturierendes Moment des Tagesablaufs stellt einen wichtigen Schritt in der neuen Konzeption der Taktung des Schultages dar. Hiermit sind mögliche Veränderungen für die Unterrichtsinszenierung verbunden. So ist ein verändertes methodisches Vorgehen gefordert, denn die Schüler(innen) brauchen in dem längeren Zeitfenster einen angemessenen Wechsel von Konzentration und Entspannung. Um dies einheitlich zu garantieren, hat die Schule sich darauf verständigt, innerhalb der Doppelstunden verbindliche ‚Unterbrechungen‘ einzubauen. Das heißt, die kleine Pause, die ansonsten zwei Einzelstunden voneinander teilt, kann im Rahmen einer Doppelstunde als Unterbrechung individuell platziert und für Bewegungs- oder Kommunikationsaktivitäten genutzt werden. Je nachdem, wann die Lehrkraft meint, dass es entweder inhaltlich oder, und das sollte die größere Bedeutung haben, aufgrund des Bewegungsbedürfnisses der Kinder augenscheinlich wird, sollte der Unterricht unterbrochen werden. Die Unterbrechung soll dazu dienen, den Schüler(inne)n die Möglichkeit zum ‚Abschalten‘ vom Unterricht zu bieten, was je nach Bedürfnis der Schüler(innen) durch Gelegenheiten zu Bewegung oder Entspannung in der gesamten Lerngruppe oder jeweils individuell umgesetzt werden kann. Um Ideen für eine bewegungsorientierte Gestaltung dieser Unterbrechung zu sammeln, hat die Schule mehrere schulinterne Fortbildungen zum Thema ‚Bewegungspausen‘ veranstaltet. Eine solche Unterbrechung in Form einer Bewegungspause stellt *eine* Möglichkeit einer Gestaltung der Unterrichtsinszenierung im Blockunterricht dar.

Potenzial der Doppelstunden stärker nutzen
Während einige Lehrer(innen) bereits häufig Bewegungspausen
oder andere Gestaltungselemente in die Doppelstundenblöcke
integrieren, nutzen anderer Lehrer(innen) das Potenzial der Doppelstunde für eine individuelle Bewegungs- oder Entspannungs-
pause noch kaum aus, sondern unterteilen die Doppelstunde
nach wie vor immer gleich in zwei 45-Minuteneinheiten. Die gemeinsame Fortbildung war hier ein bedeutsames Instrument
für eine bewegungsorientierte Schulentwicklung, weitere mögliche
Schritte wären z.B. die Bereitstellung einer Ideenkartei für
Bewegungspausen und andere Formen des Bewegten Unter-
richtens oder die Etablierung eines gegenseitigen Austauschs
der Lehrer(innen) untereinander zur gegenseitigen Beratung.

Darüber hinaus gibt es verschiedene weitere Rhythmisierungsmöglichkeiten
für die grundsätzliche Gestaltung rhythmisierter Doppelstundenblöcke. Die
längere Zeitspanne bietet z.B. deutlich bessere Möglichkeiten für einen offenen oder erfahrungs- und handlungsorientierten Unterricht oder für die Umsetzung von Projekten. In solchen Unterrichtsinszenierungen besteht deutlich
mehr Potenzial für einen insgesamt bewegungsorientierten Unterricht, der
Freiräume für Bewegung bietet oder Bewegung bewusst einsetzt, um Lernprozesse zu unterstützen.

Abb. 4   Bewegungsfreiräume im Unterricht

In Kapitel 5 werden beispielhaft Möglichkeiten präsentiert, mit Hilfe von bewegungsorientierten Lehrmethoden und Bewegungspausen einen bewegten Unterricht zu gestalten.

Für einige Lehrer(innen) an der Gesamtschule Ebsdorfer Grund ist die Doppelstundenstruktur nicht unbedingt neu, sie haben immer schon so unterrichtet und haben daher mit einer veränderten Methodik und einer anderen Rhythmisierung im Unterricht keine Schwierigkeiten. Für alle ist jedoch neu, dass jetzt auch am Nachmittag Pflichtunterricht der Hauptfächer in Doppelstunden stattfindet. Die Einschätzungen der Lehrer(innen) zur neuen Doppelstundenstruktur sind insgesamt jedoch meist positiv. Gleichsam wird konstatiert, dass die Einführung der Doppelstunden in gewisser Weise als Experiment zu sehen ist, dessen Entwicklung genau beobachtet und evaluiert werden muss.
Mit der Einführung der Doppelstunden sind in der Schule weitreichende Veränderungen angeschoben worden. Die Zeitstruktur der Schule verändert sich, die Methodik des Unterrichts wird vielfach durchdacht, die Inhalte müssen neu strukturiert werden und Bewegungselemente in Form von Pausen, bewegten Lernformen und Entspannungselementen werden eingeführt.

2.1.3 Auflockerung des Tagestaktes bei Nachmittagsunterricht: das Ganztagsband ‚Gesundheit, Sport und Entspannung‘
Neben der Doppelstundenstruktur, die vor allem neue Möglichkeiten der Unterrichtsinszenierung bietet, zielt das zweite zentrale neue Element im Tagestakt, das Ganztagsband, bewusst darauf ab, eine andere Struktur des Tagesablaufs mit einem angemessenen Wechsel von Phasen der An- und der Entspannung zu erreichen und damit einhergehend eine vermehrte Bewegungsorientierung zu verankern. Um dies zu erreichen, wird zunächst an einem Tag in der Woche der lange Schultag aufgebrochen. Hierzu wird in der Mitte des Tages (5.–6. Unterrichtsstunde) eine Doppelstunde eingeführt, in der kein Unterricht im klassischen Sinne stattfindet. Vielmehr finden dort mehrere parallele Angebote aus dem Bereich Bewegung, Sport, Kunst, Handwerk und Musik statt, die zwar verpflichtend belegt werden müssen, jedoch nicht benotet werden.

Abb. 5
Bewegungsaktivitäten im
Ganztagsband ‚Gesundheit,
Sport und Entspannung'

Die Funktion des Ganztagsbandes wird somit vor allem in der Verbindung zwischen Vor- und Nachmittag gesehen. Das Angebot ist bewusst so aufgebaut, dass möglichst kleine Gruppen gebildet werden können. Aus den vier Klassen des Jahrgangs werden acht Gruppen gebildet, die Kurse aus den Bereichen Musik, Kunst und Bewegung belegen müssen, wobei ein Schwerpunkt auf Bewegungsangebote (vier von acht Angeboten insgesamt) gelegt wird. Dieses Angebot ist seit dem Schuljahr 2006/2007 ab der fünften Klasse eingeführt worden und wächst nun nach oben. Die Angebote des Ganztagsbandes ‚GSE' werden mit den bestehenden personellen Ressourcen, d.h. mit eigenen Lehrkräften und außerschulischem Personal (Honorarkräfte) bestritten. Wichtig für die Schule ist, dass hierdurch das Sport- und Bewegungsangebot unter dem Rhythmisierungsgedanken nicht mehr nur ‚hinten dran' gehängt, sondern vielmehr integriert werden soll. Deutlich tritt aber auch in den Vordergrund, dass die Lehrer(innen) an der Gesamtschule Ebsdorfer Grund die Umgestaltung zu einem rhythmisierten Schultag als Prozess sehen und zunächst Erfahrungen damit sammeln. Die Schüler(innen) sehen den deutlich strukturierten Tag überwiegend positiv und betonen dabei vor allem auch die langen Pausen. Über den ‚neuen' Unterricht ‚GSE' äußern sie sich durchweg positiv.

Konzeptionelle Weiterentwicklung des Ganztagsbandes
Das Ganztagsband stellt eine gelungene Möglichkeit für eine aufgelockerte Tagestaktung dar. Da es neu eingeführt wurde und sich noch in der Erprobungsphase befindet, soll es in den nächsten Jahren kontinuierlich begleitet und reflektiert werden. Dabei können folgende Fragen hilfreich sein: Wie weit kann das Angebot in die höheren Jahrgangsstufen wachsen und vielleicht noch auf mehrere Schultage ausgeweitet werden? Wer ist für die Organisation und inhaltliche Ausgestaltung dieses Angebotes verantwortlich? In welcher Weise könnte eine Evaluation stattfinden? Derartige Entscheidungen müssen in das Entwicklungskonzept aufgenommen werden. Wichtig ist dabei, einen Konsens über die Rolle von Bewegung, Spiel und Sport in diesem Ganztagskonzept zu erlangen. Mit dem Ganztagsband ist eine erste Schwerpunktsetzung in Richtung einer bewegungsorientierten Ganztagsschule erkennbar.

2.1.4 Zusammenfassung

Die beschriebene Taktung verändert den Schulalltag. Das Kollegium an der Gesamtschule Ebsdorfer Grund hat sich mit den Änderungen in der Tagesstruktur für einen ganztägig gestalteten Schultag ausgesprochen und damit die bloße Addition durch mehr Betreuung abgelehnt. Die Schule ist demnach nicht in eine der drei klassischen Grundkonzeptionen von Ganztagsschule (gebunden, teilgebunden und offen) einzuordnen, vielmehr gehört sie in eine der Variationen bzw. Mischformen, die sich in der schulischen Praxis in der letzten Zeit herauskristallisiert haben. Sie zeichnet sich besonders durch eine Kombination von außerunterrichtlichen Ganztagsangeboten in gebundenen Kernzeiten mit Pflichtteilnahme und offenen Angeboten zur freiwilligen Nutzung aus.

Konzeptionen der Ganztagsschule

Bei den Konzeptionen zur Ganztagsschule lassen sich laut KMK-Definition drei Formen unterscheiden (vgl. Holtappels, 2006, S. 6). Eine Ganztagsschule in *voll gebundener Form* zeichnet sich dadurch aus, dass ein Aufenthalt an mindestens drei Tagen von täglich sieben Zeitstunden für alle Schüler(innen) mit Ausnahme der gymnasialen Oberstufe verpflichtend ist. Zudem stehen die vor- und nachmittäglichen Aktivitäten in einem konzeptionellen Zusammenhang.

Teilgebundene Ganztagsschulen sind nur für einen Teil der Schüler(innen) verbindlich, häufig wird nur ein Teil der Jahrgänge (meist die unteren Stufen) in Ganztagsform geführt. Laut KMK-Definition definiert sich eine teilgebundene Ganztagsschule darüber, dass ein Teil der Schüler(innen) verpflichtend an mindestens drei Wochentagen für je mindestens sieben Zeitstunden am ganztägigen Angebot teilnimmt.

Unter einer Ganztagsschule in *offener Form* wird verstanden, dass den Schüler(inne)n ein Aufenthalt in der Schule an mehreren Wochentagen mit einem Bildungs- und Betreuungsangebot ermöglicht wird. Die verpflichtende Unterrichtszeit liegt hier nur an den Vormittagen. Die Schüler(innen) können daher freiwillig an den Ganztagsangeboten am Nachmittag partizipieren.

In der schulischen Praxis haben sich, dies zeigen auch die Ausführungen zu den hier vorgestellten Schulen, verschiedene Mischformen zwischen den einzelnen Konzeptionen herauskristallisiert.

Insgesamt präsentiert sich die Schule als eine engagierte Schule, die sich auf den Weg gemacht hat, ihr Ganztagsangebot auszubauen, konzeptionell zu untermauern und einen rhythmisierten Schultag zu schaffen. Die Verkürzung der Gymnasialzeit hat die Schule zum Anlass genommen, sich zu einer Ganztagsschule zu entwickeln und ihren Tagesrhythmus neu zu gestalten. Durch die Einführung der Doppelstundenstruktur und durch das neu eingeführte Ganztagsband in den Jahrgangsstufen 5 bis 7 ist der Gesamtschule Ebsdorfer Grund ein beachtenswerter Schritt hin zu einer schüler- und bewegungsorientierten Taktung des Schultages gelungen.

- Adrian, G. (2008). Mittags in Bewegung – den Tag rhythmisieren. Praxis Schule 5–10, 19 (6), 42–45.
- Themenheft der Zeitschrift Ganztags Schule machen (2007). Rhythmisierung. Bd.1, Heft 1.
- Höhmann, K. & Kummer, N. (2006). Vom veränderten Takt zu einem neuen Rhythmus. Auswirkungen einer neuen Zeitstruktur auf die Ganztagsschulorganisation. In S. Appel (Hrsg.), Jahrbuch Ganztagsschule 2007. Ganztagsschule gestalten (S. 264 – 276). Schwalbach: Wochenschau.
- Riegel, K. (2010). Bewegungspausen im Unterrichtsalltag der Ganztagsschule. In R. Hildebrandt-Stramann, R. Laging & J. Teubner (Hrsg.), Bewegung, Spiel und Sport in der Ganztagsschule – StuBSS: Ergebnisse der qualitativen Studie. Baltmannsweiler: Schneider.

2.2 SPIELRAUM FÜR ÄUßERE RHYTHMISIERUNG IM SCHULTAG: DIE SOPHIE-SCHOLL-SCHULE GIEßEN

Als zweite Schule soll die Sophie-Scholl-Schule aus Gießen vorgestellt werden. Die Schule ist eine reformorientierte Grundschule mit Förderstufe, die im Jahr 1998 in Trägerschaft der Lebenshilfe Gießen e.V. gegründet wurde. An der Schule werden Kinder mit und ohne sonderpädagogischem Förderbedarf gemeinsam in jahrgangsübergreifenden Gruppen unterrichtet. So entstehen für die ca. 260 Schüler(innen) der Schule zwölf heterogene Lerngruppen, die durch pädagogische Lerngruppenteams unterrichtet und betreut werden, die zumeist aus zwei Klassenlehrer(inne)n, einem oder einer Erzieher(in) sowie – je nach Bedarf – mehreren Integrationshelfer(inne)n bestehen. Insgesamt verfügt die Schule über 21 Lehrer(innen), 14 Erzieher(innen) und pädagogische Fachkräfte in Ausbildung sowie 24 Integrationshelfer(innen).

Abb. 6 Außengelände und Schulgebäude der Sophie-Scholl-Schule

Den Ausgangspunkt für die Pädagogik der Schule bildet die heterogene Lerngruppenzusammensetzung im Sinne einer ‚Pädagogik der Vielfalt‘ (Prengel, 2006), durch die die Schule explizit *eine* Schule für *alle* Kinder sein möchte[1]. An der Schule werden jeweils zwei Jahrgänge zusammen unterrichtet, das heißt die Jahrgänge 1/2, 3/4 sowie 5/6 werden jeweils gemeinsam unterrichtet, in jeder Lerngruppe werden darüber hinaus fünf Schüler(innen) mit sonderpädagogischem Förderbedarf aufgenommen. Hierdurch wird bewusst vermieden, ein einheitliches Lerntempo für alle Schüler(innen) vorauszusetzen und es wird somit bedeutsam, im Rahmen der äußeren Rhythmisierung

---

[1] Vgl. Schulkonzept der Sophie-Scholl-Schule (2006). Sophie-Scholl-Schule Gießen: integrativ und jahrgangsgemischt – *eine* Schule für *alle* Kinder.

der Lernzeiten individuelle Lernzugänge zu ermöglichen. Der Ganztagsaspekt ist darüber hinaus ein zentraler Grundpfeiler des Schulkonzeptes. Die Schule steht allen Schüler(inne)n bis zum Nachmittag offen und möchte ein Lern- und Lebensort für die Schüler(innen) sein, der zum Verweilen einlädt und an dem die Schüler(innen) sich wohlfühlen. Durch das Mehr an Zeit wird die Voraussetzung geschaffen, dass Spielen und Bewegen ebenso zum Schulalltag gehören können wie Unterricht und lebenspraktische Förderung.

Diese Kernelemente des Schulkonzeptes setzt die Schule innerhalb einer reformorientierten Pädagogik um, die z. B. angelehnt an den Jenaplan nach Petersen (vgl. Petersen, 1949/[63]2007) offene, erfahrungsorientierte und individuelle Lernzugänge bei gleichzeitiger Schaffung von Gemeinschaftsstrukturen ermöglichen soll. Die Schule ist insgesamt eine relativ junge Schule, die sich als sehr entwicklungsfreudig und offen gegenüber Neuerungen präsentiert. Seit dem Schuljahr 2009/2010 wird die Schule als integrierte Gesamtschule bis zum Jahrgang 10 erweitert.

 Neben den hier aufgeführten sind weitere Informationen über die Sophie-Scholl-Schule Gießen auf ihrer Homepage unter **www.sophie-scholl-schule-giessen.de** zu finden.

Ausgehend von diesen pädagogischen Grundsätzen hat die Sophie-Scholl-Schule einen Tagestakt geschaffen, der sich vor allem durch offene, frei zu strukturierende Elemente auszeichnet, die vielfältige Möglichkeiten zur äußeren Rhythmisierung der Lern- und Betreuungszeiten bieten. Dieser Tagestakt mit seinen Möglichkeiten zur Ausgestaltung wird in Kap. 2.2.1 dargestellt. In den weiteren Kapiteln wird dann auf die unterschiedlichen Tageselemente und die jeweiligen Möglichkeiten der äußeren Rhythmisierung eingegangen. Kap. 2.2.2 thematisiert zunächst die Unterrichtszeiten und die Auswirkungen der äußeren Rhythmisierung auf die Unterrichtsinszenierung. In Kap. 2.2.3 wird dann das Nachmittagsangebot, das im Anschluss an die Unterrichtszeit stattfindet und durch ein Zusammenspiel von gebundenen und ungebundenen Angeboten ebenfalls vielfältige Gestaltungs- und Rhythmisierungschancen bietet, erläutert. In Kap. 2.2.4 werden dann die Auswirkungen dieser Tagesstruktur auf die Ganztagsschulentwicklung zusammengefasst.

2.2.1 Tagestakt mit großen Zeitblöcken – Möglichkeiten der äußeren Rhythmisierung

An der Schule wird ein eigenes Ganztagskonzept verfolgt, das nicht in die Kategorie offen oder gebunden einzuordnen ist: Es besteht eine verpflichtende Schulzeit bis ca. 14.30 Uhr, danach steht allen Schüler(inne)n ein verlässlicher Betreuungszeitraum bis ca. 16.30 Uhr mit unterschiedlichen Angeboten zur Verfügung. Aus dem nachstehenden Schema (Abb. 7) ist ein typischer Ablauf eines Tages an der Schule ersichtlich.

Abb. 7   Schematischer Tagesablauf

Die Unterrichtszeit ist bis zum frühen Nachmittag ausgedehnt, sodass die verpflichtende Schulzeit (etwas unterschiedlich nach Schulstufen) von 8.00 Uhr bis ca. 14.30 Uhr dauert. Zu Beginn des Schultages (von 7.30 bis 8.00 Uhr) können die Schüler(innen) in einem offenen Beginn schon an der Schule ankommen und im Klassenraum spielen, sich unterhalten oder auf den Tag vorbereiten.

Offener Anfang als Rhythmisierungsbeginn des Schultages

Der offene Anfang kann mit Burk (2006, S. 101) als ein „Schlüssel zu einer veränderten Gestaltung des Vormittags" gewertet werden. In einem Zeitfenster von z. B. 30 Minuten kommen die Schüler(innen) zur Schule und wählen in Selbstverantwortung ihre Tätigkeiten, ob sie nun lesen, spielen oder sich unterhalten wollen. Die Schüler(innen) haben so verschiedene Handlungsoptionen, ihren Schultag individuell zu beginnen. Die Lehrkräfte sind hierbei lediglich Beobachter und Unterstützer, verzichten jedoch auf direkte Handlungsanweisungen. Hierdurch wird die Selbstbestimmung und Selbstständigkeit der Schüler(innen) gefördert. Der offene Anfang ermöglicht den Schüler(inne)n also, ihren Schultag gemäß ihren individuellen Bedürfnissen zu eröffnen.

Abb. 8 & 9   Toben während des offenen Beginns

Der Unterricht wird dann in größeren Zeitblöcken von je 90–120 Minuten organisiert, zwischen denen längere Pausen von ca. 20–30 Minuten stattfinden.
Die Zeiten für Unterricht und Pausen sind grob festgelegt, die einzelnen Lerngruppen können die Unterrichts- und Pausenzeiten aber je nach eigenen Bedürfnissen anpassen oder verändern, sodass eine relativ freie äußere Rhythmisierung
möglich ist (vgl. Burk, 2006). Auf die damit verbundenen Möglichkeiten für
die Unterrichtsinszenierung wird in Kapitel 2.2.2 konkreter eingegangen.

Hohe Anforderungen an die Lehrkraft
Die langen Unterrichtsblöcke und die individuelle Gestaltung
der Pausenzeiten werden von den Lehrer(inne)n als sehr wichtig
erachtet. Gleichwohl sind sie eine sehr anspruchsvolle Aufgabe
für die Lehrkräfte, da diese immer die Bedürfnisse aller
Schüler(innen) im Blick haben und das angemessene Maß zwischen An- und Entspannung für alle Schüler(innen) ausloten
müssen. Die Lehrer(innen) sehen sich also immer wieder mit der
Herausforderung konfrontiert, gleichzeitig die Bedürfnisse
der/des Einzelnen und der Gruppe zu sehen und beiden entsprechend gerecht zu werden. Dies ist zweifelsfrei eine hohe
Anforderung, die jedoch auch ein hohes Potenzial birgt, ‚echte‘
Lernprozesse bei den Schüler(inne)n anzuregen.

An den Vormittagsblock mit Unterrichts- und Pausenzeiten schließt sich dann die 60-minütige Mittagspause an, in der gemeinsam im Lerngruppenverband gegessen wird.

Innerhalb der Pausenzeiten wird Wert darauf gelegt, dass Essenszeiten und Spielzeiten getrennt werden, d. h. dass Essenszeiten gemeinsam im Lerngruppenverband verbracht werden (Frühstück und Mittagessen) und die darauf folgende Pausenzeit eine wirkliche Spiel-Freizeit ist. Damit wird dem gemeinsamen Essen der Lerngruppen ein wichtiger sozialer Stellenwert in der Schulkultur zugestanden, wie es für Ganztagsschulen auch vermehrt gefordert wird (vgl. Appel & Rutz, 2005).

Ein weiterer Lernblock innerhalb der Taktung des Schultages ist die Schulaufgabenzeit. Im Sinne einer ganztägig organisierten Pädagogik ist die Schulaufgabenzeit an der Sophie-Scholl-Schule in die verpflichtende Schulzeit integriert, sie steht dabei am Ende des verpflichtenden Schultages. Hierdurch ist zum einen gewährleistet, dass jedem Kind Unterstützung bei der Anfertigung der Aufgaben zur Verfügung steht, zum anderen, dass der daran anschließende Nachmittag, an dem die Schüler(innen) freiwillig noch in der Schule bleiben können, als Spielfreiraum zur Verfügung steht. Auch diese Integration der Hausaufgaben in den Schulalltag ist ein prägnanter Schritt innerhalb der Ganztagsschulentwicklung (vgl. Höhmann & Rademacker, 2006).

Integration von Hausaufgaben in den Schultag

Die Einbindung einer festen Schulaufgabenzeit in den Schultag stellt eine Möglichkeit der Integration der Hausaufgaben in den Ganztag dar. Der Vorteil dabei ist der Verbleib der Schüler(innen) in der Lerngruppe, d. h. die Lehrer(innen) kennen die Schüler(innen) und können ihnen angemessener bei den Aufgaben helfen. Wenn diese Möglichkeiten nicht zur Verfügung stehen, bieten viele Schulen alternativ offene Hausaufgabenbetreuungen für alle Schüler(innen) an. Eine weitere Möglichkeit ist die Auflösung der Hausaufgaben zugunsten freier Übungszeiten innerhalb der Lernblöcke, d. h. die Organisation von Übungszeiten findet im Rahmen der äußeren Rhythmisierung der Lernblöcke statt und extra Hausaufgaben entfallen.

Am Nachmittag findet dann ein betreuter Spiel-Freiraum statt. Hier haben die Schüler(innen) zunächst einfach die Möglichkeit zum freien Spiel im Schulgebäude und -gelände. Daneben werden unterschiedliche Angebote gemacht – so gibt es zum einen feste AGs am Nachmittag, in die eine Einwahl verpflichtend ist und die kontinuierlich stattfinden, zum anderen gibt es so genannte ‚Aktivitätsinseln‘, die spontan und ohne vorherige Einwahl je nach den Wünschen der Schüler(innen) organisiert werden und wechselnde Themen haben, z. B. Basteln, Fußball etc. Auf die Struktur des Nachmittags wird in Kap. 2.2.3 näher eingegangen.

Hinsichtlich der Taktung des Schultages lässt sich festhalten, dass diese den Schultag lediglich in Form eines groben Rahmens strukturiert. Dadurch, dass der Unterricht am Vormittag als Lernblock mit individuell von den Lehrkräften zu gestaltender Unterrichts- und Pausenzeit organisiert ist, wird keine ‚Feintaktung' des Schultages, wie es bei Einzel- oder Doppelstunden als Taktungsmöglichkeit der Fall ist, vorgenommen. Der Nachmittag beinhaltet mit den AGs zwar ein fest ‚getaktetes' Moment im Tagestakt mit zeitlicher Verbindlichkeit. Darüber hinaus besteht aber auch hier durch die grundsätzliche Möglichkeit zum betreuten Freispiel sowie durch das offene Angebot der Aktivitätsinseln die Möglichkeit, den ‚Spielfreiraum' je nach aktuellen Bedürfnissen und Befindlichkeiten der Schüler(innen) zu gestalten bzw. äußerlich zu ‚rhythmisieren'.

2.2.2 Äußere Rhythmisierung und offene Unterrichtsinszenierung

Die durch den Tagestakt vorhandenen vielfältigen Möglichkeiten der äußeren Rhythmisierung können für variationsreiche Gestaltungsmöglichkeiten des Unterrichts genutzt werden. An der Sophie-Scholl-Schule finden keine langen frontal organisierten Unterrichtsphasen statt, sondern offene und individuelle Lernformen, so steht z.B. Wochenplanarbeit auf der Tagesordnung. Dies ist auch vor dem Hintergrund des Schulkonzeptes der Schule notwendig, da die Schüler(innen) einer Lerngruppe ganz unterschiedliche Lernvoraussetzungen mitbringen. Ein auf Heterogenität bauendes Schulkonzept ist somit gar nicht anders als mit vielfältigen Möglichkeiten zur individuell veränderbaren äußeren Rhythmisierung der Lernblöcke denkbar.

Abb. 10 Lernnischen für individuelles Lernen

Abb. 11
Alternative Lernorte auf
dem Flur

Unterrichtsinszenierung in heterogenen Lerngruppen

Für den Unterricht in heterogenen Lerngruppen liegen verschiedene Konzepte zur Inszenierung vor. So beschreibt z. B. Heyer (1998)
Bausteine einer integrativen Didaktik und Prengel (2006) didak-
tische Konsequenzen ausgehend von einer auf Heterogenität bau-
enden Pädagogik der Vielfalt. Hierzu wird übereinstimmend ein
offener, an reformpädagogischen Konzepten angelehnter Unterricht
als adäquate Inszenierungsform beschrieben. Durch unterschiedliche methodische Varianten soll jede und jeder Einzelne auf der je
individuellen Entwicklungsstufe optimal zur Entfaltung der eigenen
Fähigkeiten kommen. Damit dies nicht zu einem Nebeneinander
der Lernwege wird, wird von Feuser (1999) das ,Lernen am ge-

meinsamen Gegenstand' beschrieben, d. h. es gibt ein gemeinsames Lernthema in der Lerngruppe, dass sich aber jede Schülerin
und jeder Schüler auf je individuell angemessenem Wege aneignet.

Um die äußere Rhythmisierung konkret umzusetzen, werden die Lernblöcke
in verschiedene Phasen eingeteilt, die den Schüler(inne)n transparent gemacht
werden. So wechseln sich z. B. Phasen der Einzelarbeit mit Phasen des Grup-
penaustausches oder der gemeinsamen Zusammenführung ab. Bewegung
spielt einerseits implizit eine Rolle, da die Schüler(innen) während der Ein-
zel- oder Gruppenarbeit die Lernorte selbständig wählen und variieren können, d. h. sie dürfen sich innerhalb des Klassenraumes, aber auch auf Flure
und Nebenräume verteilen.

Abb. 12 Alternative Lernorte im Nebenraum

Darüber hinaus entsteht insbesondere beim Phasenwechsel zwischen den einzelnen Arbeitsphasen eines Lernblocks Bewegung, z.T. wird hier auch ein gemeinsames Bewegungsspiel initiiert. Die individuellen Lernzeiten bieten zudem eine sehr gute Basis für die Schüler(innen), um sich mit den Themen auch auf einer leiblichen Ebene zu beschäftigen. Durch diese Grundbedingung ist ‚automatisch' relativ viel Bewegung im Klassenraum mit dabei, dies passiert aber nebenher, da das Lernarrangement es mit sich bringt. So erläutert die Schulleiterin hierzu:

> „Ich glaube, dass bei einem Teil des Kollegiums gar nicht so sehr der Bewegungsaspekt im Vordergrund steht, sondern dass die Art, wie wir hier unterrichten, dieses notwendig mit sich bringt."

Bewegung wird also im Unterricht wie auch im Rest des Schultages eher automatisch integriert. Zusätzlich sind dadurch, dass die Schule sehr offen für Konzepte und Neuerungen ist und jede Lehrkraft dadurch einen sehr großen Handlungsspielraum hat, die Voraussetzungen für den bewussten Einbezug von Bewegung in den Unterricht sehr gut, was einzelne Lehrer(innen) auch durchaus nutzen. Zudem hat insgesamt das handlungsorientierte Lernen einen großen Stellenwert, wie an der jüngst eingerichteten Forscherwerkstatt, in der die selbstständige und handlungsorientierte Erschließung naturwissenschaftlicher Phänomene im Vordergrund steht, deutlich wird.

Vielfältige Möglichkeiten des Bewegten Lernens und der Bewegten Unterrichtsgestaltung werden in Kapitel 5 thematisiert. Dabei sind besonders die Ausführungen zur Freien Ganztagsgrundschule STEINMALEINS in Jena (Kap. 5.2) sehr anschlussfähig zum hier vorgestellten Unterrichtskonzept und erläutern vertiefend, welche Konsequenzen ein solches offenes Unterrichtskonzept für die Bedeutung und das Vorkommen von Bewegung im Unterricht hat.

Durch die in der äußeren Rhythmisierung geschaffenen vielfältigen Freiräume für die Schüler(innen), sich individuell mit Lernaufgaben zu beschäftigen, ist es gleichsam wichtig, auch gemeinschaftsfördernde Strukturen zu schaffen, um kein unverbundenes ‚Nebeneinander' der Lernprozesse zu bewirken. Daher sind Rituale und Regeln wichtige Rhythmisierungsmerkmale des Tagesablaufes, so findet sich z. B. das Ritual des Sitzkreises in unterrichtlichen und außerunterrichtlichen Settings wieder, um Tageselemente ein- und auszuleiten, einen Phasenwechsel zu gestalten, Themen zusammenzuführen, Probleme zu besprechen etc. (vgl. Abb. 13). Auch gesamtschulische Rituale, wie z. B. der Montagmorgenkreis mit der ganzen Schule, strukturieren für alle Schulbeteiligten die Zeit in der Schule (vgl. Abb. 14). Diese Rituale und Regeln sind als kleine Anzeichen dafür zu verstehen, dass sich die Schulgemeinde insgesamt und auch die einzelnen Lerngruppen als jeweils eine Gemeinschaft, nach von Hentig im Sinne einer ‚polis', verstehen. In dieser Gemeinschaft ist ein Zusammengehörigkeitsgefühl erlebbar, gleichzeitig sind jedoch auch Ordnungen und Regeln nötig, die die Schule in Form von Ritualen und Vereinbarungen geschaffen hat (vgl. von Hentig 2003, S. 222 f.).

Abb. 13 Sitzkreis in den Klassen

Abb. 14 Montagmorgenkreis der ganzen Schule

Die Ausführungen zur Gestaltung der Unterrichtszeiten konnten verdeutlichen, wie die Freiräume zur Rhythmisierung des Unterrichts eine angepasste und schülerorientierte Unterrichtsinszenierung ermöglichen. Der Unterricht bietet insgesamt genügend Spielraum für die Lehrer(innen), verschiedene Möglichkeiten der äußeren Rhythmisierung des Unterrichts durch einen angepassten und wechselnden Einsatz der Lehr-Lern-Formen und der gemeinschaftlichen Rituale vorzunehmen. Hierdurch entstehen Räume, in denen Bewegungschancen für die Schüler(innen) ermöglicht werden.

2.2.3 Nachmittag mit ungebundenen und gebundenen Angeboten

Am Nachmittag existiert ein freiwilliges Betreuungsangebot von 14.30 bis 16.30 Uhr. In diesem Freiraum gibt es zunächst einen Betreuungsfreiraum, den die Schüler(innen) dazu nutzen können, vor allem im vielseitigen und naturbelassenen Außengelände der Schule frei zu spielen. Dieses Gelände bietet durch seine Naturbelassenheit vor allem seit der jüngst vorgenommenen Schulhofumgestaltung vielfältige Möglichkeiten zum Bewegen, sodass der Nachmittag grundsätzlich sehr viele Gelegenheiten zur freien Bewegungsinszenierung bereit hält.

Abb. 15   Spielen am Nachmittag im „Schulwald"

Integriert in diesen Spielfreiraum gibt es zwei Angebotstypen am Nachmittag. Zum einen sind dies die von der Schule selbst so benannten offenen ‚Aktivitätsinseln‘, zum anderen klassische AGs, in die die Schüler(innen) sich einwählen können. Während die Aktivitätsinseln einen eher informellen Charakter haben und ohne Voranmeldung spontan entstehen, muss man sich für die AGs zu Beginn jedes Schulhalbjahres einwählen. Dieses zweigleisige Konzept sorgt sowohl für beständige und intensive Bewegungsangebote als auch dafür, ein Angebot für spontan entschlossene Schüler(innen) bereitzustellen (vgl. Dobe, 2006).

Vor allem die Aktivitätsinseln sind ein besonderes Angebot, das vergleichsweise selten an Ganztagsschulen zur Verfügung steht. Hier werden Aktivitäten wie z. B. Fahrradfahren, Kegeln, Basteln oder Fußball angeboten. Neben einigen regelmäßig wiederkehrenden Angeboten können diese sich u. a. an den aktuellen Wünschen und Bedürfnissen der Schüler(innen) orientieren und somit spontan für alle interessierten Schüler(innen) angeboten werden. Dieses Angebot gilt es zu stärken, da hier auch diese Kinder Zugang finden, die aus unterschiedlichen Gründen evtl. keinen Zugang zu den festen AGs gefunden haben. Zudem bietet es die Möglichkeit, die spontanen Interessen der Schüler(innen) aufzugreifen und somit auch den Nachmittag schülerorientiert zu gestalten bzw. äußerlich zu rhythmisieren.

Abb. 16   Toben auf der Holzhäckselfläche

Weiterentwicklung der Aktivitätsinseln
Das Angebot der Aktivitätsinseln ist als besonders gelungen zu
betrachten, stellt jedoch für die Betreuer am Nachmittag auch
eine doppelte Belastung dar, da sie einerseits das Freispiel aller
Schüler(innen) betreuen und andererseits den Blick für die Organisation aktuell sinnvoller Aktivitätsinseln haben müssen. Hier
wäre zu überlegen, ob z. B. ältere Schüler(innen) mit besonderen
Kompetenzen miteinbezogen werden können, um kleinere Aktivitäten zu initiieren, sodass die Schüler(innen) auch weiter darin
bestärkt werden, sich gegenseitig zu unterstützen und voneinander zu lernen, was durch die heterogenen Lerngruppen grundsätzlich schon an der Schule angestoßen wird. Des Weiteren wäre
 zu prüfen, ob zielgruppenbezogene Aktivitätsinseln, z. B. Angebote
für Mädchen oder für ältere Schüler(innen) geschaffen werden
können bzw. sollen, um das Spektrum zu ergänzen und erweitern.

Das Angebot der festen AGs findet sich in ähnlicher Weise an vielen Ganztagsschulen und ist ebenso ein bedeutsamer Teil des Ganztagsschulangebots
der Sophie-Scholl-Schule. Es bietet mittlerweile mehr als 30 AGs und die Schule ist darum bemüht, ein breites Spektrum von bewegten und anderen Angeboten abzudecken und somit den Nachmittag für die Schüler(innen) an der Schule
auch in Bezug auf feste und wiederkehrende Angebote attraktiv zu gestalten.

Die Angebote werden getrennt nach Bewegungs- und Kunst/Kulturangeboten ausgeschrieben, wobei die Bewegungsangebote ca. die Hälfte des Programms ausmachen. Innerhalb der Bewegungsangebote liegt ein Schwerpunkt eher auf allgemeinen Bewegungsangeboten wie Psychomotorik, Yoga, Abenteuer- und Bewegungsspiele, Tanz etc. Daneben existieren auch sportartenorientierte Angebote (z. B. Fußball, Tischtennis, Basketball).

Auf Möglichkeiten der Gestaltung und Organisation außerunterrichtlicher (Bewegungs-)Angebote wird vertieft in Kapitel 3 eingegangen.

Abb. 17
Aktivitätsinsel: Fahrrad-
parcour

2.2.4 Zusammenfassung

Das Ganztagskonzept der Sophie-Scholl-Schule lässt sich als Zwischenlösung zwischen einer offenen und einer gebundenen Ganztagsschule darstellen. Der Vormittag wurde entzerrt und die Mittagspause in die Schulzeit obligatorisch integriert, und nach der Schulaufgabenzeit folgt ein betreuter Spiel-Freiraum, der eher unverbunden mit dem Vormittag ist. Diese Trennung zwischen Vor- und Nachmittag wird auch durch die Aussagen der Beteiligten deutlich, da der Nachmittag ausdrücklich eine eigene Zielvorstellung zugesprochen bekommt, denn dies soll eine Zeit darstellen, in der die Kinder „glücklich zusammen spielen" können. Der Übergang von Vor- zu Nachmittag gelingt durch die Schulaufgabenzeit. Diese Zeit stellt nicht nur den zeitlichen Übergang dar, sondern kann auch vom Verpflichtungscharakter zwischen Unterrichts- und Spielzeit verortet werden, da die Aufgabenzeit noch individueller

Abb. 18   Aktivitätsinsel: Fußball

gestaltet werden kann als die Unterrichtszeit. Sowohl Vor- als auch Nachmittag sind zudem nicht nur zeitlich durch die Schulaufgabenzeit, sondern auch pädagogisch durch die Schulphilosophie verbunden, die in beiden Tagesteilen gleichsam spürbar ist. So finden sich z. B. ähnliche Gemeinschaftsrituale in AGs und im Unterricht wieder. Vor- und Nachmittag haben also zwar eine getrennte Zielsetzung, indem am erweiterten Vormittag explizit das Lernen und am Nachmittag explizit das Spielen im Vordergrund stehen soll, jedoch stehen sie nicht unverbunden nebeneinander sondern prägen komplementär den Ganztag an der Sophie-Scholl-Schule.

In der bisherigen Tagestaktung ist in Bezug auf Bewegung ersichtlich, dass Bewegung sowohl am Vor- als auch am Nachmittag eine Rolle spielt: Am Vormittag implizit durch die grundsätzlichen Freiheiten der Schüler(innen) im Rahmen des offenen Unterrichtskonzepts, am Nachmittag explizit durch die vielfältigen offenen Bewegungschancen sowie strukturierten Bewegungs- und auch Sportangebote.

Weiterentwicklung des Ganztagskonzepts unter Berücksichtigung der Rolle von Bewegung, Spiel und Sport

Die bisherige Rhythmisierung berücksichtigt bereits vielfältige Bewegungschancen im Ganztag. Der Ist-Zustand der Rhythmisierungsstruktur wird von den Lehrer(inne)n jedoch nicht als statisches Konzept gesehen, sondern es gibt vielfältige Überlegungen zu einer Weiterentwicklung. So wird z. B. überlegt, eine tägliche Bewegungszeit/Sportstunde einzuführen, um eine ganz feste Zeitschiene mit Bewegungsmöglichkeiten anzubieten. Darüber hinaus wird neben dem Wunsch nach mehr Bewegung auch der Wunsch nach expliziten Rückzugs- und Entspannungszeiten und -räumen diskutiert. Dies gilt nicht nur für die Schüler(innen), sondern auch für das Team, für das noch verbindlichere Pausenzeiten eingeräumt werden könnten. Hier gilt es, sich gemeinsam über eine Weiterentwicklung zu verständigen. Evtl. können dabei Vor- und Nachmittag noch mehr miteinander verknüpft werden, sodass z. B. auch Betreuungsangebote am Vormittag integriert werden. Denn insbesondere für die älteren Schüler(innen), die eine hohe Stundenanzahl haben, wird der derzeitige Unterrichtsvormittag trotz der Erweiterung bis zum frühen Nachmittag als sehr anspruchsvoll empfunden. Darüber hinaus kann die Frage aufgeworfen werden, ob eine bewusste Reflexion der Bewegungsinszenierungen der Schüler(innen) dabei unterstützend wirken kann, eine Verbindung zwischen den unterschiedlichen Lern- und Betreuungsangeboten am Vor- und Nachmittag zu schaffen. So könnten z. B. Lernprozesse in außerunterrichtlichen Angeboten, auch im freien Rollenspiel in Pausen und freien Zeiten, mehr reflektiert und auf die Unterrichtszeit bezogen werden, in dem z. B. die Themen aufgegriffen und in diesem Sinne als Potenzial für Lernprozesse nutzbar gemacht werden.

Die Sophie-Scholl-Schule Gießen stellt zusammenfassend ein gelungenes Beispiel dafür dar, wie vor dem Hintergrund eines offen gestalteten Tagestaktes
vielfältige Möglichkeiten der äußeren Rhythmisierung und hierdurch ein durchgehend rhythmisierter Schultag mit Bewegungsmöglichkeiten für die Schüler
(innen) entsteht. Durch die offene Taktung des Schultages in große Lernblöcke wird es den Lehrer(inne)n besonders gut ermöglicht, wechselnde Lernformen und Rituale innerhalb der Unterrichtseinheiten einzusetzen. So entsteht
ein Unterrichtssetting, das auf individuelle Lernchancen der Schüler(innen)
ausgerichtet ist und z. B. durch die freie Wahl des Lernortes und den Wechsel
der Unterrichtsmethoden und Sozialformen Bewegung immer implizit beinhaltet. Im Nachmittagsbereich mit seinen gebundenen und ungebundenen Bewegungsangeboten ist Bewegung hingegen explizit vorhanden und auch hier
besteht die Möglichkeit, die Zeiten äußerlich nach den aktuellen (Bewegungs-)
Interessen der Schüler(innen) zu rhythmisieren.

- Dobe, M. (2006). Gebundene und ungebundene Freizeit.
  In K. Burk (Hrsg.), Auf dem Weg zur Ganztags-Grundschule
  (S. 186–193). Frankfurt am Main: Grundschulverband.
- Hentig, H. v. (2003). Die Schule neu denken: eine Übung in
  pädagogischer Vernunft. Weinheim: Beltz.
- Thies, W. (2006). Gemeinsam lernen in der Sophie-Scholl-
  Schule Gießen. Geistige Behinderung, 44 (3), 241–250.

2.3 EIGENRHYTHMUS DER SCHÜLER(INNEN) ALS AUSGANGSPUNKT: DIE GLOCKSEE-SCHULE HANNOVER

Als dritte Schule in diesem Kapitel soll die Glocksee-Schule aus Hannover präsentiert werden. Die Glocksee-Schule wurde 1972 gegründet und liegt im Süden von Hannover, der niedersächsischen Landeshauptstadt mit ca. 520 000 Einwohnern. An der Schule werden ca. 215 Schüler(innen) von 21 Lehrer(inne)n unterrichtet, die von zwei sozialpädagogischen Mitarbeiter(inne)n und zwei Honorarkräften unterstützt werden.

„Die Glocksee-Schule ist eine staatliche Schule besonderer pädagogischer Prägung mit den Klassen eins bis zehn". So stellt sich die Schule in dem ersten Satz einer Schulveröffentlichung vor (2001). Die besondere pädagogische Prägung resultiert aus der Bewahrung ihrer Gründungsidee: Sie verstand und versteht sich als ein „Erziehungsexperiment" (Negt, 2000, S. 9).

Im Vergleich zu einer Regelschule zeichnet sich die Glocksee-Schule durch folgende besondere Merkmale aus:

1. Die Schule ist einzügig mit den Klassen eins bis zehn [2].
2. Die Schüler(innen) können bis zum Abschluss der zehnten Klasse diese Schule besuchen.
3. Es gibt kein festgeschriebenes Lernniveau am Ende einer Klassenstufe, welches alle Kinder erreicht haben müssen. Insofern gibt es auch kein Sitzenbleiben.
4. Bis zur zehnten Klasse gibt es keine Zensuren und keine Zeugnisse, sondern Halbjahresberichte über jede Schülerin und jeden Schüler, die durch Beratungsgespräche mit den Eltern (in der Unterstufe z.T. mit Schüler (inne)n, in der Oberstufe immer mit den Schüler(inne)n) ergänzt werden.
5. Die Schule ist untergliedert in eine Unter- und in eine Oberstufe. Zu der Unterstufe gehören die Klassen eins bis sechs, zu der Oberstufe die Klassen sieben bis zehn.
6. Für die Unterstufe gibt es keine Jahrgangsklassen, sondern altersgemischte Lerngruppen für die Jahrgänge eins bis drei und vier bis sechs.
7. Die Glocksee-Schule ist eine gebundene Ganztagsschule mit einem für alle Schüler(innen) verbindlichen Ganztagsangebot an drei Tagen in der Woche.
8. Das Lernen ist nicht nur nach Fächern organisiert und nicht in 45 Minuten Einheiten portioniert.
9. Es dominieren Lernformen des angebotsorientierten, projektorientierten und exemplarischen Lernens mit fächerverbindenden Themen. Charakteristisch für die Oberstufe sind der Epochen-, Projekt- und Kursunterricht.

Die mit diesen Merkmalen verbundene Erziehungsphilosophie ist aus einem fortwährenden Prozess heraus von den an der Schule Beteiligten entwickelt worden. Daran wird das Besondere dieser Schule deutlich: Sie versteht sich als eine „Schule im Prozess" (Köhler & Krammling-Jöhrens 2000, S. 18), deren

---

[2] In diesem Portrait wird jedoch nur auf die Situation für die Jahrgangsstufen 1–6 eingegangen, da nur dieser Schulteil an der Studie teilgenommen hat.

Erziehungsphilosophie mit dem Begriff der „Selbstregulierung" (Köhler & Kramm-ling-Jöhrens 2000, S. 18) treffend charakterisiert werden kann. Diese Entwick-lungsoffenheit und Veränderungsbereitschaft hat sich bis heute bewahrt.

Ein interessantes Informationsangebot über die Glocksee-Schule ist deren Homepage unter **www.glocksee.de** zu entnehmen.

Ausgehend von diesen Grundmerkmalen weist die Schule einen Tagestakt auf, der sehr stark an den individuellen Bedürfnissen des einzelnen Kindes und seinem Eigenrhythmus orientiert ist, wie in den folgenden Kapiteln gezeigt werden soll. Zunächst wird hierzu grundlegend auf das Zeitverständnis an die-ser Schule eingegangen (Kap. 2.3.1), vor dessen Hintergrund der Tagestakt an der Schule verstehbar wird. Dieser wird im Anschluss daran erläutert (Kap. 2.3.2). Abschließend wird dann auf die Konsequenzen der zeitlichen Struk-tur an der Glocksee-Schule für die leiblichen Bedürfnisse der Schüler(innen) eingegangen (Kap. 2.3.3).

Abb. 19
Bewegung – ein integraler
Bestandteil des Schullebens

Abb. 20   Bewegung – ein integraler Bestandteil des Schullebens

2.3.1   Umgang mit Zeit

An der Glocksee-Schule besteht im Vergleich zu den 45-minütigen-Unterrichts-
stunden in den Regelschulen ein veränderter Umgang mit Zeit. Die Schule
ist eine gebundene Ganztagsschule, wobei das dadurch erweiterte schulische
Zeitraster nur den Sockel bildet. Entscheidend ist der Umgang mit der Zeit:
Also Zeit für die Schüler(innen) haben, Zeit investieren, die richtige Zeit für
entsprechende Verhaltensweisen oder Interventionsmaßnahmen spüren, aber
auch den Schüler(inne)n Zeit für eine individuelle Gestaltung des Lernens lassen. Als Beispiele dafür stehen die Unterrichtsformen der ‚Freiarbeit‘ und
der werkstattähnlichen ‚Themenarbeit‘.

Themenarbeit

Eine Form des Lernens stellt in der Glocksee-Schule das sogenannte projektorientierte Arbeiten im Fach ‚Thema‘ dar. Allein die
Bezeichnung eines Unterrichtsfaches als *‚Thema‘* deutet darauf
hin, dass ein Thema aus verschiedenen Fachperspektiven bearbeitet werden soll. Hier steht das ‚konkrete Tun‘ im Mittelpunkt des
Lernens. Mit dieser Form des Lernens sind zwei weitere pädagogische Prinzipien verbunden:

- Das auf ein Thema bezogene selbstständige Sammeln von
  Materialien und das Experimentieren bzw. das selbstständige
  Üben, Vertiefen und Anwenden erworbener Fertigkeiten und
  erworbenen Wissens.

- Die sich, auch durch die Altersmischung, ergebende Übertragung von typischen Lehrerfunktionen auf die Kinder:

Es gibt Expert(inn)en und Helfer(innen), die zu jeder Aufgabenstellung zu Rate gezogen werden können.

Vor allem die tätige Auseinandersetzung mit dem Thema der Werkstatt ermöglicht individuelles, ganzheitliches Lernen und damit auch das Lernen in Bewegung: Ob es wie beim Thema ‚Zirkus' oder beim Thema ‚Theater' direkt um Bewegung geht oder ob es darum geht, Materialien zu besorgen, sie herzurichten, sie zu untersuchen und gewonnene Erkenntnisse festzuhalten, immer wird der ganze Körper benötigt. Vertiefend wird auf dieses Thema in Kap. 5.2 bei der Vorstellung der Freien Ganztagsgrundschule STEINMALEINS aus Jena eingegangen.

Eine Form des Umgangs mit Zeit ist die Rhythmisierung der Schulzeit unter verschiedenen Gesichtspunkten. In der Glocksee-Schule wird für jede Jahrgangsstufe das Schuljahr durch Tages- und Wochenrhythmen unterschiedlich strukturiert. Eine Lehrerin erklärt die Rhythmisierungsphilosophie wie folgt:

> „(Kinderkollektiv und Individuum) ... haben ja unterschiedliche Rhythmusansprüche und ... da einen Ausgleich zu finden ist schwierig. Das ist in den ersten drei Jahren, glaube ich, noch einfacher als in den darauf folgenden, jedenfalls differenziert sich das anders aus, beziehungsweise es gibt andere Notwendigkeiten, das Kollektiv oder die Gruppe in den Vordergrund zu stellen und damit so einen Lehrerrhythmus mit rein zu bringen, Schulrhythmus, glaube ich. Das ist das, womit wir dann auch kämpfen, mit den einzelnen, und da fügt sich ... dann für vier bis sechs ein anderer Tagesrhythmus an (als für eins bis drei), mit dem sich die Kinder und Jugendlichen auseinander setzen müssen und in sieben bis zehn noch ein anderer, und dann zusätzlich zu diesen Tagesrhythmen gibt es dann Wochenrhythmen, Monatsrhythmen. ... Wir haben also diese Epochenstrukturierung, das rhythmisiert das Jahr auch. Dann haben wir in der Regel vier, manchmal fünf, Projektwochen. Das sind also Rhythmen, die im Jahresablauf das untergliedern, hin und wieder auch Feste, die ... rhythmisierend wirken und so ist das eigentlich ständig eine Bewegung in der Schule, die also versucht vom individuellen Einzelrhythmus bis zum ganzen Angebotsrhythmus eines Jahres das irgendwie auf die Reihe zu kriegen".

Deutlich wird das pädagogische Grundverständnis von Rhythmus: Ausgangspunkt ist immer der Eigenrhythmus des Schülers bzw. der Schülerin, der berücksichtigt werden muss und von dem aus in reziproker Abhängigkeit über den Tages-, Wochen- und Jahresrhythmus nachgedacht wird, wobei sich der Jahresrhythmus vor allem aus einer bestimmten Angebotsstruktur ergibt.

Abb. 21   Klassenversammlung

2.3.2 Offener Tagestakt als Spannungsfeld zwischen verbindlichen Elementen und freien Lernzeiten

Ein Blick auf den Tagestakt verdeutlicht die Verzahnung zwischen verbindlichen Elementen für alle Schüler(innen) einer Klasse und freien Lernzeiten für die Schüler(innen): Der Schultag beginnt mit einem offenen Anfang, ihm folgt eine Klassenversammlung, in der z. B. Themen vorgestellt, Geschichten vorgetragen, Ergebnisse diskutiert oder auch Streit geschlichtet wird.

Der Klassenversammlung schließt sich eine Arbeitsphase an, in der die Kinder individuell oder in Gruppen an unterschiedlichen Themen arbeiten:

> *„Das kann eine Deutscharbeitsphase sein, die einen machen Leseübungen, andere üben Schrift, andere schreiben eine Geschichte, da moderiere ich [ein Lehrer] eher sozusagen das kreative Chaos".*

Diese Arbeitsphase geht immer fließend in einen freien Bereich über. Auffällig ist, dass dies nicht für alle Schüler(innen) gleichzeitig gilt und so der Eindruck eines kreativen Chaos entsteht. Manche Kinder arbeiten und sitzen deshalb länger, weil sie von dem Thema ‚gefangen' sind. Andere arbeiten länger, weil sie ihre Arbeit unbedingt fertig stellen wollen. Wieder andere sind mit ihrer Arbeit schon fertig und beginnen mit anderen Aktivitäten. Manche gehen in einen Schülerfreizeitraum, in dem es Bücher und Bastelmaterialien gibt, viele ziehen es aber vor, sich draußen zu bewegen.

Abb. 22   ‚Kreatives Bewegungschaos‘

Diese freien Lernzeiten verdeutlichen, dass die Schule ihren Schüler(inne)n Raum für leibliche Eigenbedürfnisse lässt. Die Schüler(innen) können selbst entscheiden, wann sie sich bewegen wollen und wann nicht. Das Bewegungsbedürfnis der Schüler(innen) erhält in diesen freien Lernzeiten Möglichkeiten, in denen es ausgelebt werden kann.

Ein Lehrer erklärt die nächste Phase im Tagestakt:

> *„Und dann ist typisch, dass die nächste Phase, zu der dann wieder alle zusammengerufen werden, eine Mahlzeit ist. Es gibt an diesen ... Schultagen immer eine gemeinsame Mahlzeit, die die Eltern vorbereiten, dazu treffen wir uns dann wieder. Und dann könnte man das alles noch einmal anschließen. Gibt es noch mal eine Arbeitsphase, dann gibt es wieder eine sehr freie Phase und am Schluss des Schultages immer noch mal eine Versammlungssituation, ... in der reflektiert wird, Reste geklärt, vorgelesen wird“.*

Auffällig ist: Keine Klingel strukturiert die einzelnen Phasen, sodass die Lernphasen nicht von einem äußeren, oktroyierten Schema strukturiert werden. Aus einer leiblichen Perspektive kann man aus dieser Form der Tagesgestaltung viel deutlicher die Absicht erkennen, dass die Schüler(innen) ihren „Eigenrhythmus“ (vgl. Burk, 2006, S.97; Hildebrandt-Stramann, 2007b, S. 3) finden sollen. Die Schüler(innen) haben so die Möglichkeit, ihren Lernprozess selbst zu steuern, d.h. eigene Lernstrategien zu entwickeln, Kontakte zu anderen Kindern aufzunehmen, Entspannungs- und Anspannungsphasen zu gestalten. Deutlich werden Phasen der Anspannung und Phasen der Muße, Phasen des aufgabenbezogenen Lernens und Phasen des erforschenden Lernens, Phasen des formellen und solche des informellen Lernens miteinander verbunden.

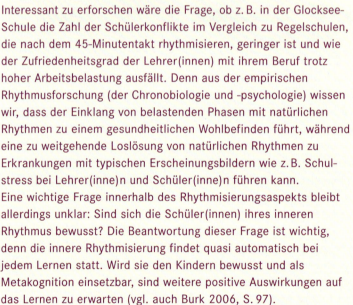

Auswirkungen der Rhythmisierung auf das Wohlbefinden von Schüler(inne)n und Lehrkräften
Interessant zu erforschen wäre die Frage, ob z. B. in der Glocksee-Schule die Zahl der Schülerkonflikte im Vergleich zu Regelschulen, die nach dem 45-Minutentakt rhythmisieren, geringer ist und wie der Zufriedenheitsgrad der Lehrer(innen) mit ihrem Beruf trotz hoher Arbeitsbelastung ausfällt. Denn aus der empirischen Rhythmusforschung (der Chronobiologie und -psychologie) wissen wir, dass der Einklang von belastenden Phasen mit natürlichen Rhythmen zu einem gesundheitlichen Wohlbefinden führt, während eine zu weitgehende Loslösung von natürlichen Rhythmen zu Erkrankungen mit typischen Erscheinungsbildern wie z. B. Schulstress bei Lehrer(inne)n und Schüler(inne)n führen kann.
Eine wichtige Frage innerhalb des Rhythmisierungsaspekts bleibt allerdings unklar: Sind sich die Schüler(innen) ihres inneren Rhythmus bewusst? Die Beantwortung dieser Frage ist wichtig, denn die innere Rhythmisierung findet quasi automatisch bei jedem Lernen statt. Wird sie den Kindern bewusst und als Metakognition einsetzbar, sind weitere positive Auswirkungen auf das Lernen zu erwarten (vgl. auch Burk 2006, S. 97).

Die Lehrer(innen) der Glocksee-Schule eröffnen ihren Schüler(inne)n eine Vielzahl an ungebundenen Zeiträumen. Damit geben sie ihnen Gelegenheiten sich jenseits schulischer Anforderungen kennen und verstehen zu lernen. Ungebundene Zeit ist für Grundschulkinder häufig Bewegungszeit. Denn gerade über Bewegung und Körperlichkeit setzen sich Schüler(innen) in Beziehung (vgl. Sherborne 1998). Aufgrund des hohen Anteils an ungebundener Zeit haben die Schüler(innen) vielfältige Möglichkeiten, sich miteinander über Sachen und über Beziehungen zu verständigen. Durch die freien Lernzeiten haben die Schüler(innen) somit Gelegenheiten, Beziehungen zu anderen Schüler(inne)n einzugehen, indem sie sich gemeinsam einer Aufgabe widmen.

Abb. 23 Gemeinsames Lernen

Bewegung stellt neben der Sprache ein wichtiges Kontaktmedium dar, um gemeinsame Lernprozesse zu initiieren. Das gemeinsame bewegte Lernen der Schüler(innen) verdeutlicht, dass die Schüler(innen) während der freien Lernzeiten untereinander Bewegungsbeziehungen eingehen. Individuelle Lernzeiten und gemeinsames Lernen können also eng miteinander verwoben sein.

2.3.3 Leibliche Bedürfnisse und Eigenrhythmus

Der Eigenrhythmus und damit die leiblichen Eigenbedürfnisse der Schüler(innen) sind bei der Gestaltung des gesamten Schultages berücksichtigt. Die Schüler(innen) können so während der Arbeitsphasen oftmals selbstständig entscheiden, ob sie im Klassenraum, im Schulgebäude oder auf dem Schulhof arbeiten wollen. Hierdurch haben die Schüler(innen) Möglichkeiten, sich zu bewegen. Dieses Prinzip der Selbstbestimmung wird an der Schule auch während der Pause angewandt, denn auch hier können die Schüler(innen) zwischen den Optionen Klassenraum, Schulgebäude oder Schulhof frei wählen. Ziel der Glocksee-Schule ist es daher auch, dass die Kinder und Jugendlichen lernen sollen, eigenständig zu arbeiten, Interessen zu entdecken und ihnen auf den Grund zu gehen. Deshalb bieten die Lehrer(innen) ihnen Gelegenheiten, in denen sie mit Muße eigenen Vorhaben nachgehen können, auf eigene Weise, allein oder zusammen mit Freunden. Dafür benötigen sie individuelle Lernzeit, die sie z. B. in der Frei- und Projektarbeit bekommen. Zur individuellen Lernzeit gehören dann auch individuelle Lernformen.

Abb. 24 Individuelle Lernzeit

Eine solche individuelle Lernform ist die handelnde, also auch die bewegte und leibbezogene Auseinandersetzung mit einem Thema, die für viele Kinder die erste adäquate Form der Erkenntnisgewinnung darstellt, bevor sie sich bildhaften und symbolischen Lernformen zuwenden.

Die Lehrer(innen) der Glocksee-Schule möchten erreichen, dass sich alle Kinder und Jugendlichen, also auch die besonders langsam Lernenden und die besonders Begabten, bestmöglich entwickeln. Deshalb schaffen sie Situationen, in denen jeder Schüler und jede Schülerin an je individuell angemessenen Herausforderungen lernen kann – im eigenen Tempo und mit dem Maß an Unterstützung, dessen es gerade bedarf. Dazu benötigen sie Förder- und Forderzeit, aber auch Zeit, dies in Bewegung tun zu können.

Integration des Bewegungsaspekts in das Schulkonzept

Die Schule hat 2001 ein Kurzportrait über sich veröffentlicht, worin die Erwähnung des Bewegungsaspektes jedoch eher marginal ausfällt. Entweder in Verbindung mit dem Sportunterricht oder als Toben zur Kompensation bewegungsarmer Zeit. Diese Marginalität des Sich-Bewegens passt nicht zum Bildungskonzept der Glocksee-Schule. Die Lehrer(innen) bemühen sich um ganzheitliche Bildungsprozesse, mit denen sie die fachliche, soziale und emotionale Kompetenz der Kinder fördern wollen (vgl.

Glocksee-Schule 2001, S. 5). Die Bewegungskompetenz oder –
noch genauer gefasst – die leibliche Spür- und Selbstsorgekom-
petenz wird nicht genannt, obwohl sie ein essenzieller Bestandteil
eines ganzheitlichen Bildungsprozesses ist. Dies verwundert, weil
die Schulkultur, das Schulleben – wie gezeigt werden konnte –
vielfältig mit dem Sich-Bewegen durchdrungen ist. Diese vielfältigen Bewegungschancen im Schultag können in einem Selbstver-
gewisserungsprozess der Schule reflektiert werden und mit in das
Konzept festgeschrieben werden, um die leiblichen Bedürfnisse
der Schüler(innen), denen die Schule schon sehr stark entgegen-
kommt, noch stärker ins Bewusstsein zu rufen.

2.3.4 Zusammenfassung

Die Glocksee-Schule Hannover präsentiert sich zusammenfassend als eine
Schule, die einen eigenen Weg bei der Rhythmisierung des Schultages gefunden hat. Ausgangspunkt dieser Rhythmisierung ist stets der Eigenrhythmus
des einzelnen Schülers bzw. der einzelnen Schülerin. Dieser wird während des
gesamten Schultages nicht durch Klingelzeichen durchbrochen, sondern kann
selbstständig entfaltet werden. Hierzu gehört, dass die Schule ihren Schü-
ler(inne)n viele ungebundene Zeiträume und individuelle Lernzeiten während
des Schultages ermöglicht. Innerhalb dieser freien Lernzeiten können die
Schüler(innen) gemäß ihrer leiblichen Eigenbedürfnisse handeln und sich bewegen. Die Schüler(innen) entscheiden daher selbstständig, wann sie welche
Arbeitsschritte erledigen und wann sie sich bewegen wollen. Die ungebundenen Lernzeiten ermöglichen zudem, Beziehungen zu anderen Schüler(inne)n
über Bewegung aufzubauen und stellen einen Rahmen dar, in dem gemeinsames Lernen möglich ist.

- Hildebrandt-Stramann, R. (2007). Ganztag und Unterricht –
  durch Bewegung rhythmisiert. Braunschweig: Manuskript.
- Köhler, U. & Krammling-Jöhrens, D. (2000). Die Glocksee-
  Schule: Geschichte – Praxis – Erfahrungen. Bad Heilbrunn:
  Klinkhardt.
- Sherbone, V. (1998). Beziehungsorientierte Bewegungs-
  pädagogik. München: Reinhardt.

2.4 RESÜMEE: RHYTHMISIERUNG DES SCHULTAGES

In diesem Kapitel wurden drei Schulen vorgestellt, die durch verschiedene Möglichkeiten einen Weg gefunden haben, ihren Schüler(inne)n einen rhythmisierten Schultag zu gewährleisten. Alle drei Schulen setzen dabei auf die Auflösung des 45-min-Unterrichts und organisieren ihre Unterrichtszeiten in Blöcken, die zwischen 90 min und 120 Minuten dauern. Innerhalb dieser Blöcke werden die Pausen nach dem individuellen Bedarf der Schüler(innen) bzw. der Lerngruppe gesetzt. Besonders deutlich wird dieses an der Glocksee-Schule Hannover, die in ihrem gesamten Rhythmisierungskonzept den individuellen Eigenrhythmus der Schüler(innen) berücksichtigt und zum Ausgangspunkt nimmt. Deutliches Anzeichen sind hierfür die freien Lernzeiten, in denen die Schüler(innen) ihre Arbeitsphasen selbstständig gestalten und damit auch entscheiden können, wann sie sich bewegen wollen.

Die Erläuterungen zur Sophie-Scholl-Schule Gießen haben gezeigt, wie die Möglichkeiten einer äußeren Rhythmisierung während des Schultages zu einer schüler- und situationsgerechten Ausrichtung der Lern- und Betreuungsangebote führen können. Hierdurch entstehen im Unterricht implizit, am Nachmittag explizit mehr angemessene Bewegungsmöglichkeiten für die Schüler(innen).

An den Ausführungen zur Gesamtschule Ebsdorfer Grund wurde deutlich, wie die Veränderungen, die die Verkürzung der gymnasialen Schulzeit mit sich bringt, eine Entwicklung eines rhythmisierten Taktes in Form einer Doppelstundenstruktur und eines Ganztagsbandes mit einem spiel- und bewegungsorientierten Angebot initiieren kann. Durch die Doppelstundenstruktur wurde so ein Rahmen geschaffen, wie mehr Bewegung der Schüler(innen) im Unterricht gefördert werden kann. Das Ganztagsband „Gesundheit, Sport und Entspannung" ist ein Instrument innerhalb der Taktung des Schultages, mit dem Bewegungsaktivitäten der Schüler(innen) angeregt werden.

Grundlage des Rhythmisierungsgedanken an allen drei Schulen ist derjenige, dass ein Schultag, insbesondere an einer Ganztagsschule, durch Phasen der Anspannung und Entspannung, der Arbeit und der Muße, des Bewegens und des Innehaltens gekennzeichnet sein sollte, um den Schüler(inne)n und Lehrer(inne)n ein Lern- und Arbeitsumfeld zu ermöglichen, das im Einklang mit dem Rhythmus der bzw. des Einzelnen steht. In diesem Kapitel wurden hierzu Möglichkeiten und Perspektiven aufgezeigt, wie dieses im schulischen Alltag erreicht werden kann.

3   BEWEGUNGSANGEBOTE UND KOOPERATIONEN

Während schulpädagogisch bisher kaum konzeptionell reflektiert worden ist, dass Ganztagsschulen nicht nur die Köpfe länger an die Schule binden, sondern auch die Körper, zeigt die Schulpraxis sehr deutlich, dass Bewegung, Spiel und Sport in Ganztagselementen wie Projekten, AGs, Freizeit- und Pausenangeboten eine bedeutende Rolle einnehmen. Eine bundesweite Schulleitungsbefragung aus dem Jahr 2004 belegt, dass in diesen etablierten Ganztagsschulelementen Sportangebote „quantitativ deutlich an der Spitze" liegen und „sowohl in AGs als auch in Freizeitphasen vorhanden sind" (Holtappels, 2005, S. 20f.).

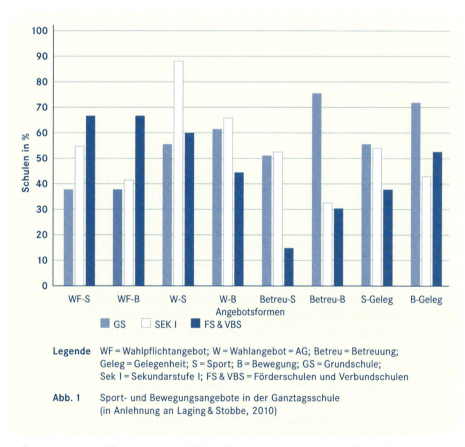

Legende   WF = Wahlpflichtangebot; W = Wahlangebot = AG; Betreu = Betreuung;
Geleg = Gelegenheit; S = Sport; B = Bewegung; GS = Grundschule;
Sek I = Sekundarstufe I; FS & VBS = Förderschulen und Verbundschulen

Abb. 1   Sport- und Bewegungsangebote in der Ganztagsschule
(in Anlehnung an Laging & Stobbe, 2010)

Bewegungs- und Sportangebote bilden hierbei so etwas wie ein Bindeglied zwischen schulischer und außerschulischer Bildung, zwischen Vormittag und Nachmittag, zwischen formellem und nicht-formellem Lernen sowie zwischen schulischem und außerschulischem Personal. Die zeitliche Ausdehnung des Schultages verlangt letztlich immer eine zeitliche Rhythmisierung des

Schullebens, so wie dies bereits in Kap. 2 zur Rhythmisierung beschrieben worden ist. Bewegungs- und Sportaktivitäten sind eines der sichtbarsten Zeichen in der Ganztagsschule. Darauf deuten die bisherigen Untersuchungen aus der *„Studie zur Entwicklung von Ganztagsschulen"* (StEG) zu den Angeboten im Ganztag eindeutig hin. Solche Bewegungs- und Sportangebote sind an ca. 95% der ganztägigen Grundschulen und an ca. 90% der Schulen aus dem Bereich der Sekundarstufe I vorhanden (vgl. Holtappels, 2007, S.192). An ca. 50% der Schulen findet dieses Angebot an 2–3 Tagen, an ca. 30% der Schulen sogar an 4–5 Tagen in der Woche statt. Ähnliche Ergebnisse zeigen sich in den Erhebungen aus den *„Studien zur Entwicklung von Bewegung, Spiel und Sport in der Ganztagsschule"* (StuBSS): An nahezu allen der befragten Schulen sind Bewegungs- und Sportangebote vorhanden. Diese sind zumeist als unverbindlich wählbare Kurse organisiert. Solche Wahlkurse aus dem Bereich Bewegung, Spiel und Sport sind an durchschnittlich ca. 79% aller Ganztagsschulen vorhanden, wobei die Schulen der Sekundarstufe I mit ca. 89% den höchsten Anteil ausmachen (vgl. Abb. 1). Diese Angebote finden unter Leitung sowohl schuleigener Lehrkräfte als auch des weiteren pädagogischen Personals einschließlich externer Übungsleiter(innen) aus kooperierenden Sportvereinen oder anderen Bewegungs- und Sportanbietern statt (Eltern, Ehrenamtliche, Schüler(innen) als Expert(inn)en oder kommerzielle Anbieter). Die empirischen Ergebnisse aus den Studien StEG und StuBSS zeigen, dass in der Grundschule stärker das weitere pädagogische Personal für AGs und Freizeitangebote zuständig ist und in den Schulen der Sekundarstufe I vermehrt die eigenen Lehrkräfte. So erfolgt an Grundschulen die Durchführung von Projekten/AGs zu ca. 44% bzw. von gebundenen, d.h. verbindlich zu wählenden Freizeitangeboten zu ca. 90% über das weitere pädagogische Personal. Hingegen sind an ca. 58% der Schulen der Sekundarstufe I schuleigene Lehrkräfte an der Durchführung von Projekten/AGs beteiligt, bei den gebundenen Freizeitangeboten sind es 50% (vgl. Dieckmann, Höhmann & Tillmann, 2007, S.177). Die Ergebnisse der Studie StuBSS zeigen, dass an 36% der Sekundarstufe I-Schulen eigene Sportlehrkräfte an der Durchführung von Sportangeboten beteiligt sind, bei den Grundschulen ist dies nur an 4% der Schulen der Fall (vgl. Laging & Stobbe, 2010).

Damit wird auch deutlich, dass das Sportangebot – vor allem in den Schulen der Sekundarstufe I – nicht nur auf Kooperationen mit externen Partnern wie den Sportvereinen zurückgeht, sondern zusätzlich oder ausschließlich auf die schuleigenen Lehrkräfte. Das zeigt auch eine Gruppierung (Clusterbildung) von Schulen nach dem Einsatz des Personals zur Durchführung von Bewegung, Spiel und Sport (vgl. Abb. 2).

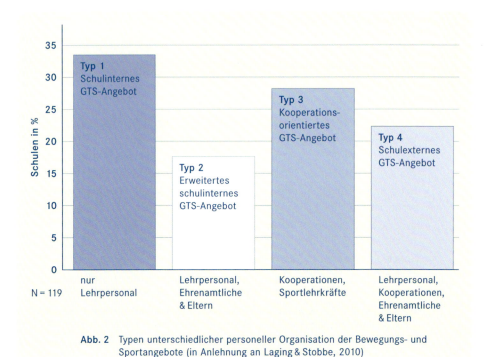

Abb. 2 Typen unterschiedlicher personeller Organisation der Bewegungs- und Sportangebote (in Anlehnung an Laging & Stobbe, 2010)

Danach organisieren 50% aller Schulen ihr Bewegungs- und Sportangebot entweder nur (zu 33%) mit den eigenen Lehrkräften (Typ 1) oder ziehen noch Eltern und Ehrenamtliche (Typ 2) hinzu (zu 17%). Die anderen 50% der Schulen arbeiten umfangreich mit Sportvereinen als Kooperationspartnern zusammen (Typ 3) oder benötigen alle verfügbaren Ressourcen von den eigenen Lehrkräften über Kooperationspartner bis zu Ehrenamtlichen (Typ 4).

Aus den Daten wird deutlich, dass die Sportvereine als Kooperationspartner für die Hälfte aller Ganztagsschulen eine wichtige Rolle für das Zustandekommen des Bewegungs- und Sportangebots übernehmen. Hier ist also noch Potenzial für den weiteren Ausbau von Kooperationsbeziehungen zur Verbesserung des Bewegungs- und Sportangebots vorhanden. Dies bestätigen auch die Ergebnisse aus der Studie StEG: Unter den Kooperationspartnern für die Ganztagsschule dominieren sowohl bei den Grundschulen als auch bei den Schulen der Sekundarstufe I deutlich die freien Sportanbieter (damit sind die Sportvereine gemeint) mit 30 bzw. 37% aller Angebote (vgl. Arnoldt, 2007, S. 93 f.), d.h., dass unter allen Angeboten, die Kooperationspartner an Ganztagsschulen leisten (von der Hausaufgabenbetreuung über künstlerische Kurse bis zu Sportangeboten), die Sportangebote von Sportvereinen mit etwa einem Drittel aller Angebote deutlich dominieren. Kooperationsbeziehungen mit Sportvereinen sind also aus den Ganztagsschulen nicht wegzudenken, wenn auch längst nicht alle Schulen ihr Bewegungs- und Sportangebot auf diese Weise zustande bringen. Die Beteiligung von schuleigenem Personal ist dabei häufig ein gewollter konzeptioneller Baustein der Angebotskultur von

Ganztagsschulen. Gleichwohl gehören Kooperationspartner zur Erweiterung des Angebotsspektrums bereits bei einem großen Teil der Schulen zur konzeptionellen Entwicklung von Ganztagsschule dazu. Hier werden bei entsprechender Entwicklungsarbeit weitere Konzepte und Möglichkeiten entstehen, Sportvereine am Bewegungs- und Sportangebot einer Ganztagsschule zu beteiligen.

Grundsätzlich wird für die konzeptionelle Entwicklung von Ganztagsschulen die Einbeziehung von außerschulischen Partnern für unabdingbar gehalten. Zum einen sind Ganztagsschulen meist nicht in der Lage, allein mit dem eigenen pädagogischen Personal ein differenziertes und umfassendes Angebot für die Schüler(innen) bereitzuhalten und zum anderen müssen Teilnahmen an den bisherigen außerschulischen Bildungsangeboten von Jugendhilfe, kulturellen Einrichtungen, Institutionen der Lern- und Entwicklungsförderung, Vereinen und privaten Anbietern aus Musik, Kunst und Sport weiterhin möglich sein. Die Ganztagsschule hat neben der traditionellen unterrichtlichen Aufgabe auch Aufgaben in der Betreuung, Erziehung und Bildung in nicht-formellen und informellen Bereichen übernommen. So geht es darum, die verschiedenen Bildungs- und Erziehungsaufgaben in der Verantwortung der Schule, aber in enger Kooperation mit außerschulischen Partnern zu gestalten. Dies betrifft die individuelle Lernförderung zum Abbau von Bildungsbenachteiligungen, die ja ein wesentliches Ziel der Ganztagsschule ist, genauso wie die Partizipation im Rahmen der Jugendbildung oder die Eröffnung von Angeboten aus dem musisch-ästhetischen, kulturellen und sportlichen Bereich (vgl. dazu Mack, 2009; Maykus, 2009; Arnoldt, 2009).

Vor diesem Hintergrund und mit den ausgewählten empirischen Belegen für die schulpraktische Realisierung von Bewegungs- und Sportangeboten an Ganztagsschulen zeigt sich, welche Bedeutung diesen Aktivitäten zukommt: Bewegung, Spiel und Sport werden für die Gestaltung des Ganztagsangebotes eingesetzt, sie finden als AGs, als offene und gebundene Freizeitangebote mit dem schuleigenen Personal (Lehrkräfte) und dem erweiterten pädagogischen Personal unter Einschluss der externen Partner statt. Diese Praxis hat zu unterschiedlichen konzeptionellen Ansätzen geführt, die im Folgenden kurz erläutert werden sollen.

Für die Zusammenarbeit von Schule und außerschulischen Partnern sind unterschiedliche Formen entstanden, die sich grob unter *additive* und *integrative* Konzepte (vgl. Abb. 3) der Kooperation von Schule und außerschulischen Partnern subsumieren lassen (vgl. Prüß, 2009). Das additive Konzept bezeichnet das Nacheinander von Unterricht am Vormittag und außerunterrichtlichen Nachmittagsangeboten. Dabei können die Konzepte eher additiv-dual oder additiv-komplementär organisiert werden. Im ersten Fall sind die Partner autonom und selbst als Träger eines Angebotes für die Durchführung verantwortlich, die Angebote können die Schule unterstützen oder aber unabhängig von Schule sein. Im zweiten Fall geht es um die organisatorische Koordinierung von Angeboten zwischen Schule und außerschulischen Partnern. Die mit der Schule vereinbarten Zeitquanten werden von den Partnern in Absprache mit der

Schule gestaltet. Bezogen auf den Bildungsanspruch in der Ganztagsschule sind im ersten Fall die Bildungskonzepte, sofern die außerschulischen Partner überhaupt über solche verfügen, völlig unverbunden, im zweiten Fall ergänzen sich die Bildungsvorstellungen im komplementären Verständnis, also z. B. curriculare Engführung hier und aktuelle Bedürfnisorientierung dort. Diese additiven Kooperationsformen lassen sich vor allem mit der offenen Ganztagsschule realisieren, die sich durch den verpflichtenden Vormittagsunterricht, einer auf Freiwilligkeit beruhenden Mittagszeit und daran anschließenden Ganztagsangeboten an mindestens drei Tagen in der Woche auszeichnet.

Das integrative Konzept verlangt zur Etablierung der Kooperation von Schule und außerschulischen Partnern zusätzlich und grundlegend die Zusammenarbeit zwischen den innerschulischen Akteuren (vgl. Prüß, 2009, S. 34 f.) sowie der schulischen mit den außerschulischen Akteuren zur Verzahnung der Angebote auf der personellen, inhaltlichen oder organisatorischen Ebene. Die integrative Kooperation bezieht sich in erster Linie auf die teil- und vollgebundene Ganztagsschule, sie ist aber auch an offenen Ganztagsschulen möglich, sofern diese ihren Unterricht über den Tag verteilen und eine Rhythmisierung der Tagesgestaltung vorsehen, was nach StEG an 26 % und nach StuBSS an 36 % der Schulen der Fall ist (vgl. Dieckmann, Höhmann & Tillmann, 2007, S. 172; Laging & Stobbe, 2010).

Additive Formen

Sport als Freizeitangebot
• additiv-dual (klassische Kooperationsprogramme von Schule und Verein)

Offene Ganztagsschule
Ganztagsschule mit AGs am Nachmittag in eigener Regie von Übungsleiter(inne)n und Sportvereinen

Sport als Jugendbildung
• additiv-komplementär (z. B. „Sport im Ganztag" in der Ganztagsgrundschule NRW)

Offene Ganztagsschule
mit Angeboten am Nachmittag unter der Verantwortung der Schule in Kooperation mit Sportvereinen

Integrative Formen

Sport als Bildungsbeitrag
• integrativ mit rhythmisiertem Schultag für einen Teil der Schüler(innen)

Teilgebundene Ganztagsschule
mit Pflichtanteilen am Nachmittag und Angeboten über den Schultag verteilt in Kooperation mit Sportvereinen und innerschulischen Akteuren

• integrativ mit vollständig rhythmisiertem Schultag für alle Schüler(innen)

Vollgebundene Ganztagsschule
mit Pflichtanteilen am Nachmittag und Angeboten über den Schultag verteilt in Kooperation mit Sportvereinen und innerschulischen Akteuren

Abb. 3 Kooperationskonzepte

Nun sind diese Überlegungen zur additiven und integrativen Konzeption der Kooperationsbeziehung weitgehend aus der schulischen Perspektive gedacht. Wechselt man die Perspektive und betrachtet die Kooperation als Interesse eines außerschulischen Partners, wie dem Sportverein, dann kann ein eigenes

Interesse an der Kooperation formuliert werden. Dies lässt sich im Kern daran festmachen, dass Kinder und Jugendliche für den Sport im Verein gewonnen werden sollen. Dafür möchten Vereine mit Schulen kooperieren und dabei ihren Sport unter Kindern und Jugendlichen bekannt machen, sie in ihrem Bewegungsvermögen fördern und für eine Mitgliedschaft im Verein gewinnen. Um diese Interessen herum ranken sich mehr oder wenig umfangreich formulierte pädagogische Ziele, die begründen sollen, wie wichtig ein vielseitig sportliches Können für die gesunde Entwicklung von Kindern und Jugendlichen ist.

Betrachtet man nun die sich abzeichnenden Konzepte der Kooperation zwischen schulischer und sportvereinsorientierter Perspektive, dann können *drei* grundlegende Formen unterschieden werden (vgl. Laging, 2008; 2010a), von denen die ersten beiden mit den folgenden Beispielschulen in unterschiedlichen Realisierungen veranschaulicht werden sollen. Das dritte Konzept, das eine integrative Kooperationsperspektive verfolgt, berücksichtigt umfassender die gesamte Schulentwicklung und wird z.B. von der Gesamtschule Ebsdorfer Grund verfolgt, die in Kap. 2.1 im Kapitel zur Rhythmisierung des Schultags vorgestellt wird. Nun zu den drei grundlegenden Konzepten möglicher Kooperationsperspektiven:

Sport als Freizeitangebot im Ganztag

Die Überlegungen dieses Ansatzes sind in erster Linie an der hinreichenden Berücksichtigung von Sportangeboten durch eine enge Kooperation von Schule und Sportverein orientiert. Diese Debatte wird vor dem Hintergrund der Interessen von Sportvereinen und -fachverbänden geführt und verweist auf eine lange Tradition durch Landeskooperationsprogramme (vgl. Fessler, 1999). Die Sportvereine und -verbände verfügen insofern über hinreichende Erfahrungen, um im Rahmen von Kooperationen an Ganztagsangeboten am Nachmittag mitzuwirken. Dies haben die oben dargestellten umfänglichen Sportangebote in der schulischen Praxis noch einmal gezeigt. Mit diesen Angeboten an Ganztagsschulen versuchen die Vereine Kinder und Jugendliche für den Sport zu gewinnen, sie in Bewegung zu bringen und sie als Mitglieder zu werben. Zur Sicherstellung des Angebotes existieren in allen Bundesländern Rahmenvereinbarungen zwischen Kultusministerien und den Landessportbünden (vgl. Naul, 2008, S. 323f.). In diesem Verständnis von Kooperation handelt es sich eher um additiv-duale Konzeptionen, die mit der offenen Ganztagsschule korrespondieren, obwohl die Angebote an Ganztagsschulen immer unter der Verantwortung der Schule stattfinden. Aufgrund des ehrenamtlichen Engagements und der spezialisierten Angebote sowie der fehlenden Offenlegung potenzieller Bildungsorientierung werden die Sportangebote am Nachmittag meist nicht der Jugendhilfe zugeordnet, obwohl sie formal der Jugendhilfe zuzurechnen wären. Die Sportvereine leisten auf diese Weise für die Ganztagsschule eine Unterstützung bei der Gestaltung der Freizeit- und Betreuungsangebote. Für die Vereine geht es auch um die Sorge rückläufiger Mitgliedschaften, um reduzierte Nutzungsmöglichkeiten der von den Ganztagsschulen vermehrt

in Anspruch genommenen Sportstätten, um den drohenden Verlust von Übungs-
leiter(inne)n an die Ganztagsschule und um die fehlende Qualifizierung von
Übungsleiter(inne)n für die Ganztagsangebote in den Kooperationsbeziehungen (vgl. Naul, 2008, S. 322). Durch die Mitwirkung an Ganztagsangeboten
wollen die Sportvereine die Problemlage begrenzen und mit Hilfe der Rahmenvereinbarungen zwischen Kultusministerien und Landessportbünden die eigene Entwicklung fördern.

Bewegung, Spiel und Sport als Jugendhilfe im Ganztag

In Abgrenzung zur Kooperationsform ‚Sport als Freizeitangebot' zeichnet sich
eine zweite, deutlich sportpädagogisch entwickelte Konzeption ab, die Bewe-
gungs- und Sportangebote – im Gegensatz zur ersten Variante – explizit als
Beitrag der Jugendhilfe versteht, obwohl diese in der sozialpädagogischen Diskussion außerhalb der üblichen Jugendhilfeangebote verortet werden. Diese
Konzeption geht vor allem von der Sportjugend NRW mit Unterstützung sportpädagogischer Expertise aus dortigen sportwissenschaftlichen Einrichtungen
aus (vgl. Naul, 2005; 2008; Neuber & Schmidt-Millard, 2006; Neuber, 2008).
Dabei wird das spezifische Konzept der nordrhein-westfälischen *Offenen
Ganztagsgrundschule* zum Ausgangspunkt erhoben und im Kontext der Jugendhilfe begründet. Hierzu vereint Naul (2005) das Konzept des außerunterrichtlichen Schulsports („Lerngelegenheiten für den Sport") mit dem Konzept
des LSB NRW (2005) zu „Bewegung, Spiel und Sport im Ganztag". Dabei wird
von „Bedeutungsdimensionen der Bewegung" (instrumentelle, wahrnehmungs-
erfahrende, sozial-kommunikative und personale Bedeutung) ausgegangen und
diese werden im Kontext des Jugendhilfegesetzes auf die subjektiven Bewegungsinteressen von Kindern bezogen. Hieraus soll ein „Netzwerk" zwischen
Schule und Sportverein zur Ausbildung eines aktiven Lebensstils entstehen
(vgl. Naul, 2005, S. 72).
Auch Neuber & Schmidt-Millard (2006) orientieren sich an dem Konzept der
Offenen Ganztagsgrundschule und begründen *Sport in der Ganztagsschule*
im Spannungsfeld von formeller und informeller Bildung. Die auf Freiwilligkeit beruhenden Nachmittagsangebote werden als pädagogische Chance für
eine Bewegungsförderung gesehen. Dieses Konzept verfolgt einen an der
außerschulischen Jugendhilfe angelehnten Bildungsanspruch, der auf Entwicklungsförderung, Partizipation und Selbstbestimmung im Feld des sportlichen
Handelns zielt. Es ist insofern als komplementäre Möglichkeit zur schulischen
Bildung zu verstehen.

Bewegung, Spiel und Sport als Bildungsbeitrag im Ganztag

Ausgangspunkt für die dritte Form der Kooperationsbeziehung ist das Bewegungshandeln als bildende Begegnung mit der Welt. Im Prozess des Bewegungshandelns findet eine selbstbezügliche bildende Auseinandersetzung mit sich stellenden Aufgaben statt, es meint eine grundlegende Weise (einen Modus) der Weltbegegnung (vgl. Baumert, 2002, S. 113). Sowohl in den Pausen, im Unterricht, in bewegungsorientierten Mittagszeiten, zum gleitenden Schulbeginn oder Schulschluss oder regelmäßigen Bewegungs- und Sportfesten als auch in den Nachmittagsangeboten sind Bewegungsaktivitäten ein bedeutsamer integraler Bestandteil im gestalteten Tagesablauf der Ganztagsschule (vgl. Kap. 2). Dieser Ansatz orientiert sich an den Konzepten der Bewegten Schule (vgl. Laging, 2007d; Stibbe, 2006; Hildebrandt-Stramann, 2007a) und versteht Bewegung, Spiel und Sport als eine grundlegende Weise physisch-expressiver Weltbegegnung zur Gestaltung von Leben und Lernen in der (Ganztags-)Schule unter integrativer Beteiligung von externen Kooperationspartnern.

Soweit die Darstellung der drei konzeptionellen Orientierungen für die Kooperation von Ganztagsschule und Sportverein. An der Realisierung dieser Kooperationen sind das schuleigene (Lehrkräfte) und weitere pädagogische Personal gemeinsam beteiligt. Jede Schule ist mit der Gestaltung des Ganztags aufgefordert, im Horizont dieser Möglichkeiten eine eigene Konzeption für Bewegungs- und Sportangebote zu entwickeln. Die zeitliche Ausdehnung des Schultages verlangt neben Gelegenheiten für informelles Lernen und Öffnung der Schule für außerschulische Lebenskontexte der Kinder und Jugendlichen vor allem auch eine Veränderung in den Ganztagsangeboten in Kooperation mit außerschulischen Partnern. Mit der Einführung von Ganztagsschulen muss das Verhältnis von schulischer und außerschulischer Bildung neu gedacht werden. Hierfür wird seit einigen Jahren der Begriff der Ganztagsbildung verwendet (vgl. Coelen & Otto, 2008), mit dem ausgedrückt werden soll, dass Bildung nicht allein in der Schule stattfindet, sondern an vielen Orten, die sich lokal als Bildungslandschaften präsentieren. Ganztagsbildung ist dann das übersummative Ergebnis bildungsrelevanter Institutionen wie Schule, Jugendhilfe, Schulsozialarbeit, Kirchen, Jugendverbände, Vereine sowie den informellen Gelegenheiten zur Weltbegegnung. Dies fordert Schule und außerschulische Einrichtungen dazu auf, das Bewegungs- und Sportangebot gemeinsam zu gestalten.

Begreift man diese gemeinsame Aufgabe als Schulentwicklungsaufgabe in einem pädagogischen Arbeitsbündnis von unterschiedlichen Professionen (vgl. Helsper, 2001), so müssen Kooperationen innerhalb eines pädagogischen Systems zwischen schulischen und außerschulischen Akteuren stattfinden. Übertragen auf die Entwicklung einer bewegungsorientierten Ganztagsschule heißt dies, dass sich Bewegungs- und Sportlehrkräfte sowie auch Lehrkräfte anderer Fächer gemeinsam mit anderen Professionen aus *Bewegung und Sport* (Vereinen bewegungsorientierter Pädagogik, privaten Anbietern oder anderen Experte(inne)n) um die Integration von Bewegungsaktivitäten in das Schulleben und den Unterricht kümmern. Dabei geht es um das Zusammenwirken hinsichtlich eines „transversalen Prozesses" (Otto & Coelen, 2004, S. 8) zwischen Schule und Kooperationspartnern in einem pädagogischen Arbeitsbündnis mit dem Ziel, einen umfassenderen Blick auf den Gegenstand im Sinne der Klärung des Selbstverhältnisses zum eigenen Bewegen zu gewinnen. Daran müssten Schulen und Kooperationspartner im Sinne von bewegungsbezogenen Bildungsprozessen mit ihren je eigenen professionellen Zugängen mitwirken.

Im Folgenden werden nun drei Schulen vorgestellt, die die Thematik von Bewegungsangeboten und Kooperationen an Ganztagsschulen auf je eigene Weise gestaltet und schulpraktisch umgesetzt haben. Zunächst wird die Wollenbergschule Wetter (Landkreis Marburg-Biedenkopf) beschrieben. Die Ausführungen sollen zeigen, wie sich eine Schule durch vielfältige Bewegungs- und Sportangebote unter Einbeziehung von zahlreichen Kooperationsbeziehungen mit außerschulischen Partnern auch für das Umfeld öffnen und ihren Schüler(inne)n ein breites Freizeitangebot ermöglichen kann. Die Kooperationen folgen einem additiven Verständnis, sie tragen gemeinsam mit den schuleigenen Sport- und Bewegungsangeboten zum Gelingen der Ganztagskonzeption bei.

Die Ganztagskonzeption der Theodor-Heuss-Schule Marburg zeigt, wie unter den Voraussetzungen einer offenen Ganztagsschule ein breites Sport- und Bewegungsangebot für die Schüler(innen) am Nachmittag mit dem schuleigenen Personal, aber vor allem durch zahlreiche außerschulische Partner entstehen kann. Hierzu pflegt die Schule verschiedene Kooperationsbeziehungen, die an einem breiten Angebotsspektrum orientiert sind. Dazu hat die Schule Möglichkeiten des Zusammenwirkens von schulischen und außerschulischen Akteuren entwickelt und nimmt dadurch in Ansätzen das Anliegen einer integrativen Kooperationsbeziehung auf.

An der Wartburgschule Eisenach zeigen wir, wie eine Sportprofilierung das Schulleben prägen kann. Die Schule initiiert durch ihr Sportprofil eine erfolgreiche Nachwuchsförderung und Talentsichtung in verschiedenen Sportarten. Zugleich bietet sie im Nachmittagsbereich bewegungsorientierte Ganztagsangebote an, die nicht primär unter dem Fokus der Talentförderung stehen. Diese Konzeption ist ebenfalls, aber in spezifischer Weise, der additiven Variante möglicher Kooperationsbeziehungen verpflichtet, sie hat allerdings unter der Perspektive der Sportprofilierung durchaus ein integratives Moment im Sinne einer *sport*orientierten Schulkultur vorzuweisen.

Die drei Schulen werden als Beispiele dafür gesehen, wie auf der Grundlage einer je eigenen Schulgestaltung Kooperationsbeziehungen zu den außerschulischen Partnern entwickelt und gestaltet werden können. Auf dieser Basis gelingt es allen drei Schulen, Zeit und Raum zu schaffen, damit sich Kinder und Jugendliche bedürfnis- und interessenorientiert bewegen können. Dabei dominieren – wie bereits oben erwähnt – in je eigenständiger Weise die beiden additiven Varianten der Kooperationsbeziehungen mit z. T. integrativen Tendenzen. Die dritte Variante (Bewegung, Spiel und Sport als Bildungsangebot) ist in den Ausführungen zur Gesamtschule Ebsdorfer Grund im Kapitel zur Rhythmisierung des Schultages nachzuvollziehen (Kap. 2.1).

Die folgenden Auszüge aus den umfangreichen Schulportraits der drei Ganztagsschulen zeigen jeweils etwas Spezifisches dieser Schulen, etwas, das anderen Schulen als Anregung und Beispiel dienen kann. Dabei muss immer mitbedacht werden, dass diese Schulen auch mehr und anderes in ihrer Schulkonzeptionen vorzuweisen haben als das, was dargestellt wird, so könnten andere Teile der Schulportraits auch in anderen Kapiteln ein Beispiel geben. Wir stellen also mit diesen drei Schulen verschiedene Ausprägungen des Bewegungs- und Sportangebotes in Verbindung mit außerschulischen Kooperationspartnern dar.

3.1 MIT VIELFÄLTIGEN ANGEBOTEN DIE SCHULE ÖFFNEN: DIE WOLLENBERG-SCHULE WETTER

Mit der Wollenbergschule Wetter wollen wir darauf hinweisen, dass vielfältige Angebote unter Einbeziehung von Kooperationsbeziehungen zu außerschulischen Partnern dazu beitragen können, eine Schule mit dem Umfeld zu vernetzen und zu öffnen. Die Nutzung dieser gesellschaftlichen Ressourcen aus Vereinen und anderen Einrichtungen helfen mit, für die Schüler(innen) ein breites und vielfältiges Ganztagsangebot zu arrangieren und die Schule im Lebensraum der Stadt oder der Gemeinde zu vernetzen.

Abb. 4 Schulgebäude und Schulhof

Die Wollenbergschule Wetter, gegründet 1971, ist eine integrierte Gesamtschule mit Förderschulzweig. 1993 erfolgte die Umwandlung zur Schule mit Ganztagsangebot an drei Tagen, ein Jahr zuvor wurde der Förderschulzweig zusätzlich Beratungs- und Förderzentrum und war damit auch das erste Angebot dieser Art in ganz Hessen. Der Gesamtschulzweig umfasst die Klassen fünf bis neun bzw. zehn; in diesem Rahmen lernen ca. 770 Schüler(innen). Der Förderschulzweig umfasst die Klassenstufen eins bis zehn, in denen gut 100 Schüler(innen) lernen. Die Schule verfügt insgesamt über ca. 90 Lehrkräfte mit unterschiedlichen Lehrämtern (Haupt- und Realschule, Gymnasium und Förderschule) sowie eine sozialpädagogische Fachkraft mit einer viertel Stelle. Das eher ländliche Einzugsgebiet der am Rande des kleinen Ortes Wetter gelegenen Wollenbergschule im Landkreis Marburg-Biedenkopf erstreckt sich auf einen Umkreis von ca. 10 km. Um die Übergänge von einer Schulform in die andere zu schaffen, bestehen sowohl Kooperationen mit umliegenden Grundschulen als auch dem Gymnasium Philippinum in Marburg sowie beruflichen Schulen der Region.

Teilgebundene Ganztagsschule
Teilgebundene Ganztagsschulen sind nur für einen Teil der Schüler(innen) verbindlich, häufig werden sie nur für bestimmte Jahrgänge (meist aus den unteren Stufen) in Ganztagsform geführt. Laut KMK-Definition vom 27.03.2003 definiert sich eine teilgebundene Ganztagsschule darüber, dass ein Teil der Schüler(innen) verpflichtend an mindestens drei Wochentagen für je mindestens sieben Zeitstunden am ganztägigen Angebot teilnimmt (vgl. Prüß, 2009).

Derzeit wird an der Wollenbergschule eine offene Form der Ganztagsschule mit freiwilligem Nachmittagsangebot praktiziert. Dies garantiert von Montag bis Donnerstag eine verlässliche Betreuung bis 15.45 Uhr und umfasst verschiedene Arbeitsgemeinschaften aus dem gestaltenden, musischen und sportlichen Bereich sowie Förderkurse, eine Hausaufgabenbetreuung und die Möglichkeit zum Mittagessen.

Im Schuljahr 06/07 startete die Wollenbergschule eine Versuchsphase in allen fünften Klassen: Mit der Einführung eines Nachmittags mit Pflichtunterricht neben dem bestehenden freiwilligen Angebot wurde eine Organisationsstruktur erprobt, die sich als „kooperative Ganztagsschule in teilgebundener Form" beschreiben lässt. Mittlerweile ist der Nachmittagsunterricht an einem Tag in der Woche im Rahmen des teilgebundenen Ganztagskonzepts bis zum 7., z.T. bis zum 10. Schuljahr ausgedehnt worden. Der Tagestakt ist so rhythmisiert, dass Bewegungs- und Sportangebote und Bewegungspausen in ein ganztägiges Konzept integriert sind.

Auf *Bewegungspausen im Unterricht* wird in Kapitel 5 des Buches eingegangen und zur Rhythmisierung des gesamten Schultages sei auf das Kapitel 2 verwiesen.

In Abb. 5 ist die zeitliche Strukturierung von Unterricht, Förder- und Ganztagsangeboten noch einmal anschaulich dargestellt.

		07.35 – 08.05 Uhr 0. Stunde	08.05 – 08.50 Uhr 1. Stunde	08.55 – 09.40 Uhr 2. Stunde	09.40 – 10.00 Uhr 1. Pause	10.00 – 10.45 Uhr 3. Stunde	10.50 – 11.35 Uhr 4. Stunde	11.35 – 11.50 Uhr 2. Pause	11.50 – 12.35 Uhr 5. Stunde	12.35 – 13.15 Uhr 6.Stunde	13.15 – 13.30 Uhr Mittagspause	13.30 – 14.15 Uhr 7. Stunde	14.15 – 15.45 Uhr 8./9. Stunde
Frühbetreuung	Mo Di Mi Do Fr												
Pflichtunterricht	Mo Di Mi Do Fr												
Pflichtunterricht Jg. 5/6	1 Tag pro Woche												
Individ. Lernzeit Jg. 5/6	wie Pflichtunterricht												
Mittagessen	Mo Di Mi Do Fr												
Hausaufgabenbetreuung	Mo Di Mi Do Fr										5-7		5-10
Freizeitbetreuung	Mo Di Mi Do Fr												
Förderunterricht	Mo Di Mi Do Fr												
Musikunterricht	1 x pro Woche												
Arbeitsgemeinschaften	Mo Di Mi Do Fr												
Betreuung Jg. 5 - 7	Mo Di Mi Do Fr												
Betreuung im SAR	Mo Di Mi Do Fr												
LEOS (Jg. 5 + 6)	Mo Di Mi Do Fr												

(SAR = Schülerarbeitsraum; LEOS = Lernen ohne Schwierigkeiten)

Abb. 5 Übersicht über den Tagestakt und die Ganztagsangebote der Wollenbergschule

Die schematische Darstellung in Abb. 5 verdeutlicht das Ganztagsangebot der Wollenbergschule mit einer weitgehend nahtlosen Betreuungsmöglichkeit am Vor- und Nachmittag. Die in 2009 erfolgte Umstellung auf Blockunterricht mit Doppelstunden hat die Zeiten in dem Schema etwas verschoben. Durch den Wegfall der kurzen Pausen zwischen den Einzelstunden sind nun längere Pausen zwischen und auch individuelle Pausen in den Blöcken möglich geworden. Ein kostengünstiges und gesundes Mittagessen wird von Schüler(inne)n im Rahmen ihres Wahlpflichtunterrichts unter dem Motto ‚Schüler kochen für Schüler' montags bis donnerstags für die ganze Schule zubereitet.

Das Mittagessen stellt eine Art Verbindungsglied zwischen dem Vor- und dem Nachmittagsangebot dar. Die Teilnahme am Nachmittagsangebot ist mit Ausnahme des fünften Jahrgangs freiwillig. Die vielfältigen Möglichkeiten der Nachmittagsgestaltung zeigen das Bemühen, ein für die einzelnen Schüler(innen) möglichst passendes Angebot zu offerieren.

Weitere Informationen über die Wollenbergschule Wetter lassen sich der Homepage der Schule unter **www.wollenbergschule.de** entnehmen.

Insgesamt stellt sich die Wollenbergschule als eine an Weiterentwicklung interessierte Schule dar. Dies wird gestützt durch eine kooperative und für Neues offene Schulleitung. Die gelingende Zusammenarbeit zwischen Kollegium und Schulleitung wird dahingehend wahrgenommen, dass sich dadurch *„schon sehr viel bewegt"* habe – dies spricht neben einer expliziten Bewegungsorientierung auch für ein generelles Interesse der Schule an einer Weiterentwicklung.

3.1.1 Angebote und Kooperationen mit außerschulischen Partnern

Die kurzen Ausführungen zur Schulkonzeption machen bereits darauf aufmerksam, dass vielfältige Aktivitäten zur Gestaltung des ganztägigen Schultages erforderlich sind, um unterschiedliche Bildungsmöglichkeiten für die Schüler (innen) zu eröffnen. Dazu gehören auch – aber nicht nur – Bewegungs- und Sportangebote, die vor allem den Nachmittag gestalten. Dies gelingt deswegen besonders gut, weil die Schule mit zahlreichen außerschulischen Partnern kooperiert und sich so nach außen zum Umfeld der Schule vernetzt und öffnet. So sollen besonders die Kooperationsbeziehungen zu außerschulischen Partnern erhalten und noch ausgeweitet werden. Seit vielen Jahren unterhält die Wollenbergschule eine große Anzahl an Arbeitsgemeinschaften, die von den Schüler(inne)n freiwillig besucht werden können.

Zur Information der Schüler(innen) existiert ein Angebotsheft, das auch als Grundlage für die Belegung dient; die Wahl eines Sportangebotes erfolgt jeweils verpflichtend für ein Halbschuljahr. Diese Nachmittagsangebote finden in Kooperation mit Sportvereinen und Honorarkräften wie Übungsleiter(inne)n, Studierenden und auch Schüler(inne)n sowie in eigener Regie mit Kolleg(inn)en der Schule statt.

Abb. 6 Sports-Fun-Fete im September 2006

So existiert eine sehr gute und konstante Zusammenarbeit mit örtlichen Vereinen, wie dem Tennis- und Volleyballverein. Darüber hinaus versucht die Schule, durch besondere Aktionstage wie die ‚Sports-Fun-Fete' in Kooperation mit der Sportjugend Hessen die Schüler(innen) für verschiedene Sportarten zu interessieren und mögliche neue AG-Angebote zu eruieren. Solche Aktionen bedeuten nicht nur eine Möglichkeit für die Schule, ihr Nachmittagsangebot bedürfnisgerecht zu erweitern, sondern stellen auch für die Vereine eine Option zur Gewinnung von Mitgliedern dar.

Über das Sportangebot hinaus beteiligt sich die Wollenbergschule an dem in Hessen vom Sozial- und vom Kultusministerium ermöglichten ‚Girl's Day'. Dieser ‚Zukunftstag' soll hauptsächlich die beruflichen Perspektiven für Mädchen erweitern, insbesondere in den Arbeitsfeldern, in denen ein geringer Frauenanteil vorherrscht (wie in vielen technischen Berufen). Solche regelmäßigen Veranstaltungen sind ein wichtiger Bestandteil im Jahresrhythmus einer Schule und können zur Gestaltung der Schulkultur beitragen. Weiterhin läuft in Kooperation mit der Philipps-Universität Marburg ein Projekt ‚Kulturelle Praxis', bei dem Lehramtsstudierende mit den 5. und 6. Klassen dreitägige Theaterprojekte durchführen und diese zum Abschluss jahrgangsintern aufführen. Darüber hinaus wird im Rahmen einer Zusammenarbeit mit dem Marburger Verein für Psychomotorik im Förderschulzweig ein Motologe als Experte zur Bewegungsförderung eingesetzt. Diese vielfältigen Angebote sind vom Gedanken einer Schulöffnung für Kooperationen mit außerschulischen Vereinen und Einrichtungen getragen.

Öffnung von Schule

Ganztagsschulen bieten eine besondere Chance die Schule nach innen und außen zu öffnen. Die Konzepte zur „Öffnung von Schule" gehen auf die englischen und amerikanischen Formen der „community education" zurück. Sie haben in den 1970er und 1980er Jahren nach Einführung von Gesamtschulen die Schuldiskussion erheblich beeinflusst (vgl. Reinhardt, 1992). Öffnung von Schule kann als ein Prozess der Gestaltung von Schule als Lebens- und Erfahrungsraum verstanden werden. Grundlage dieses Prozesses ist einerseits, dass die Schüler(innen) in die Planung und Realisierung ihres Lernens stark integriert werden und andererseits ein Abbau der Lehrerzentriertheit von Unterricht stattfindet. Es lassen sich drei Handlungsfelder zur Öffnung von Schule benennen: Eine erste Ebene kann als „thematische Öffnung" charakterisiert werden, bei der fächerübergreifendes Lernen unter Berücksichtigung von Themen aus der Lebenswelt von Kindern und Jugendlichen im Mittelpunkt steht. Eine zweite Ebene betrifft die „methodische Öffnung", bei der Unterrichtsmethoden wie Projektarbeit, Freiarbeit, Wochenplanarbeit etc. zur Anwendung kommen, um selbstbestimmtes Lernen der Schüler(innen) mit mehr Freiräumen zu ermöglichen. Die dritte und hier angesprochene Ebene umfasst die „institutionelle Öffnung". Hierbei öffnet sich die Schule zum Gemeinwesen und zu ihrem sozialen Umfeld und arbeitet mit regionalen Institutionen kooperativ zusammen. Dadurch entstehen viele außerschulische Erfahrungsräume, die als ein Teil des Bildungs- und Erziehungsprozesses verstanden werden können (vgl. Drews & Durdel, 1998, S. 119 ff.; auch Holtappels, 1994; 2009, S. 116). Bewegung, Spiel und Sport sind Teil der Lebenswelt und eignen sich insofern besonders gut für eine Öffnung der Schule zum Umfeld.

Nicht wenige Arbeitsgemeinschaften werden auch von Lehrer(inne)n im Rahmen ihres Unterrichtsdeputats betreut. Honorarkräfte kommen insbesondere dann zum Einsatz, wenn an der Schule keine dafür geeigneten Kräfte vorhanden sind oder keine entsprechenden Stunden zur Verfügung stehen. Besagte Honorarkräfte kommen entweder von selbst auf die Schulleitung zu oder werden entsprechend von einer verantwortlichen Person der Schulleitung angefragt. Aufrechterhalten wird der Kontakt zu diesen Kräften derzeit fast ausschließlich über eine Person, die sich auch um die Realisierung der Angebote kümmert.

Kontaktpflege zu Kooperationspartnern

Zur Stabilisierung der Kontakte zu potenziellen externen Kooperationspartnern ist eine Verteilung auf mehrere verantwortliche Personen des Kollegiums von Vorteil, um bei Ausfall oder Zurücknahme der zuständigen Person ein Weiterbestehen dieser Kooperation auch auf lange Sicht zu gewährleisten. Hier gilt es, weitere Kolleg(inn)en zu aktivieren, die bereit sind, sich in ausgewählten Feldern der Ganztagsangebote zu engagieren und eine Plattform zum Austausch über Kooperationspartner zu schaffen (siehe hierzu auch Kap. 3.2 bei den Ausführungen zur Theodor-Heuss-Schule).

Da die Schulleitung insgesamt noch Beratungs- und Entwicklungsbedarf hinsichtlich eines umfassenden Konzeptes zur Bewegten Schule sieht, wird speziell in diesem Punkt auch auf die Kooperation mit außerschulischen Partnern zurückgegriffen. Auch Fortbildungen werden besucht und andere Fachkräfte zum Meinungsaustausch eingeladen. Bisher haben diese Kooperationen bereits mehrere Entwicklungsimpulse gegeben, allerdings haben sich noch keine klaren und für alle zufriedenstellenden Perspektiven für ein umfassendes Bewegungskonzept herauskristallisiert. Dies ist eine nicht endende Schulentwicklungsaufgabe, der sich die Schule angenommen hat und die in den nächsten Jahren zu weiteren konkreten Veränderungen führen soll.

So wird auch über eine neue Rhythmisierung des Schultags nachgedacht, mit der sich die Hoffnung auf mehr Möglichkeiten für Bewegung, Spiel und

Sport und damit auch auf ein verändertes Bewusstsein für die Bedeutung von Bewegungsaktivitäten verbindet. Verankert ist solch eine neue Struktur noch nicht im Gesamtkonzept der Schule; bei entsprechenden finanziellen Bewilligungen bestehen jedoch viele Ideen und gute Voraussetzungen zu einer sinnvollen Neustrukturierung des Schultages. Hier wäre dann darauf zu achten, dass nicht nur die Struktur des klassischen Unterrichtsvormittags ausgedehnt wird, sondern dieser selbst bewegter wird (auch durch einen bewegten Unterricht, vgl. hierzu Kap. 5) und vor allem ein im Vergleich zum Pflichtunterricht ausgewogenes Verhältnis von Ganztagselementen wie Bewegungsangeboten in Wahlpflicht- und Wahlkursen (AGs), Förderkursen in allen Lern- und Entwicklungsbereichen (also auch der Motorik) und informellen Lern- und Bewegungsmöglichkeiten entsteht. Um eine Überforderung der Schüler(innen) durch Vereinseitigung zu vermeiden und ihnen einen Ausgleich durch Bewegung zu ermöglichen, sollte über ein Konzept nachgedacht werden, das eine abwechslungsreiche rhythmisierte Struktur zwischen Unterricht und Ganztagselementen über den ganzen Tag verteilt erfährt. Hierbei kann das Konzept der Bewegten Schule mit seinen Bausteinen zum bewegten Unterricht, zur bewegten Pause, zum bewegten Tagesablauf, zu Sport- und Bewegungsangeboten und zur Öffnung nach außen zu Kooperationspartnern aus dem Sport sehr hilfreich sein (vgl. Fessler, 2004).

Erarbeitung eines Konzeptes zur Bewegten Schule

Im Sinne einer kontinuierlichen Schulentwicklung ist es sinnvoll, ein gemeinsames Konzept zur Bewegten Schule zu erarbeiten, das vom gesamten Kollegium getragen wird und den Schulbeteiligten Orientierung bietet. Aus der Perspektive einer Bewegten Schule sollten Bewegung, Spiel und Sport in einem ganzheitlichen Konzept integriert und als schulgestaltendes Moment von allen Beteiligten erfahren werden. Dazu gehört neben Überlegungen zu Bewegungsaktivitäten in den Pausen und einem bewegten Unterricht vor allem die Etablierung von Bewegungs- und Sportangeboten am Nachmittag oder als integrierte Bausteine im gesamten Schultag. Dabei geht es auch um die Frage der Kooperation mit außerschulischen Partnern, um ein anspruchsvolles und vielseitiges Bewegungsangebot im Schulleben einrichten zu können. Im Zuge dessen sollte eine Fortbildung und verstärkte gegenseitige Aufklärung bezüglich der Bedeutung einer bewegungsorientierten Schulentwicklung innerhalb des Kollegiums und der Schülerschaft angestrebt werden. In einem solchen Konzept sind dann auch Leitlinien zur Gestaltung der Kooperationsbeziehungen mit den außerschulischen Partnern zu erarbeiten und umzusetzen (vgl. sportpädagogik, Heft 2/2001; Hildebrandt-Stramann, 2007a; Laging, 2007d).

Eine weitere Öffnung der Schule nach außen zum Wohnumfeld im Sinne einer Nachbarschaftsorientierung wird bereits hinsichtlich des Schulgeländes unter der Perspektive einer nachhaltigen Bewegungsaktivierung diskutiert. Das vorhandene Potenzial im Gelände der Schule wird derzeit erst in einem begrenzten Rahmen genutzt, da verschiedene Bedingungen (Aufsicht, Zerstörung, Sicherheit u.a.) noch nicht geklärt sind. Das Schulgelände ist zurzeit bis auf das Kleinspielfeld nachmittags ab 15.45 Uhr geschlossen, wodurch eine sichtbare Öffnung der Schule zur Wohnumgebung und eine stärkere Identifikation der Schüler(innen) mit ihrer Schule durch außerschulische Nutzungen erst ansatzweise möglich werden.

Das vielfältige Bewegungsangebot unter Einbeziehung von Kooperationen mit außerschulischen Partnern und den aufgezeigten Entwicklungsperspektiven weist in eine Richtung, die die Schule zu ihrem lokalen Umfeld öffnet und so ihr Bildungs- und Lernangebot für die Schüler(innen) erweitert. An den Kooperationsbeziehungen wird deutlich, dass die Schule unterschiedliche bewegungsthematische Angebote aus eigenen Stücken, aber vor allem mit Hilfe von unterschiedlichen Kooperationspartnern eingerichtet hat. Die Kooperationspartner sind dabei keineswegs nur klassische Sportvereine, wie man vielleicht vermuten könnte, wenn man an bewegungs- und sportorientierte Kooperationen denkt. Indem die Schule mit sehr unterschiedlichen Partnern wie verschiedenen Sportvereinen, der Hessischen Sportjugend, dem Verein für Psychomotorik, dem gemeinsamen Projekt ‚Kulturelle Praxis' der Philipps-Universität Marburg oder mit einzelnen Honorarkräften zusammenarbeitet, kann sie ihren Schüler(inne)n ein differenziertes Ganztagsangebot im musisch-ästhetischen, künstlerischen und bewegungsorientierten Bereich ermöglichen. Diese Öffnung der Schule zum Umfeld durch die Kooperationsbeziehungen trägt auch dazu bei, dass die Schule nicht nur als Lernraum, sondern auch als Bewegungs-, Lebens- und Sozialraum erscheint.

3.1.2 Bewegungsangebote am Nachmittag

Bereits in der Mittagspause besteht die Möglichkeit zur freien Nutzung der informellen Bewegungsangebote im Schulgelände. Für die Klassen 5 und 6 schließt sich an jeweils einem Tag in der Woche der Nachmittagsunterricht an. In der verbleibenden Zeit bis 15.45 Uhr wie auch an den anderen Nachmittagen finden neben anderen Ganztagsangeboten (z.B. Hausaufgabenbetreuung, Förderkurse) Angebote aus dem Bereich Bewegung, Spiel und Sport statt. Daher setzt sich der Nachmittag an der Wollenbergschule aus verpflichtenden und freiwilligen, spontan nutzbaren Angeboten zusammen. Für die festen Kursangebote ist allerdings zuvor eine Anmeldung erforderlich, die dann für ein Halbschuljahr verbindlich ist. Mit dieser Berücksichtigung unterschiedlicher Angebotsstrukturen verfolgt die Wollenbergschule ein Prinzip, das nach dem Konzept von Neuber & Schmidt-Millard (2006, S. 5ff.) für offene Ganztagsschulen als „Bedürfnisorientierung" bezeichnet werden kann.

Angebotsstrukturen im offenen Ganztag

Die Gestaltung von Bewegungs-, Spiel- und Sportangeboten im offenen Ganztag sollte durch verschiedene Strukturmomente bestimmt sein. Das Sportangebot beinhaltet danach sowohl viele gebundene Sportarten wie Fußball, Handball, Tanzen etc. als auch Angebote, die sich eher durch themenbezogene Vorhaben und Bewegungsprojekte wie z. B. Zirkus auszeichnen. Diese Angebote können sich in methodischer, thematischer und organisatorischer Perspektive durch eine offene Vorgehensweise leiten lassen. Das pädagogische Handeln ist dementsprechend mehr durch Anregung und Betreuung gekennzeichnet als durch Anleitung und Vermittlung (vgl. Neuber & Schmidt-Millard, 2006, S. 8).

Die Arbeitsgemeinschaften stellen einen recht großen Teil der Nachmittagsbetreuung dar. Von den Lehrkräften werden die sport- und bewegungsbezogenen Angebote als ein Schwerpunkt wahrgenommen, sie stellen tatsächlich ca. ein Drittel aller Arbeitsgemeinschaften dar:

> *„Und über dieses Ganztagsangebot hatten wir im Grunde schon seit '92 einen sehr starken sportlichen Schwerpunkt ..., also sehr viele Arbeitsgemeinschaften im Bereich Sport. Auch andere (Angebote) natürlich, (so) im Bereich Computer (und) Musik. Musical wird sehr, sehr stark betrieben (und dies) schon seit vielen Jahren. Aber im Sport haben wir die Sportspiele Basketball, Volleyball, Fußball, zum Teil Tischtennis, zum Teil Badminton, hatten auch Trampolin und Leichtathletik und haben Bewegungsangebote in Karate, Tennis, Reiten, Kanu und Inlinerhockey. Also es ist schon ein relativ vielfältiges Spektrum von Sportarten im Nachmittagsangebot".*

Darüber hinaus gibt es Angebote, wie z. B. Krafttraining, die ein Lehrer bzw. eine Lehrerin anleitet und die besonders von solchen Schüler(inne)n angenommen werden, die im Kreise des Kollegiums als ,schwierig' eingeschätzt werden und für andere Angebote nicht zugänglich sind.

Chancen einer breitensportlichen Förderung

Vielfältige Kooperationsbeziehungen bieten für die unterschiedlichen Bewegungs- und Sportbedürfnisse der Schüler(innen) gute Anknüpfungspunkte für die Entwicklung eines nachhaltigen Bewegungslebens. Eine alleinige Orientierung des Nachmittagsbereichs zur Nachwuchsförderung sportlich besonders talentierter Schüler (innen) für die Vereine kann im ungünstigen Fall dazu führen, dass die Interessen von vielen Kindern und Jugendlichen vernachlässigt werden. Eine solche Orientierung ist nur dann sinnvoll, wenn die Schule eine klare Sportprofilierung sucht (vgl. Kap. 3.3 zur

Wartburgschule). Ganztagsschulen haben aber durch die zusätzlich verfügbare Zeit besonders gute Chancen in Kooperation mit
außerschulischen Partnern nicht allein die Vermittlung von sport-
lichem Können, sondern auch und vor allem das Schaffen von
Erlebnisräumen zu ermöglichen und in diesem Zusammenhang
vielfältige persönlichkeitsbildende Prozesse anzubahnen.

Selbst die nicht-bewegungsorientierten Angebote am Nachmittag (wie z. B.
die Schülerzeitungs-AG) weisen einen Bewegungsfokus auf, da sich die
Schüler(innen) während der Aktivitäten bewegen dürfen bzw. dies von den
AG-Leiter(inne)n gefördert wird. Die Schüler(innen) nehmen diese Form von
‚Unterricht' als abwechslungsreich und positiv wahr.

Bewegung in nicht-bewegungsthematischen AGs
Auch in nicht primär bewegungsthematischen AGs wie einer Koch-
AG oder einer Schülerzeitungs-AG kann Bewegung über die Wahl
der Organisations- und Methodenform zugelassen werden. Hier
entstehen für die Schüler(innen) viele Handlungsspielräume, in
denen sie bewegt aktiv sein können. Solche Organisationsformen
und Methoden werden in ähnlicher Weise in Bezug auf den Unterricht in Kapitel 5 vorgestellt.

Resümierend lässt sich für die Wollenbergschule zum einen die Vielfalt ange-
botener Sportarten von Fußball und Tennis über Wendo – als spezielles Angebot für Mädchen – bis hin zu Akrobatik- und Trampolin-AGs festhalten. Zum
anderen existieren an dieser Schule Angebote, wie z. B. die Kraftraum-AG, die
von Schüler(inne)n wahrgenommen werden, die sonst nicht für klassische
Arbeitsgemeinschaften zu begeistern wären.

Abb. 7 ‚Hoch hinaus' in der Trampolin-AG

Für die Sportangebote stehen sowohl Außenanlagen als auch die Sporthalle zur Verfügung, zudem besteht eine Kanu-AG, die auf nahegelegenen Gewässern durchgeführt wird. Alle Nachmittagsangebote finden nicht getrennt nach Förder- und Gesamtschulzweig statt, was im Sinne des integrativen Gedankens für eine Annäherung der Schüler(innen) sorgt und von diesen auch gut angenommen wird.

In den Nachmittagsangeboten zeigen sich aber auch typische geschlechtsspezifische Interessenunterschiede, indem die Mädchen eher die künstlerischen Angebote wie Tanz und Theater und die Jungen eher die sportlicheren Angebote, wie Ballsportarten und Krafttraining wahrnehmen. Die Kanu-AG stellt dagegen unter den sportbezogenen Angeboten gewissermaßen eine Ausnahme mit einem relativ ausgeglichenen Geschlechterverhältnis dar.

Geschlechterspezifische Bewegungsangebote

Geschlechterspezifische Bewegungsangebote können eine Lösung sein, mehr Jungen und Mädchen zur Teilhabe an Sport-AGs zu motivieren. Jungen und Mädchen könnten sich in einer geschlechtshomogenen AG besser entfalten. Dies spricht nicht generell für eine Trennung von Jungen und Mädchen, wohl aber für Räume, in denen sich Jungen und Mädchen ohne den ‚Druck' des jeweils anderen Geschlechts erproben können. Dies kann sowohl in typisch jungendominierten Sportbereichen wie Fußball als auch in typisch mädchendominierten Bewegungsbereichen wie Tanzen stattfinden. So könnten AGs wie ‚Fußball für Mädchen' oder ‚Tanzen mit Jungen' angeboten werden. Andere Bewegungs- und Sportbereiche wie Volleyball oder Akrobatik lassen sich weitgehend unproblematisch in geschlechtsheterogenen Gruppen anbieten. Insgesamt sollte hier eine geschlechtssensible Konzeption grundlegend sein (vgl. Kugelmann, 2008).

Das Zusammensein und Arbeiten in kleinen Gruppen, was am Nachmittag möglich ist, wird von den Schüler(inne)n als sehr positiv wahrgenommen. Auch dann, wenn Angebote einen Pflichtcharakter haben, wie z.B. das Programm **LEOS** (**LE**rnen **O**hne **S**chwierigkeiten), ist die Atmosphäre insgesamt ruhiger und entspannter als am Vormittag. Zudem sind die Nachmittagsangebote insgesamt weniger streng strukturiert. Generell sind die Arbeitsgemeinschaften aufgrund ihrer offenen und entspannteren Atmosphäre bei den Schüler(inne)n beliebt und erfahren von vielen Lehrer(inne)n ein großes Engagement.

3.1.3 Zusammenfassung

Die Wollenbergschule Wetter öffnet sich durch die Kooperationsbeziehungen mit außerschulischen Partnern für das lokale Umfeld. Sie setzt dabei auf ein möglichst breites Spektrum an inhaltlichen Angeboten. Die Schule geht Kooperationen sowohl zu Sportvereinen als auch zu verschiedenen anderen Vereinen und Einrichtungen ein. Durch die Nutzung dieser außerschulischen Ressourcen kann die Wollenbergschule ihren Schüler(inne)n ein vielfältiges Bewegungs- und Sportangebot im Ganztag anbieten.

- Seibel, B. (Hrsg.) (2007). Bewegung, Spiel und Sport in der Ganztagsschule: Dokumentation eines Symposiums an der Südbadischen Sportschule Steinbach. Schorndorf: Hofmann.
- Themenheft der Zeitschrift sportpädagogik (2006). Sport in der Ganztagsschule. 30. Jg. Heft 5.
- Laging, R. (2010). Sport in der Ganztagsschule. In N. Fessler, A. Hummel & G. Stibbe (Hrsg.), Handbuch Schulsport. Schorndorf: Hofmann.

3.2 KOOPERATIONEN MIT SPORTVEREINEN IN DER OFFENEN GANZTAGSFORM: DIE THEODOR-HEUSS-SCHULE MARBURG

Das zweite Teilkapitel mit Auszügen aus einem Schulportrait befasst sich mit der Theodor-Heuss-Schule Marburg. Es will auf die besonderen Bedingungen einer *offenen* Ganztagsschule eingehen, unter denen es einer Schule gelingen kann, gemeinsam mit Sportvereinen als Kooperationspartner ein Bewegungs- und Sportangebot für den Nachmittagsbereich zu organisieren.

Die Theodor-Heuss-Schule legt Wert auf eine vielseitige, an den Interessen von Kindern und Jugendlichen orientierten Bewegungsförderung. Sie ist eine Verbundschule, die in kommunaler Trägerschaft eine Grund-, Haupt- und Realschule mit Förderstufe in den Jahrgängen 5 und 6 beheimatet. Insgesamt sind in 32 Klassen über 600 Schüler(innen) von der ersten bis zur zehnten Klasse vertreten. Darüber hinaus sind ca. 60 Lehrer(innen) und eine Reihe weiterer Angestellte an der Schule tätig. Ein Schwerpunkt der Schule ist das Europa-Schulprogramm des Landes Hessen, das Sprachenlernen, interkulturelles Lernen und Methodenlernen umfasst. Die Schule veranstaltet u.a. Austauschprogramme mit Schüler(inne)n in Polen und Italien, deren Vorbereitungen und Nachbereitungen alle im Ganztagsangebot am Nachmittag stattfinden. Seit 2001 ist die Schule eine Ganztagsschule mit pädagogischer Mittagsbetreuung an vier Tagen bis 15.20 Uhr. Somit ist sie eine Ganztagsschule in offener Form, bei der die Unterrichtszeit hauptsächlich am Vormittag liegt und nachmittags für die Schüler(innen) eine freiwillige Teilnahme an Ganztagsangeboten ermöglicht wird. Für dieses Angebot müssen sie sich anmelden und mindestens ein halbes Jahr verbindlich teilnehmen.

Abb. 8 Eingangsportal der Theodor-Heuss-Schule Marburg

Der Ausbau zu einer Ganztagsschule hat das Verständnis für Bewegung in der Schule noch verstärkt und die Lehrer(innen) wünschen sich eine umfassendere Entwicklung von Bewegung, Spiel und Sport im gesamten Schulalltag. Ein Lehrer erklärt:

> *„Es ist in den letzten Jahren immer wieder, wenn es um Ganztagsschule ging, gewünscht worden, dass gerade der Bewegungsaspekt ausgebaut werden soll. Und dass noch mehr Wert … auf die musisch-künstlerische Erziehung im Ganztag gelegt wird. Der Ausbau von Bewegungsmöglichkeiten in der Schule ist also erklärter Wunsch von sehr vielen Lehrern. Und auch bei Schülerbefragungen kamen immer Wünsche nach mehr Sportangeboten".*

Bewegungsaktivitäten erfahren somit an der Theodor-Heuss-Schule eine hohe Bedeutung, was die folgenden Ausführungen zu den Kooperationen mit Sportvereinen und dem daraus entstehenden Bewegungs- und Sportangebot während des Nachmittags zeigen sollen.

 Weitere Informationen über die Theodor-Heuss-Schule in Marburg lassen sich der Homepage der Schule unter **www.ths-marburg.de** entnehmen.

Mit dem Bewegungs- und Sportangebot in Kooperation mit außerschulischen Partnern öffnet sich die Schule ebenso wie die zuvor dargestellte Wollenbergschule zum Umfeld und greift damit einen ähnlichen thematischen Aspekt der Ganztagsschulpädagogik auf. Entsprechend wird hierauf nicht noch einmal eingegangen. Vielmehr soll dieses Beispiel zeigen, wie man eine *offene* Ganztagsschule mit Kooperationspartnern aus dem Sport sinnvoll und bewegungsreich gestalten kann. Dabei soll die Begrenztheit offener Ganztagsschulen in der Schulentwicklung nicht übersehen werden, jedoch gehören die offenen Formen zum Spektrum möglicher Ganztagsschulen, die einer bewegungsorientierten Gestaltung bedürfen.

Additive Kooperationsformen in der offenen Ganztagsschule
Das additive Konzept bezeichnet das Nacheinander von Unterricht am Vormittag und außerunterrichtlichen Nachmittagsangeboten. Dabei können die Konzepte eher additiv-dual oder additiv-komplementär organisiert werden. Im ersten Fall sind die Partner weitgehend autonom in ihrem Angebot. Die Angebote können die Schule unterstützen (z. B. Hausaufgabenbetreuung) oder aber unabhängig von Schule sein (z. B. Talentförderung durch Sportverbände). Im zweiten Fall dagegen geht es um die organisatorische Verbundenheit von Angeboten zwischen Schule und außerschulischen Partnern. Die mit der Schule vereinbarten Zeitquanten werden von den Partnern in Absprache mit der Schule gestaltet. Bezogen auf eine Ganztagsbildung sind im ersten Fall die Bildungskonzepte unverbunden, im zweiten Fall ergänzen sich die Bildungsvorstellungen im komplementären Verständnis, also beispielsweise Zukunftsbedeutung durch schulischen Unterricht auf der einen Seite und Gegenwartsbedeutung durch jugendhilfeorientierte Angebote auf der anderen Seite. Diese additiven Kooperationsformen lassen sich vor allem mit der offenen Ganztagsschule realisieren, die sich durch den verpflichtenden Vormittagsunterricht und einer auf Freiwilligkeit beruhenden Mittagszeit und sich daran anschließenden Ganztagsangeboten auszeichnen.
Schulpädagogisch wird hieran kritisiert, dass eine starke Trennung zwischen einem Unterrichtsvormittag und einem Betreuungs- und Beschäftigungsnachmittag kaum eine Weiterentwicklung der Schule als Antwort auf die PISA-Ergebnisse ermöglicht: „Das bedeutet [...], dass die von der Reformpädagogik immer wieder eingeforderte Veränderung der Unterrichtskultur – gefördert durch größere zeitliche Spielräume – hier nicht eintreten kann. Auch die wechselseitigen Anregungen zwischen schulischer und außerschulischer Pädagogik werden bei dieser zeitlichen Trennung nur schwer wirksam" (Tillmann, 2006, S. 39).

3.2.1 Kooperationsbeziehungen zu Sportvereinen

Die offene Ganztagsschulkonzeption der Schule ist durch viele AGs am Nachmittag gekennzeichnet. Grundsätzlich hat die Schule ein Interesse daran, die Gestaltung des Nachmittags mit Sport- und Bewegungsangeboten auch durch eigenes Lehrpersonal abzusichern. Hierfür sprechen nicht nur Gründe der Kontinuität und Verlässlichkeit des Angebotes, sondern auch pädagogische Gründe. So legen viele Lehrer(innen) Wert auf den positiven Effekt, der entstehen kann, wenn Lehrkräfte auch in Ganztagsangebote eingebunden sind:

> *„Also die Schüler lernen mich von einer anderen Seite kennen und ich lerne die Schüler auch anders kennen und insofern gewinnt man da auch vielleicht an Sympathien".*

Die Nachmittagsangebote haben somit *„einen großen Einfluss auf den Vormittag, was das Sozialverhalten der Schüler angeht"*, wie ein anderer Lehrer bemerkt:

> *„Also ich merke immer wieder, (besonders) auch (bei) sehr auffällige(n) Schüler(n), wenn man die(se) nachmittags in einem Ganztagsangebot hat und ... die Gruppe etwas kleiner (ist), ... (dann) hat man einen Umgang mit den Schülern, der deutlich stressfreier ist, als vormittags in Unterrichtssituationen. Und ... in Unterrichtssituationen ... ist es ... (ebenfalls) stressfreier, weil man einfach die positiven Erfahrungen des Nachmittags hat. Und das finde ich eine ganz, ganz große Chance ... im Ganztagsangebot einer Ganztagsschule".*

Da allerdings nur wenige Deputatsstunden der Lehrkräfte für die Beteiligung an den Nachmittagsangeboten zur Verfügung stehen, kann nur ein kleiner Teil der Nachmittagsangebote über das eigene Lehrpersonal abgedeckt werden. Insofern arbeitet die Theodor-Heuss-Schule mit vielen Kooperationspartnern zusammen, die schließlich den überwiegenden Teil der Angebote übernehmen. Die Bewegungs- und Sportangebote werden somit neben dem eigenen Lehrpersonal von zusätzlichen Übungsleiter(inne)n bzw. Sportpädagog(inn)en (z. B. Sportstudierenden) durchgeführt. Damit die Zusammenarbeit mit den Partnern aus den Sportvereinen koordiniert werden kann, hat die Schule verschiedene Kommunikationsstrukturen etabliert.

Um die außerschulischen Anbieter in die Schule zu integrieren und die Qualität von Bewegung, Spiel und Sport in der Schule zu fördern, ist die Theodor-Heuss-Schule daran interessiert, die Kommunikation mit den Kooperationspartnern bzw. Kooperationspersonen im Schulalltag zu verbessern. Sie fordert dafür Zeit für mehr Absprachen, damit alle gemeinsam, über die organisatorische und inhaltliche Arbeit hinaus, Ideen für mehr Bewegung an der Schule entwickeln können. Hierzu sind für die Anbieter des Nachmittags und das Lehrpersonal des Vormittags verschiedene Kommunikationsforen eingerichtet worden. Jährlich gibt es einmal ein Planungstreffen mit allen außerschulischen AG-Leiter(inne)n und einmal ein Reflexionstreffen. Ansonsten existiert eine Wocheninformation, wo kurzfristige Nachrichten in Umlauf gebracht werden. Die außerschulischen Partner erhalten zudem zwei Listen, eine Anwesenheitsliste und eine Liste mit Namen, Klasse und Klassenlehrer(inne)n der jeweiligen Schüler(innen) mit einer Kontaktmöglichkeit, sodass ihnen bei Problemen ein(e) Ansprechpartner(in) zur Verfügung steht.

Unter den vorhandenen Bedingungen sind die Kommunikationswege zwischen den Lehrer(inne)n und den außerschulischen Partnern jedoch oft ‚weit', da in der Regel das System Schule am Vormittag neben dem System Verein am Nachmittag agiert und keine festen Ansprechpartner(innen) auf beiden Seiten vorhanden sind. Für die Koordination der Nachmittagsangebote an der Theodor-Heuss-Schule ist eine Lehrerin als Ganztagsbeauftragte zuständig, die hierfür zwei Entlastungsstunden bekommt. Diese zwei Stunden reichen lediglich, um die thematische und zeitliche Organisation und Information des Nachmittagsangebotes zu regeln, für eine inhaltliche Entwicklungsarbeit bleibt keine Zeit.

Ganztagsangebote brauchen Koordination und Kommunikation
Die Ganztagsangebote müssen zwischen der Schulleitung, den schulischen Lehrkräften und den außerschulischen AG-Leiter(inne)n koordiniert werden. Die Koordination muss über die organisatorischen Fragen hinausgehen und im Rahmen von Kommunikationsforen auch die inhaltliche Gestaltung der Angebote betreffen. Hierfür sind regelmäßige Planungs- und Gestaltungstreffen einzurichten.
Für eine gelingende Kooperation ist es daher sinnvoll, ein Planungsgremium für die Koordinierung des Bewegungsangebotes im Nachmittagsbereich zu installieren. Hieran sollten Vertreter der Schule und Vertreter der außerschulischen Anbieter teilnehmen. Eine entsprechende Austauschkultur mit den Kooperationspartnern kann sich dann auch mit Fragen wie Entlastungsstunden für Ansprechpartner(innen) in der Schule oder finanzielle Regelungen für die Anbieter der außerschulischen Partner befassen.

3.2.2 Sportangebote am Nachmittag

Am Nachmittag kann die Theodor-Heuss-Schule durch die Kooperationen mit den außerschulischen Partnern ihren Schüler(inne)n unterschiedliche AGs anbieten, die Schwerpunkte auf sportliche und musisch-künstlerische Aktivitäten setzen. Während die Pausengestaltung den Schüler(inne)n überlassen ist (vgl. Kap. 4), werden die zahlreichen Bewegungs- und Sportangebote am Nachmittag von schuleigenen Lehrkräften und vor allem von Übungsleiter(inne)n der Kooperationspartner gestaltet.

Schuljahr 2006/07	Sport- und Bewegungsangebote				
Kategorie Angebote	**Mannschafts-sportspiele**	**Individual-sportarten**	**Ausdruck & Gestalten**	**Abenteuer & Erlebnis**	**Summe**
Art der Angebote	• Fußball I/II • Flagfootball • Hockey • Basketball	• Leichtathletik und Spiele	• Videoclip-Dancing	• Felsklettern • Erlebnisturnen	8
Anzahl der Kurse	5	1	1	2	9

Abb. 9   Sport- und Bewegungsangebote am Nachmittag an der Theodor-Heuss-Schule

Wie aus Abb. 9 hervorgeht, reicht das Sport- und Bewegungsangebot von Sportspielen bis zu Kursen aus der Abenteuerpädagogik. Neben diesen bereits recht unterschiedlichen Angeboten aus dem Bewegungsbereich, existieren weitere musisch-künstlerische Kurse wie Theater, Werken, Töpfern oder Kochen. Dabei sind knapp die Hälfte der 21 angebotenen AGs dem Sport- und Bewegungsbereich zuzuordnen. Die andere Hälfte der Angebote gehört in den musisch-künstlerischen Bereich, in denen es auch um körperlich-sinnliche Erfahrungen in und mit Bewegung geht.

An der Angebotsstruktur wird deutlich, dass den Wünschen der Lehrer(innen), den sportiven und musisch-künstlerischen Bereich ausbauen zu wollen, besonders am Nachmittag entgegen gekommen wird. Vorgestellt werden nachfolgend einige Aspekte der Sport- und Bewegungsangebote im engeren Sinn, die sich v. a. aus den Kooperationsbeziehungen mit Sportvereinen ergeben sowie das Betreuungsangebot der Schule betreffen.

Fußballangebot

Das Interesse der Jungen an einem Fußballangebot ist an der Schule sehr groß. Die Teilnehmerzahl ist allerdings jährlichen Schwankungen unterworfen. So konnte der Sportlehrer, der die Fußballspieler der Sekundarstufe betreut, im letzten Jahr nur die Klassen sieben bis zehn berücksichtigen, weil sich aus diesen Jahrgängen sehr viele Schüler(innen) angemeldet hatten. Im Schuljahr 2006/07 konnten, trotz der bereits bestehenden großen Altersheterogenität, auch die Jahrgangsstufen fünf und sechs an der Fußball-AG teilnehmen, da für sie sonst am Nachmittag kein Fußballangebot möglich gewesen wäre. Es ist also eine Fußball-AG für die Klassen fünf bis zehn und *„auf drängenden Wunsch und mit riesiger Beteiligung in diesem Jahr das erste Mal auch (eine AG) für die Grundschüler"* entstanden. Fußball ist damit der Sport an der Schule, der sowohl in der Grundschule als auch in der Sekundarstufe I für alle Klassen durchgängig als AG angeboten wird. Aus der Grundschule nehmen sowohl Jungen als auch Mädchen an diesem Angebot teil. Die Grundschüler(innen) werden von einem aktiven Spieler eines Fußballvereins aus Marburg betreut.

Abb. 10   Fußball-AG als Ganztagsangebot

Alle Schüler(innen) aus der Grundschule und der Sekundarstufe sind nach eigenen Aussagen mit ihrer Fußball-AG sehr zufrieden. Dies trifft auch auf die älteren Schüler(innen) zu, die gemeinsam mit den Jüngeren aus den fünften Klassen spielen.

Fußball dominiert das Angebot am Nachmittag sehr stark: Jede(r) Schüler(in), die/der teilnehmen möchte und Fußball spielen kann, hat einen Platz in der Fußball-AG erhalten. Dies hat aber auch zur Folge, dass in anderen Kursen eher Teilnehmer(innen) fehlen. Für die weitere Planung denkt die Ganztagsbeauftragte an eine Beschränkung der Teilnehmerzahl in den Fußball-Angeboten, damit auch andere AGs in vollem Umfang stattfinden können.

Hockeyangebot

Das Hockeyangebot musste zuletzt abgesagt werden, weil sich zu wenige Schüler(innen) angemeldet haben. Der Grund liegt zum einen im starken Interesse der Grundschüler(innen) an der endlich eingerichteten Fußball-AG und zum anderen in Abstimmungsschwierigkeiten mit der Flagfootball-AG, die für die

Klassen 5 und 6 als Ganztagsangebot existiert. Dabei ist Hockey ein Angebot, was für die Klassen 1 und 2 bereits seit vielen Jahren in enger Kooperation mit dem VFL Marburg organisiert wird.

Flagfootballangebot

Trotz des Trendsportcharakters ist die Flagfootball-AG nicht sehr gut angenommen worden. Das Angebot richtet sich an die Klassen 5 und 6 und wird von einem Übungsleiter aus einem American-Football-Verein geleitet. Ein Grund für mangelndes Interesse der Schüler(innen) an dieser AG wird neben der Fußball-Konkurrenz von den Lehrer(inne)n in der anderen Spielweise gegenüber dem klassischen Football im Verein gesehen. Das Flagfootballspiel in der Schule scheint für einige Kinder nicht so attraktiv zu sein wie das Footballspiel mit ‚richtigem' Körperkontakt.

Basketballangebot

Basketball wird aktuell für alle Schüler(innen) ab der Klasse fünf angeboten. Früher gab es mehrere Gruppen, aber das Interesse hat im letzten Jahr nachgelassen, da der Übungsleiter, ein Student, häufiger kurzfristig absagen musste. Aufgrund der fehlenden Kontinuität des Angebotes ist Basketball insgesamt an der Schule ein wenig ‚eingeschlafen'. Nun ist die Kooperation zum örtlichen Basketballverein neu belebt worden, sodass das Basketballinteresse wieder steigen könnte.

Leichtathletikangebot

Die Leichtathletik-AG wird von einem Sportlehrer für die Jahrgangsstufen drei bis sechs angeboten. Die AG wird spielerisch mit vielfältigen Formen des Laufens, Springens und Werfens gestaltet. Beweglichkeit, Geschicklichkeit und Raumorientierung sind wichtige Aspekte für den Sportlehrer, aber immer mit der Zielrichtung, leichtathletisch aktiv zu sein oder Kinder dazu zu bringen, vielleicht sogar in den Verein einzutreten. Mit der AG verfolgt der Lehrer z. B. die Zielsetzung, mit seinen Schüler(inne)n am Stadtlauf in Marburg teilzunehmen oder zum Minimarathon nach Frankfurt zu fahren. Mit der Heterogenität der Gruppe gibt es weniger Probleme, als zu vermuten gewesen wäre, da die älteren Schüler(innen) die Jüngeren zum Nachmachen animieren; die Älteren werden zudem auch als Helfer(innen) ausgebildet.

Tanzangebot

Tanzen wurde vorher von einer Lehrerin der Schule angeboten, aber aufgrund von fehlenden Deputatsstunden besteht heute eine Kooperation mit einer Tanzschule, die Videoclip-Dancing anbietet. Dieses Angebot wird insbesondere für Jugendliche ab der siebten Klasse eingerichtet, damit diese Altersgruppe überhaupt für Nachmittagsangebote motiviert werden kann. Die älteren Schüler(innen) klagen häufig über fehlende Angebote für Jugendliche mit spezifischen Interessen im Bereich des Tanzens. Die Videoclip-Dancing-AG wird von den Lehrer(inne)n als „absolut knallhartes Training" durch einen

Tanzlehrer beschrieben, was die Schüler(innen) durchaus an ihre Leistungs-
grenzen bringt und ihnen aber gleichzeitig viel Spaß bereitet. Bis auf einen
Jungen wird das einstündige Angebot allerdings vor allem von Mädchen
wahrgenommen.

Erlebnisturnenangebot

Erlebnisturnen findet seit Jahren in enger Kooperation mit einem örtlichen
Turnverein statt und wird ebenfalls sehr gut angenommen. Das Spektrum
der angebotenen Bewegungserfahrungen für die Schüler(innen) im ersten und
zweiten Schuljahr reicht von Klettern über Hindernisturnen bis zu spieleri-
schen Varianten der Bewältigung aufwendiger Geräteparcours. Die Zusammenarbeit mit diesem Verein ist sehr eng, weil die AG gemeinsam von einem
Lehrer der Schule und einigen Übungsleiter(inne)n des Turnvereins angeboten wird.

Das gleichzeitige Betreuen eines Bewegungsangebotes von Lehrkräften und Übungsleiter(inne)n aus einem Sportverein kann als
ein möglicher Ansatz zur Verzahnung von schulischen Interessen
und Nachmittagsangeboten gesehen werden.

Betreuungsangebot

Neben diesen Bewegungsangeboten bietet die Schule auch ein Betreuungs-
programm für die ersten beiden Schulklassen an. Für die Betreuung existiert
ein eigener Raum mit Tischen, vielen Spielen, einem Kicker und einem Tobe-
raum. Die Kinder können sich daneben draußen aufhalten und Fußball spielen oder sich auf dem Spielplatz betätigen. Die Spielgeräte aus der Spieletonne
in den Klassenräumen werden während der Betreuung am Nachmittag genutzt,
da die Klassenräume in dieser Zeit offen sind. Die Kinder verteilen sich schließlich auf dem gesamten Schulgelände. Sie schaukeln, spielen auf dem Klet-
tergerüst, fahren Roller, betreiben Sportspiele oder toben im Gelände. Diese
Möglichkeiten der Betreuung werden von den Schüler(inne)n als angenehm
und erholsam wahrgenommen. Dies führen die Lehrer(innen) auch auf die vielen Bewegungs- und Spielmöglichkeiten in der Betreuungszeit zurück.

Kooperationsverträge mit den außerschulischen Partnern

Bei den Bewegungs- und Sportangeboten am Nachmittag wurde
deutlich, dass viele Kooperationen mit Sportvereinen und anderen
außerschulischen Partnern bestehen, die aber vordergründig als
Personenkooperationen betrachtet werden können. Hinter den
meisten Kooperationen stecken meist keine verbindlichen Strukturen, sondern einzelne Personen, die stellvertretend für einen
Sportverein agieren. Hier wäre es für die zukünftige Entwicklung
der Schule sinnvoll, solche Sportvereine für die Kooperation zu
gewinnen, die ein kontinuierliches Angebot gewährleisten können
und die die dafür verbindlichen Kooperationsverträge erhalten.

Die Vereine müssen also Übungsleiter(innen) für die Kooperationen bereitstellen, die in der Lage sind, längerfristig an einem Vereinsangebot in der Schule mitzuwirken. Dies schafft Angebotskontinuität und stabile Kooperationsstrukturen.

Insgesamt erfreuen sich bei den Nachmittagsangeboten der Theodor-Heuss-Schule die Sportarten Fußball, Tanzen und Erlebnisturnen einer besonders großen Nachfrage. Tendenziell unbekannte Sportarten wie Hockey und Flagfootball, werden weniger nachgefragt, was zur Folge hat, dass diese Angebote teilweise abgesetzt werden müssen. Dies hängt allerdings auch mit der starken Nachfrage nach dem Fußballangebot zusammen. Sechs von neun Angeboten beziehen sich an der Theodor-Heuss-Schule in erster Linie auf die Schüler(innen) der Grundschule bzw. auf Schüler(innen) bis zur siebten Klasse. Für die Jugendlichen ab der siebten Klasse besteht am Nachmittag die Möglichkeit, Basketball und Fußball zu spielen. Die älteren Schüler(innen) kommen durch das Videoclip-Dancing-Angebot auf ihre Kosten. Wenn berücksichtigt wird, dass viele Schüler(innen) ab der achten Klasse in der Regel kaum mit Nachmittagsangeboten erreicht werden können, ist hier mit dem Tanzangebot ein ausgeglichenes Verhältnis geschaffen worden, das auch die älteren Schüler(innen) am Nachmittag durch Bewegungs- und Sportangebote erreicht.

3.2.3 Zusammenfassung

Die Theodor-Heuss-Schule in Marburg ist ein gutes Beispiel dafür, wie eine offene Ganztagsschule ihren Schüler(inne)n durch verschiedene Kooperationen mit Sportvereinen ein breites Bewegungs- und Sportangebot offerieren kann. Das Nachmittagsangebot hält somit sowohl für die jüngeren als auch für die älteren Schüler(innen) vielfältige Bewegungsangebote bereit. Die jährlichen Planungs- und Reflexionstreffen sowie die Wocheninformationen sorgen dafür, dass unter den Voraussetzungen einer offenen Ganztagsschule ein Austausch zwischen den außerschulischen Partnern und der Schule möglich ist.

- Laging, R. (2010). Bewegungsangebote und Kooperationen in Ganztagsschulen – Ergebnisse aus StuBSS. In P. Böcker & R. Laging (Hrsg.), Bewegung, Spiel und Sport in der Ganztagsschule – Aktuelle Tendenzen der Schulentwicklung, Sozialraumorientierung und Kooperation von Schule und außerschulischen Partnern. Baltmannsweiler: Schneider.
- Schulz-Algie, S. (2010). Kooperation Ganztagsschule und Vereine – Erfolgreiche Gelingensbedingungen. In P. Böcker & R. Laging (Hrsg.), Bewegung, Spiel und Sport in der Ganztagsschule – Aktuelle Tendenzen der Schulentwicklung, Sozialraumorientierung und Kooperation von Schule und außerschulischen Partnern. Baltmannsweiler: Schneider.

3.3 SPORTPROFIL:
DIE WARTBURGSCHULE EISENACH

Betritt man das Gebäude der Wartburgschule Eisenach, so fallen dem Betrachter zuerst Vitrinen mit unzähligen errungenen Pokalen auf, die von einer langen Tradition erfolgreicher Wettkampfteilnahmen zeugen. Des Weiteren gehört es zum schulischen Alltag, dass alle Ergebnisse (Urkunden/Presseberichte) einzelner Schüler(innen) oder von Teams sowie weitere sportaktuelle Berichte im Schulhaus und in der Turnhalle veröffentlicht werden. Man merkt sofort: Hier zählt der Sport! Die Wartburgschule Eisenach zeichnet sich dementsprechend durch ihr Sportprofil aus. Wie dieses Sportprofil das Schulleben prägt und wie es in Zusammenarbeit mit den außerschulischen Partnern gestaltet wird, soll nach einleitenden Bemerkungen zur Schulkonzeption beschrieben werden.

Die Wartburgschule Eisenach ist eine Regelschule, bestehend aus einem Haupt- und einem Realschulzweig. Das Einzugsgebiet der Schule umfasst die Stadt Eisenach (ca. 44 000 Einwohner) sowie das ländliche Umland. Zudem gibt es ein schulangegliedertes Internat des Thüringer Sportvereins Eisenach (ThSV), das von Schüler(inne)n aus ganz Deutschland besucht werden kann. Unterrichtet werden ca. 285 Schüler(innen) von derzeit 33 Lehrer(inne)n, welche zudem von zwei Schulsozialarbeiter(inne)n unterstützt werden.

Die Wartburgschule Eisenach ist als Ganztagsschule in offener Form gestaltet. Sie bietet über den Unterricht der Stundentafel hinaus freiwillig nutzbare pädagogische Angebote bis zum Nachmittag. Der Unterrichtstag gliedert sich in zwei Teile: den Pflichtunterricht am Vormittag bis in den frühen Nachmittag hinein und die freiwillige Teilnahme am Mittagessen sowie die pädagogischen Angebote am Nachmittag.

Weitere Informationen über die Wartburgschule in Eisenach lassen sich auf der Homepage der Schule unter www.wartburgschule.de finden.

Zentrales pädagogisches Merkmal der Wartburgschule ist ihr Sportprofil. Dementsprechend besteht auch das Schulkonzept aus zwei Komplexen: Ein Komplex widmet sich dem täglichen Schulleben und der Schulentwicklung, der zweite große Komplex bezieht sich direkt auf die Sportprofilierung und den Sportunterricht. Die Sportorientierung bildet das Hauptprofil der Schule und wurde nach vorangegangenen, vielfältigen Ideen und konzeptionellen Gedanken seitens des Kollegiums Ende 1992 durch das Thüringer Kultusministerium legitimiert.

Abb. 11   Schulgebäude der Wartburgschule in Eisenach

Den Mittelpunkt der pädagogischen Intentionen bildet das Medium ‚Sport' als Bindeglied des gesamten Schulalltages. Die Einbindung der schulspezifischen Profilierung ‚Sport' ermöglicht der Schule nicht nur das Schulklima, sondern auch das Sozial- und Freizeitverhalten der Schüler(innen) positiv zu beeinflussen. Gemeinsamer Konsens besteht darüber, dass der Schulsport und die Bewegungserziehung im und über den Unterricht hinaus in ihrer Komplexität einen wesentlichen Beitrag zur Gesundheits- und Sozialerziehung der Schüler(innen) darstellen. Schwerpunkte der pädagogischen Arbeit der Lehrer(innen), welche im Schulkonzept verankert sind, bilden u. a.

- Die Nutzung der zahlreichen Möglichkeiten, die die amtliche Stundentafel für pädagogische Innovationen offen lässt, gleichsam im Sinne einer schulischen Bewegungs- und Gesundheitserziehung bzw. -förderung,
- Die Schaffung von günstigen, altersgerechten und lebensnahen (Bewegungs-) Bedingungen in der Schule für eine sinnvolle, ganzheitliche (sportorientierte) Erziehung und Bildung der Schüler(innen) mit Blick auf deren Befähigung, in der schulischen und außerschulischen Freizeit sowie über die Schullaufbahn hinaus die vermittelten Bewegungserfahrungen zu praktizieren,
- Die Einbindung und engagierte Mitwirkung aller involvierten Personen, ob Lehrkräfte, Schüler(innen), Eltern, Förder- und Sportvereine, in Bezug auf die praktische und theoretische Entwicklung einer Bewegungskultur unter Einbeziehung der Sportkultur als pädagogisches Leitmotiv.

Durch die ‚Sportklassen', die Einrichtung von wahlobligatorischen Sportkursen im Rahmen der dritten Sportstunde sowie das Wahlprüfungsfach ‚Sport', welches mit anderen Fächern zusammen zum Erwerb des qualifizierenden Haupt- und Realschulabschlusses berechtigt, werden drei Säulen der Sportprofilierung an der Schule gebildet.

1. Säule: Die Sportklassen

Die Sportklassen wurden auf Initiative mehrerer städtischer Sportvereine, der Schüler(innen) bzw. deren Eltern sowie der unmittelbaren Umgebung der Stadt Eisenach mit Unterstützung des Kreissportbundes, noch vor der Realisierung seitens des Kultusministeriums und Landessportbundes, ab dem Schuljahr 2002/03 gebildet. Sportlich interessierte und talentierte Schüler(innen) werden hier pro Jahrgang in einer Klasse zusammengefasst und erhalten in den Klassenstufen 5 bis 7 zwei sowie ab der Klassenstufe 8 eine zusätzliche Sportstunde über den normalen Sportunterricht hinaus. In diesen Extrastunden erfahren sie eine allseitig komplexe Ausbildung im koordinativen und athletischen Bereich, um sie an das traditionelle Sportreiben heranzuführen. Damit unterstützt die Schule die Trainingstätigkeit der Schüler(innen) in den Vereinen. Inzwischen existieren vier Sportklassen, deren Schüler(innen) sich nicht nur aus dem Stadtgebiet Eisenachs, sondern auch aus dem Landkreis rekrutieren. Für alle Sportklassen sind neben dem obligatorischen und zusätzlichen Sportunterricht noch die ‚Tage des Sports' verpflichtend, in denen spezifische, altersgemäße sowie fächerübergreifende Themen realisiert werden (z.B. Radtouren, Exkursionen zum Nationalpark Hainich, Skilager, Erste-Hilfe-Lehrgänge, Fitnesslehrgänge, etc.). Konsens besteht mit den Eltern und den Sportvereinen darüber, sportartspezifisch talentierte Schüler(innen) dieser Klassen nach entsprechender Sichtung zur Trainingsteilnahme und Mitgliedschaft in Sportvereinen zu gewinnen.

Abb. 12   Training einer Sportklasse

Für die Sportklassen wurde in Zusammenarbeit mit dem Kreissportbund eine Art Lehrplan erarbeitet. Die Schule sieht es als positiv an, dass der Arbeit mit den Sportklassen ein konkreter, inhaltlich abgestimmter Plan zugrunde liegt und die Inhalte der zwei zusätzlichen Sportstunden nicht der Beliebigkeit ausgesetzt sind. Darüber hinaus wird angestrebt, mit den Vereinen der Stadt Eisenach zukünftig auf noch höherem Niveau zusammenzuarbeiten. Für die neunte Klasse ist in Kooperation mit dem Kreissportbund geplant, die betreffenden Schüler(innen) in einem Grundlagenlehrgang auf die potenziell angestrebte Tätigkeit im Übungsleiterbereich vorzubereiten.

Die Installation der Sportklassen ist eine vielversprechende Maßnahme der Schule, zumal hiermit die im Schulkonzept fixierten pädagogischen Intentionen unterstützt werden können. Der Sport spielt als prägendes Moment in der Schulgestaltung eine große praktische Rolle, was als gewinnbringend für das Schulleben gesehen wird.

2. Säule: Die dritte Sportstunde

Neben dem obligatorischen Sportunterricht (Klassen 5 – 7 je 3 Stunden; Klassen 8 – 10 je 2 Stunden pro Woche) wird schuljährlich seit 1992 die dritte Sportstunde für die Klassen 8 bis 10 als wahlobligatorische Stunde jahrgangs- und geschlechterübergreifend angeboten. Es existieren derzeit die Sportkurse Schwimmen, Skaten, Volleyball, Aerobic, Badminton und Handball, die z. T. differenziert sind in Talentförderung sowie breitensportliche Angebote. Jene Auswahlmöglichkeiten stehen auch allen Schüler(inne)n der Klassenstufen 5 bis 7 offen, die dies vielfach nutzen, insbesondere in den Sportarten Handball, Skaten und Schwimmen. Mit dem Training in diesen Sportkursen wird auch der Wettkampfbetrieb angestrebt, um auf diese Weise Vergleichsmöglichkeiten zu haben, wie gut die Schule diesbezüglich positioniert ist. Die Bildung der Sportkurse wird zu Beginn eines jeden Schuljahres durch die Sportlehrer(innen) gemeinsam mit den Schüler(inne)n vorgenommen, wobei diese eine Erst- und eine Zweitwahl angeben können.

3. Säule: Das Wahlprüfungsfach Sport

Eine dritte Säule der Sportprofilierung bildet das Wahlprüfungsfach ‚Sport' zum Erwerb des qualifizierenden Hauptschulabschlusses sowie des Realschulabschlusses. Seit 1995/96 gab es Initiativen seitens der Schule bzgl. der Genehmigung sowie Erstellung der Konzeption. Die offizielle Legitimierung für die Schule durch das Thüringer Kultusministerium erfolgte 1997. Seit 2004 ist diese Sportprüfung Bestandteil der Prüfungsordnung der neuen Thüringer Schulordnung. Inhaltlich besteht die Sportprüfung aus einem sportpraktischen Teil mit Auswahlmöglichkeiten in den Bereichen Individual- und Mannschaftssportart mit Vorgabe je einer Übung aus dem konditionellen und koordinativen Bereich sowie aus einem sporttheoretischen Teil als mündliche Prüfung.

Die Schulentwicklung und Sportprofilierung der Wartburgschule Eisenach sind durch die Fachkonferenz Sport initiiert und gesteuert worden. Dabei fällt auf, dass eine wichtige positive Gelingensbedingung für die beschriebene Konzeption der Schule der Tatsache geschuldet ist, dass beide Mitglieder der Schulleitung auch zugleich Sportlehrer(innen) sind. Die Schule kann als sportbegeistert beschrieben werden, die neben der Sportprofilierung auch zahlreiche weniger sportive Bewegungsmöglichkeiten und -gelegenheiten bietet. Sie unterscheidet sich daher von einer klassischen ‚Sportschule', die eher dem Konzept der ‚Sportbetonten Schule' verpflichtet ist. Die Wartburgschule versucht den Mittelweg zwischen einer Sportorientierung mit Sportklassen und einer bewegungsorientierten Schule für alle Schüler(innen) zu beschreiten.

Unterscheidung von ‚Bewegten Schulen' und ‚Sportbetonten Schulen'

‚Sportbetonte Schulen' bieten Rahmenbedingungen, um die schulische Ausbildung einer Schülerin bzw. eines Schülers mit der gleichzeitigen Förderung von sportlichen Begabungen zu vereinbaren. Hierzu werden u. a. die Inhalte der leistungssportlichen Ausbildung sowie die Organisation der schulischen Ausbildung aufeinander abgestimmt. Ziel von sportbetonten Schulen ist daher aus sportiver Perspektive die Talentsichtung und -förderung (vgl. Brettscheider & Klimek, 2009).

Bei den Konzepten der ‚Bewegten Schule' hingegen ist eine solche Nachwuchsförderung von Leistungssportler(inne)n nicht vorgesehen. Vielmehr geht es darum, dass Schule sich als Ort initiiert, indem Bewegungserziehung und Körpererfahrung als durchgängige Prinzipien der Schulgestaltung und -profilierung von den Schulbeteiligten aktiv gestaltet werden.

Bewegte Schulen bieten so für alle Schüler(innen) einen Erfahrungsraum, indem leibliche Bedürfnisse befriedigt werden können, wohingegen dieser Erfahrungsraum bei sportbetonten Schulen stets unter dem Fokus der leistungssportlichen Orientierung mit entsprechenden Vergleichswettkämpfen zu sehen ist (vgl. Hildebrandt-Stramann, 2007a; Ziroli, 2006).

3.3.1 Sportvereine als Kooperationspartner

Wie die zuvor vorgestellten Schulen verfügt auch die Wartburgschule über verschiedene Kooperationsbeziehungen zu außerschulischen Partnern. Diese Beziehungen ermöglichen es der Schule erst, die Sportprofilierung als das strukturelle Element der Schulgestaltung praktisch umzusetzen. Die Realisierung des Sportprofils nimmt ihren Ausgangspunkt darin, dass die Kooperation Schule – Sportverein von Beginn an fester Bestandteil des Schulkonzeptes

war. Im Mittelpunkt der Zusammenarbeit stehen neben der Nachwuchsgewinnung und Talentförderung auch die breitensportliche Orientierung bei
gleichzeitiger Förderung der Lernleistungen der Schüler(innen) und des sozial-
integrativen Lernens, besonders im Hinblick auf das Freizeitverhalten der Kinder und Jugendlichen. Enge Kooperationsbeziehungen der Schule bestehen
mit dem *Thüringer Sportverein Eisenach* (ThSV) (Talentförderprojekt Handball,
Jungen), *Sportverein Wartburgstadt* (SV) (Aufbau einer Volleyball-Nach-
wuchsmannschaft, Mädchen; Aufbau einer Basketball-Nachwuchsmannschaft,
Jungen), *SV Einheit* (Nachwuchsgewinnung Leichtathletik) sowie dem *Golfclub
Eisenach* (Projekt ‚Abschlag Schule' für die Klasse 5). Darüber hinaus sind die
Deutsche Lebens-Rettungs-Gesellschaft, der *Eisenacher Leichtathletikverein*,
der *Polizeisportverein* sowie der *Tanzclub Eisenach* des Öfteren Gäste der Wartburgschule, sei es aus Gründen der Nachwuchsgewinnung oder der Präsentation am ‚Tag der offenen Tür'. Aufgrund dieser Kontakte konnten zudem eine
Reihe von Sportgeräten bzw. Unterrichts- und Arbeitsmittel, aber auch Trai-
nings- und Spielkleidung angeschafft sowie die Tartananlage auf dem Schulgelände mitfinanziert werden.
Weitere Kooperationsbeziehungen bestehen mit dem Projekt BOSS (berufsorientierte Schulsozialarbeit), wodurch seit mehr als drei Jahren zwei Schul-
sozialarbeiter(innen) in der Schule integriert sind. Sie fungieren zwar primär
als Ansprechpartner(innen) für den Schwerpunkt ‚Berufsorientierung / Berufs-
findung', jedoch sind Bewegungs-, Spiel- und Sportangebote fester Bestandteil in deren Wochen- und Ferienplanung.
Der Schulförderverein und die Schulelternvertretung unterstützen im Rahmen
ihrer Möglichkeiten die schulischen Aktionen, indem deren Vertreter an Vol-
leyballturnieren oder in der Auswahl ‚Prominente / Bundesligaspieler' mitwirken oder am ‚Tag der offenen Tür' als Kampfrichter tätig sind. Des Weiteren
unterstützt der Förderverein finanziell zahlreiche Anschaffungen für den sportlichen Bereich. Die intensivsten Kontakte besitzt die Schule nach eigenen
Angaben zum *ThSV Eisenach*, *Eisenacher Leichtathletikverein* sowie zum *SV
Einheit Eisenach*. Diese werden nun näher vorgestellt.

Kooperation mit dem ThSV Eisenach

Das Talentförderprojekt Handball mit dem ThSV wurde 1998 initiiert und soll
sicherstellen, dass handballtalentierten Kindern und Jugendlichen durch begleitende soziale und pädagogische Maßnahmen in Kooperation von Verein, Schule und Internat eine leistungssportliche sowie gleichermaßen erfolgreiche
schulische Laufbahn ermöglicht wird. Aufgrund dessen ist es während des
Schuljahres zwingend erforderlich, dass alle Beteiligten eng zusammenarbei-
ten. Die handballtalentierten Jungen kommen aus ganz Deutschland, wohnen z. T. im Internat (welches bis 2004 dem Verein gehörte, nun jedoch in
freier Trägerschaft existiert) und trainieren fünfmal in der Woche. Die Stun-
denpläne werden mit den Trainingsplänen sowie mit den nach der Schule
und dem Training anfallenden Verpflichtungen koordiniert. Es gibt stete Absprachen zwischen Lehrer(inne)n, Trainer(inne)n und Internatsbetreuer(inne)n.

Abb. 13   Handballspiel in der Talentfördergruppe

Gleichzeitig ist die dritte Sportstunde für die im Internat wohnenden Jungen sowie die anderen Handballer der Schule, die in Eisenach wohnen, eine Trainingseinheit des ThSV Eisenach und wird vom stellvertretenden Schulleiter gemeinsam mit dem Sportkoordinator des Vereins durchgeführt. Damit wird zudem das fähigkeitsorientierte Trainingsprogramm des Sportvereins unterstützt. Aus der Schule haben inzwischen über zwölf Jungen den Sprung in die Handball-Bundesliga geschafft, was die diesbezüglich erfolgreiche Arbeit der Schule widerspiegelt.

Kooperation mit dem SV Einheit Eisenach

Eine weitere Zusammenarbeit besteht mit dem SV Einheit Eisenach und dem Eisenacher Leichtathletikverein. Diese Kooperationen beziehen sich auf die Nachwuchsgewinnung und -förderung im Bereich Leichtathletik sowie die materielle Zusammenarbeit. Der SV Einheit kann die einzige 100-m-Tartanlaufbahn der Stadt regelmäßig nutzen, die gemeinsam mit der Schule auf dem Schulgelände errichtet worden ist.

Abb. 14 Nachwuchsförderung durch die Leichtathletik-AG

Der Vereinsvorsitzende des SV Einheit Eisenach sichtet jedes Jahr die Sportklassen, sobald diese gebildet wurden. Des Weiteren werden durch ihn talentierte Grundschüler(innen) für die Wartburgschule empfohlen sowie weitere
mögliche Talente im gesamten Sportunterricht der Schule beobachtet. Als
Resultat sind bereits einige Schüler(innen) der Sportklassen in einen Verein
eingetreten. Die Möglichkeit zur Sichtung des talentierten Nachwuchses bietet die Schule jedoch allen Vereinen der Stadt an, damit auch diese einbezogen werden, sofern sie dies wünschen.
Die Zusammenarbeit mit dem SV Einheit sowie dem Eisenacher Leichtathletikverein wird von der Schule als sehr positiv eingeschätzt. Die Möglichkeit
der Leistungsdifferenzierung und der damit verbundenen Einbindung möglichst vieler Schüler(innen) in die außerunterrichtlichen Sportangebote der
Vereine ist ein förderlicher Aspekt der Sporterziehung seitens der Schule.

Kooperationen mit örtlichen Fußballvereinen

Weitere Kooperationen bestehen mit den Fußballvereinen aus dem ländlichen
Umfeld der Stadt. Dort spielende Schüler(innen) besuchen ebenfalls die Wartburgschule, weil die Vereine sowie die Eltern der Schüler(innen) mitbekommen
haben, dass die breite Ausbildung innerhalb der Sportklassen grundlegend für
die Kinder ist, wodurch auch die fußballinteressierten Schüler(innen) davon
stark profitieren. Deren Eltern übernehmen die täglich anfallenden Fahrt-
kosten, die weder von der Schule noch seitens der Stadt getragen werden.
Auch diese Zusammenarbeit mit den Eltern wird von der Schulleitung sehr
positiv eingeschätzt.

Insgesamt betrachtet leistet die Wartburgschule hinsichtlich ihrer Kooperationen mit dem außerschulischen Umfeld einen positiven Beitrag zur Umsetzung und Weiterentwicklung von Konzepten zur sportbezogenen Förderung
von Schüler(inne)n in so genannten Sportklassen, ohne dabei die allgemeine Förderung von Bewegungsaktivitäten aller Schüler(innen) aus dem Auge
zu verlieren. Die Sportorientierung leistet insofern einen spezifischen Beitrag
zur Öffnung von Schule, sie ist nicht nur ein additives Anhängsel, sondern bildet in diesem Sinne auch einen integrativen Teil des pädagogischen Profils
der gesamten Schule (vgl. Holtappels, 1994, S. 260).

3.3.2 Sportprofil im Schulleben

Die umfangreichen profilbildenden Sportaktivitäten sind deutlich im Schulleben der Wartburgschule zu beobachten und zu spüren. Dabei kann man feststellen, dass der Leistungs- und Wettkampfgedanke des Sports einen deutlichen
Einfluss auf das Schulleben nimmt. Schüler(innen) und Lehrer(innen) bestätigen die nicht unerhebliche Rolle des Leistungs- und Wettkampfgedankens:
Wenn in den Arbeitsgemeinschaften sowie in der dritten Sportstunde geübt
und trainiert wird, so geschieht dies auch im Hinblick auf den angestrebten
Wettkampf, um eine Vergleichsmöglichkeit zu nutzen, wie gut die Schule positioniert ist. In den Sportklassen ist dieser Leistungsgedanke stärker zu beobachten als in den restlichen Klassen.

Abb. 15 Erfolge der Schule werden ausgestellt

Die Rolle des Wettkampfgedankens wird auch durch den Sportjahresarbeits-plan zum Ausdruck gebracht. Darin stehen u. a. alle Wettkampftermine für das Schuljahr. Die Kinder fragen regelmäßig nach, wann welche Wettkämpfe stattfin-den. Für einige Schüler(innen) ist es ‚Pflicht', an den betreffenden Wettkämp-fen teilzunehmen. Jedoch sind es immer sehr viele Jugendliche, die freiwillig teilnehmen möchten, auch am Nachmittag und am Wochenende. Dies betrifft Schüler(innen) aus allen Klassenstufen. Weiterhin sind viele Schüler(innen) zusätzlich in Wettkämpfe ihrer Vereine eingebunden, z. B. im Rahmen des laufenden Spielbetriebs.

Innerhalb des Kollegiums der Wartburgschule ist man davon überzeugt, dass die Akzeptanz der Sportprofilierung sehr groß ist. Begründet wird dies damit, dass gerade in den Sportklassen die Entwicklung im sozialen Bereich sehr positiv verläuft. Der Zusammenhalt in diesen Klassen sei wesentlich besser als in den Nicht-Sportklassen. Die Kinder unterstützen sich gegenseitig, sie können gut miteinander arbeiten und halten als Klasse zusammen, Probleme werden intern geklärt. Auch werden die geschlechtsspezifischen Differenzen in diesen Klassen nur selten als schwierig wahrgenommen. Trotz der entwick-lungsbedingten Unterschiede zwischen Mädchen und Jungen arbeiten beide Geschlechter konstruktiv zusammen.

Nicht nur hinsichtlich des Zusammenhalts gibt es Unterschiede zwischen Sportklassen und Nicht-Sportklassen, sondern auch in Bezug auf den Noten-durchschnitt und die Mitarbeit erweisen sich die Sportklassen deutlich bes-ser als die Schüler(innen) der Nicht-Sportklassen. Ein damit einhergehendes Konkurrenzdenken zwischen beiden Typen von Klassen hängt nach Auffas-sung der Lehrer(innen) auch mit dem Ehrgeiz der einen und einer positiven Trotzreaktion der anderen zusammen, was aber nicht als problematisch ange-sehen wird, vielmehr trage dies zur Belebung der beiden Klassentypen bei.

Allerdings zeigt sich eine gewisse Spannung zwischen Handballern und Nicht-Handballern, zumindest deuten einige Aussagen von Lehrer(inne)n und Schü-ler(inne)n in diese Richtung. Dies scheint jedoch ein Problem zu sein, das stärker Jungen und weniger Mädchen betrifft. Häufige Medienpräsenz auf-grund guter sportlicher Erfolge, wie nach dem dritten Platz im Bundesfinale bei ‚Jugend trainiert für Olympia', führen daher manchmal scheinbar zu einer etwas überzogenen Selbstdarstellung, besonders der männlichen Schüler. Hier zeigt sich möglicherweise eine Problematik von Sportklassen, die aufmerk-sam beobachtet und interventiv begleitet werden muss, insbesondere hin-sichtlich von sportorientierten und weniger sportorientierten Schüler(inne)n.

Aus dieser Darstellung wird deutlich, dass die Sportprofilierung der Schule einerseits das soziale Zusammenleben der Schüler(innen) stärken kann, diese andererseits aber auch Gefahren in sich birgt, die das soziale Handeln von Schüler(inne)n negativ beeinflussen können. Hier sind pädagogische Interventionen hilfreich, um mög-liche negative Einflüsse durch die Sportprofilierung auf das soziale Klima der Schule aufzufangen.

3.3.3 Weitere Bewegungsangebote

Die Schule bietet – wie schon angesprochen – auch viele Bewegungs- und Sportangebote an, bei denen der Wettkampfgedanke und das Leistungsprinzip nicht im Vordergrund stehen. So kommen auch die Schüler(innen) auf ihre Kosten, die nicht am sportiven Wettkampfbetrieb beteiligt sind. Auch diese Bewegungsangebote werden in enger Kooperation mit außerschulischen Partnern organisiert.

Ein solches Ganztagsangebot ist das bereits oben erwähnte Projekt BOSS (Berufsorientierte Schulsozialarbeit). Zwei Schulsozialarbeiter(innen) fungieren als Ansprechpartner(innen) für Schüler(innen), Eltern und Lehrer(innen), primär mit dem Schwerpunkt ‚Berufsorientierung/Berufsfindung'. Hier sind Bewegungs-, Spiel- und Sportangebote fester Bestandteil der Wochen- und Ferienplanung. Hausaufgabenbetreuung, Spielgeräteverleih sowie die Benutzung des Internets stehen den Schüler(inne)n zur Verfügung. Die Zusammenarbeit und Betreuung vollzieht sich ganztägig und wird von Jugendlichen und Lehrer(inne)n als sehr angenehm eingeschätzt: *„Wir sind ein Stückchen Ganztagsschule, weil praktisch bis 16.00 Uhr eigentlich fast immer eine Betreuung da ist"*, äußert sich die Schulleiterin. In den Ferien bietet BOSS ebenfalls viele Projekte an, z.B. Ferienspiele oder Betriebsbesichtigungen. Deren Entscheidung für eine Zusammenarbeit mit der Wartburgschule ist für die Lehrer(innen) der Schule ‚Gold wert'.

Bewegungsangebote im Ganztag der Schule finden zudem im Bereich der Arbeitsgemeinschaften statt. Eine große Nachfrage scheint es hierbei für die AGs Klettern, Handball, Volleyball und Aerobic zu geben. Seit dem Schuljahr 2006/2007 gibt es einen großen Run auf die AG Fußball. Vielleicht liegt es auch daran, dass es die Schulmannschaft zum ersten Mal in dieser Sportart geschafft hat, bis in das Regionalfinale vorzudringen.

Abb. 16   Fußball-AG als Bewegungsangebot

Allerdings gibt es hier offenbar ein Kommunikationsdefizit, das möglicherweise auf die starke Sportprofilierung der Schule zurückzuführen ist. Manche
Schüler(innen) wissen offenbar gar nicht, ob, wann und wo AGs am Nachmittag stattfinden. Es könnte sein, dass die weniger sportlichen Schüler(innen)
nicht in gleichem Maße in die Informationsbereitstellung eingebunden sind,
wie dies bei den Sportschüler(inne)n der Fall ist.

Transparenz von Bewegungsangeboten am Nachmittag

Um zu verhindern, dass Schüler(innen) an den von der Schule angebotenen Sport- und Bewegungsangeboten aufgrund fehlender
Informationen nicht teilnehmen können oder sie diese nicht als
solche wahrnehmen, ist es wichtig, eine möglichst hohe Transparenz bei den Bewegungsangeboten am Nachmittag herzustellen.
Schüler(innen) und Lehrer(innen) sollten wissen, wann welche
AGs wo stattfinden und von wem diese geleitet werden – so kann
schnell ein ein(e) Ansprechpartner(in) mitgeteilt werden. Auch
sollten die Schüler(innen) Möglichkeiten haben, sich schnell über
Angebote am Nachmittag zu informieren. Perspektiven hierzu
wären z.B. Info-Zettel/-hefte über die AG-Angebote zu Beginn
eines Schuljahres, Info-Tafeln an einer zentralen Stelle im Schulgebäude oder die Veröffentlichung von Informationen auf der
Homepage der Schule.

3.3.4 Zusammenfassung

Die Wartburgschule Eisenach hat durch das Medium Sport ein eigenständiges Schulprofil entwickelt. Zentrale Gestaltungselemente dieser Sportprofilierung sind die Sportklassen, die wahlobligatorische dritte Sportstunde mit einer Differenzierung in Talentförderung und breitensportlicher Förderung sowie das Wahlprüfungsfach Sport. Um das Sportprofil im Schulalltag praktisch zu gestalten, hat die Schule verschiedene Kooperationsbeziehungen mit verschiedenen Sportvereinen geschlossen. Im Mittelpunkt dieser Kooperationen steht dabei besonders die Sportart Handball mit der damit verbundenen Talentsichtung und Nachwuchsförderung. Darüber hinaus bietet die Schule ihren Schüler(inne)n aber auch Bewegungsmöglichkeiten an, in denen die Leistungs- und Wettkampforientierung nicht primär im Fokus steht. Die Schule schafft es auf diese Weise einerseits eine Talentsichtung vorzunehmen, andererseits aber auch Bewegungsmöglichkeiten für Schüler(innen) bereit zu halten, die sich nicht leistungssportlich betätigen wollen. Das Sportprofil wird so zum Aushängeschild der Wartburgschule.

- Waschler, G. (2004). Kooperation zwischen Schule und Sportverein. In Verbindung pädagogischer und sportspezifischer Zielstellungen. Sportpraxis, 45 (3), 22 – 24.
- Ziroli, S. (1998). Kooperation zwischen Schule und Sportverein. Grundlagen, Konzepte und empirische Befunde. Schorndorf: Hofmann.

3.4 RESÜMEE:
BEWEGUNGSANGEBOTE UND KOOPERATIONEN

Das Kapitel sollte zeigen, dass Ganztagsschulen durch Mitwirkung von außerschulischen Partnern ein vielseitiges Sport- und Bewegungsangebot für die Schüler(innen) zur Verfügung stellen können.

An den Ausführungen zur Wollenbergschule Wetter konnte gezeigt werden, wie sich eine Schule durch Kooperationsbeziehungen zu verschiedenen außerschulischen Partnern ihrem Umfeld gegenüber öffnen kann. Dabei geht sie nicht nur Partnerschaften mit Sportvereinen ein, sondern ebenso mit vielfältigen anderen Organisationen und Institutionen. Durch die Nutzung dieser gesellschaftlichen Ressourcen erweitert die Schule erfolgreich ihr Lern- und Bildungsangebot für die Schüler(innen).

Die Theodor-Heuss-Schule Marburg ist eine offene Ganztagsschule, die mit Hilfe der Kooperationsbeziehungen zu Sportvereinen ihren Schüler(inne)n ein bedürfnis- und interessengerechtes Sport- und Bewegungsangebot am Nachmittag ermöglicht. Sie kann den Kindern und Jugendlichen ein Sport- und Bewegungsangebot bereitstellen, welches ohne die Kooperationsbeziehungen zu Sportvereinen nicht zu realisieren wäre. Um die Zusammenarbeit mit den Personen aus den Sportvereinen im Rahmen der offenen Ganztagskonzeption zu koordinieren, hat die Schule zudem verschiedene Kommunikationsstrukturen mit außerschulischen Partnern geschaffen, die als beispielhaft gelten können.

Die Wartburgschule Eisenach initiiert Sport als übergreifendes, schulprägendes Strukturelement, das sich als Sportprofil im gesamten Schulleben zeigt. Die seit Beginn der Schulkonzeptionsarbeit erfolgte Implementierung der Kooperationsbeziehungen zwischen der Wartburgschule und Sportvereinen und deren aktive Umsetzung ermöglicht vor allem ein starkes leistungssportliches, aber zugleich auch ein – wenn auch deutlich geringeres – breitensportliches Angebot, das am Nachmittag den Schüler(inne)n zur Verfügung steht. Die Wartburgschule erlangt so ein deutliches Profil über den Sport.

Die Beispiele machen deutlich, wie auf Basis der je eigenständigen Schulkonzeption Kooperationsbeziehungen zu unterschiedlichen außerschulischen Partnern geschlossen werden können und welche Aufgabe sie jeweils darin übernehmen. Kooperationen müssen daher immer im Kontext der jeweiligen Ganztagskonzeption einer Schule entwickelt werden.

4 BEWEGUNG IN DEN PAUSEN

Das Interesse in der Bildungsdiskussion nach PISA fokussiert sich auf Seiten der Schule meist einseitig auf den Unterricht. Der Unterricht wird zwar als das „Kerngeschäft" der Schule bezeichnet, „aber Schule ist mehr als Unterricht" (Oelkers, 2003), nämlich ein „umfassendes Lern- und Erfahrungsfeld, das nicht allein durch die Stundentafel bestimmt sein kann und auch nicht bestimmt ist" (Oelkers, 2004, S. 241). Dementsprechend merkt Winkler (2004, S. 67) zu dem Bildungsverständnis von Schule und PISA kritisch an, dass Bildung „nicht bloß Auseinandersetzung mit vorgegebenen Inhalten und deren Aufnahme, sondern ein Prozess der Weltkonstitution" ist.

In der aktuellen Ganztagsschulentwicklungsdebatte wird aus diesem Grund in Abgrenzung zur Ganztagsschule und Ganztagsbetreuung, auf der Basis von komplementären Bildungsverständnissen von Schule und Jugendhilfe, der Begriff Ganztagsbildung verwendet (vgl. Coelen, 2004). Mit Ganztagsbildung wird ein Vorschlag zur Legitimierung und Gestaltung einer Institutionalisierungsform angeführt, die „durch die komplementären Kernelemente ‚Unterricht' und ‚Kinder- und Jugendarbeit'" Bildung als eine „Einheit aus Ausbildung und Identitätsbildung" versteht (Coelen, 2004, S. 247). Die Diskussion sollte jedoch weniger auf der Basis unterschiedlicher Bildungsbegriffe der Institutionen geführt werden, sondern vielmehr aus der Perspektive der Heranwachsenden. Aus diesem Grund wird gefordert, die Konzentration auf die verschiedenen *Lern*formen zu legen (vgl. Vogel, 2006, S.14).

Formelles Lernen wird dabei mit Schule und Unterricht, nicht-formelles Lernen mit Vereinen und Jugendarbeit gleichgesetzt. Die Orte des informellen Lernens werden i.d.R. als Familie, Medien und Peergroups bestimmt (vgl. Bundesjugendkuratorium, 2002). Die FAURE-Kommission (1972) der UNESCO schätzt, dass Heranwachsende etwa 70% informell Lernen, also in der Lebenspraxis. Als Hauptkennzeichen für das informelle Lernen werden unmittelbare Umwelterfahrungen angesehen, die „nicht auf einer pädagogisch arrangierten und didaktisch präparierten Wissensvermittlung" beruhen (Dohmen, 2001, S. 28). Dadurch wird informelles Lernen als natürliche Lernform in den Vordergrund gerückt und ausdrücklich auf dessen Potenziale verwiesen.

Eine Möglichkeit, informelles Lernen in der Schule zu fördern, ist die Gestaltung der Pausenräume, da sie „im relativ funktionsgebundenen Schulbau der Ort mit den höchsten ‚Freiheitsgraden'" sind (Forster, 1997, S.186). Gerade durch eine längere Verweildauer in der Ganztagsschule und die stärkere Anbindung an die jeweiligen Räumlichkeiten gewinnen Pausenräume somit „als Lebens-, Erfahrungs- und Lernraum an Bedeutung" (Dietrich, Hass, Marek,

Porschke & Winkler, 2005, S.11). In der Praxis hängt erfolgreiches informelles Lernen nicht nur von den Lernenden selbst ab, sondern auch von den Räumen, in denen sie sich bewegen. Dietrich et al. (2005, S.18–19) betrachten in Anlehnung an das ökologische Entwicklungskonzept von Bronfenbrenner (1981) die Pausenräume „als pädagogisch wirkende Umwelt". In diesem Zusammenhang wird das informelle Lernen auf eine lernanregende und lernunterstützende Umwelt bezogen (vgl. Dohmen, 2001, S.18f.), weswegen im Sinne einer „raumbezogenen Pädagogik" die Gestaltung von Pausenräumen in die Schulentwicklung miteinbezogen werden sollte (Coelen, 2004, S.253).

Die pädagogische Dimension von Räumen wird allerdings noch deutlicher ersichtlich, wenn Raum und Bewegung in Beziehung gesetzt werden. Sie sind nicht isoliert zu betrachten, sondern vielmehr auf eine ganz besondere Weise aufeinander bezogen: Eine Bewegung kann ohne Raum nicht erfolgen. Umgekehrt setzt der Raum aber das Phänomen der Bewegung bereits voraus. Denn ein Raum kann nur wahrgenommen werden, wenn sich der Mensch in diesem bewegt oder etwas in Bewegung setzt. Bewegung und Raum sind also aufeinander verwiesen und konstituieren sich gegenseitig (vgl. Dietrich, 1992a, S.17). Bewegungsräume sind dabei stets aus der Perspektive des sich bewegenden Menschen zu betrachten. Menschen, die sich bewegen, benötigen nicht nur Raum, in dem sie sich bewegen, sondern sie konstituieren für sich auch gleichzeitig einen Raum. Damit ist Bewegung also ein „unverzichtbares Medium spezifischer Raumerfahrung" (Dietrich, 1992a, S.17).

Pausenräume müssen allerdings unterschiedlichsten und teilweise auch widersprüchlichen Raumwünschen gerecht werden. Deshalb bietet sich generell an, die Pausenräume in unterschiedliche ‚Nutzungsbereiche' zu gliedern. Dies sind Orte, an denen informelle Bewegungsaktivitäten stattfinden, auf dem Schulhof z.B. „an den Tischtennisplatten, um die Baumgruppe, hinter den Büschen, auf der Wiese" usw. (Dietrich et al., 2005, S. 55). Neben dem Schulhof können z.B. die Flure und die Klassenzimmer im Schulgebäude, die Turnhalle und sogar benachbarte Sportplätze oder Freizeitzentren zur Verfügung gestellt werden. In diesen Räumen können sich die Schüler(innen) mit ihrer Umwelt auseinandersetzen und dabei informell lernen.

Die folgenden drei vorzustellenden Schulen betrachten die Pausen dementsprechend nicht nur als Zeitraum für Frischluftzufuhr und zur Erholung, sondern als Lernräume für ihre Schüler(innen). Sie geben ihnen auf je schulspezifische Art und Weise Gelegenheiten, die Pausenräume ihren Bedürfnissen entsprechend zu nutzen. Als erste Schule wird die **Integrierte Gesamtschule Peine-Vöhrum** vorgestellt. In einem partizipativ-demokratischen Prozess wurde von der Schulgemeinschaft gemeinsam ein Schulhof gestaltet. Der Einbezug der Schüler(innen) in diesen Prozess führt dazu, dass die Schüler(innen) ihre leiblichen Interessen und Bedürfnisse bei der Planung und Gestaltung des Schulhofes reflektieren und umsetzen können. Die Schüler(innen) haben sich so bedürfnisorientierte Gelegenheiten der Pausengestaltung geschaffen, die sich einerseits durch Bewegungsmöglichkeiten, andererseits aber auch durch Kommunikationsbereiche auszeichnen.

Als zweite Schule wird die **Grundschule Schöningen** vorgestellt. Sie hat auf ihrem Schulgelände ebenfalls vielfältige bewegungs- und ruhefördernde Gelegenheiten geschaffen, zugleich aber hält sie auch im Schulgebäude Bewegungsmöglichkeiten für ihre Schüler(innen) bereit. Insgesamt wird deutlich, dass der große Bewegungsdrang der Grundschulkinder nicht durch angeleitete Bewegungsangebote von außen stimuliert werden muss, sondern durch die Gestaltung der Räume, die sich Grundschüler(innen) eigenständig aufgrund ihres ausgeprägten Bewegungsbedürfnisses aneignen.

Die dritte Schule, die vorgestellt wird, ist die **Reformschule Kassel**. Sie besitzt für die Anzahl ihrer Schüler(innen) einen äußerst kleinen Schulhof. Dennoch kann sie ihren Schüler(inne)n eine differenzierte Pausengestaltung bieten, indem diverse Räume innerhalb und außerhalb des Schulgebäudes bereitgestellt werden. Die Schule öffnet sich dabei auch nach außen und gewährt ihren Schüler(inne)n durch Kooperationen mit einem Sportverein und einem Gemeindezentrum einen Zugang zu einem Sportplatz bzw. einem Freizeitraum.

Die konkreten Möglichkeiten der Pausengestaltung an den drei Schulen werden jeweils zugespitzt auf ein hervorstechendes Thema an der Schule dargestellt. An der Integrierten Gesamtschule Peine-Vöhrum wird die partizipative

Gestaltung des Schulhofes in den Vordergrund gestellt. Aus dem Schulportrait der Grundschule Schöningen werden die Aspekte der vielfältigen Bewegungsgelegenheiten im Innen- und Außenraum hervorgehoben und an der Reformschule Kassel werden einige besonders gelungene Angebote in den Pausenzeiten vorgestellt. Diese zentralen Themen sind in ähnlicher Weise auch an den jeweils anderen Schulen zu finden, werden aber, um Doppelungen zu vermeiden, jeweils nur an einer Schule ausführlich dargestellt. Resümierend ist allen drei Schulen gemeinsam, dass sie die in den Pausen zur Verfügung stehenden Räume als soziale Räume betrachten und damit „zu einem bedeutsamen Feld schulischer Sozialisation aufwerten" (Dietrich et al., 2005, S.17).

4.1 PARTIZIPATIVE GESTALTUNG DES SCHULHOFES: DIE IGS PEINE-VÖHRUM

Als erste Schule in diesem Kapitel wird die Integrierte Gesamtschule (IGS) Peine-Vöhrum vorgestellt (vgl. Abb. 1). Die IGS Peine-Vöhrum liegt im östlichen Niedersachsen zwischen Braunschweig und Hannover. Peine ist eine Stadt mit etwa 50 000 Einwohnern. Bei der Schule, die 1998 gegründet wurde, handelt es sich um eine gebundene Ganztagsschule, an der die Schüler(innen) an mindestens drei Tagen verbindlich bis 15.30 Uhr in der Schule sind. Im Schuljahr 2006/2007 unterrichten 71 Lehrkräfte ca. 985 Schüler(innen) in den Jahrgängen fünf bis zehn, darüber hinaus arbeiten zwei Sozialpädagog(inn)en und zwei Hausmeister an der Schule. Einige engagierte Eltern und Übungsleiter(innen) aus Vereinskooperationen betreuen neben Lehrer(inne)n die Schüler(innen) in Arbeitsgemeinschaften.

Abb. 1 Eingangsportal

Das Schulgebäude wurde nach pädagogischen Gesichtspunkten als Jahrgangstraktgebäude konzipiert. So entstand auf einem großen Gelände das heutige Schulgebäude mit einem Quergebäude, von dem sich drei zweistöckige sogenannte ‚Jahrgangsfinger' abspreizen, in denen je zwei aufeinander folgende Jahrgänge auf jeweils einer Etage untergebracht sind. Mit der Bezeichnung *„Unsere Schule – Eine Schule für alle Kinder"* (Titel des Schulkonzepts) wird die grundlegende pädagogische Orientierung und das Selbstverständnis der IGS Peine-Vöhrum sichtbar.

Die Schule arbeitet nach dem Prinzip der Jahrgangsteamschule. Die je sechs Klassen eines Jahrgangs bilden sowohl eine räumliche als auch eine organisatorische Einheit und etwa 12 bis 14 Lehrkräfte begleiten jeden Jahrgang von der fünften bis in die zehnte Klasse. Das Jahrgangslehrerteam arbeitet dabei als eine kleine, relativ eigenständige Einheit. Dadurch wird das Konzept einer ‚Schule in Schule' erreicht, welches z.B. die jahrgangsweite und fächerübergreifende Projektarbeit, die periodisch einmal im Halbjahr in veränderten Zeitrhythmen strukturiert stattfindet, erleichtert. Die Schule hat darüber hinaus den Anspruch eine demokratische Schule zu sein, an der alle am Schulleben Beteiligten teilhaben und sie aktiv mitgestalten können.

Weitere Informationen über die IGS Peine-Vöhrum lassen sich der Homepage der Schule unter **www.igs-peine.de** entnehmen.

Diese Denkweise prägt das gesamte Schulleben. Für den Fokus ‚Bewegung während der Pausen und im Schulgelände' sind die Begriffe Partizipation und Demokratie ebenso von Bedeutung und ermöglichen allen Schulbeteiligten aktiv ihre Bewegte Schule zu gestalten. Besonders deutlich wird diese Art und Weise der Schulkonzeption an der von allen Schulbeteiligten gemeinsamen Gestaltung eines bewegten Schulhofes. Die Schule hat ein naturnahes Außengelände gestaltet, welches den jüngeren Schüler(inne)n *„Aktiv-Spielbereiche"*, den älteren Schüler(inne)n hingegen eher *„Ruhe- und Rückzugsbereiche"* bietet. Hier wird deutlich, dass sich die Schule der dominanten Bedürfnisse der jeweiligen Altersgruppen bewusst ist und diese berücksichtigen möchte. Wie diese Gestaltung sich in den einzelnen Schritten vollzog (Kap. 4.1.1), welche Bewegungsmöglichkeiten der Schulhof für die Schüler(innen) nach der Gestaltung bereit hält (Kap. 4.1.2) und von wem welche Bewegungsaktivitäten konkret in Anspruch genommen werden (Kap. 4.1.3), soll nun näher vorgestellt werden.

4.1.1   Der Prozess einer bewegten Schulhofgestaltung

Der Anspruch, eine demokratische Schule zu sein, die aktiv von allen Schulbeteiligten gestaltet wird, wirkt sich auch auf den Bewegungsfokus aus. Bereits bei der gemeinsamen Planung des Schulhofes wurden die unterschiedlichen Bewegungsbedürfnisse der Schüler(innen) berücksichtigt und damit die pädagogische Leitlinie einer *‚Schule für alle Kinder'* verfolgt. Da angenommen wurde, dass die unterschiedlichen Bedürfnisse auch innerhalb einzelner Jahrgänge, aber vor allem zwischen den verschiedenen Jahrgangstufen fünf bis zehn vorhanden sind, wurden die entsprechenden Bereiche in direkter Nähe der jeweiligen Gebäudeabschnitte der Jahrgänge angesiedelt. Während des Planungsprozesses erkundeten Lehrkräfte und Schüler(innen) zur Erweiterung ihres Erfahrungshorizonts gelungene Schulhöfe anderer Schulen, um im Anschluss daran im Rahmen eines Projekts eigene Modelle zu entwerfen und zu bauen. Eine Schülerin berichtet hierzu:

„Jede Klasse sollte drei Modelle bauen, 3D, also richtig mit Moos und so, wie es aussehen sollte, und dann haben wir gebaut, wie die Bekloppten."

Zusätzlich konnte die Schule in dieser Zeit auf die Unterstützung und das Know-how eines Vaters zurückgreifen, der sich beruflich mit Spielraumgestaltung befasst. Die Schule konnte dadurch kompetent beraten werden. In verschiedenen Bauphasen beteiligten sich Eltern, Schüler(innen), Lehrkräfte und der Hausmeister an mehreren Wochenenden an der Herstellung von Bewegungsanlässen und Geländemodellierungen.

Gestaltung eines bewegten Schulhofes

Bei der Gestaltung eines Schulhofes sollten die personellen, materiellen und kreativen Ressourcen aller Schulbeteiligten genutzt werden. Die Schüler(innen) sollten so bei der Gestaltung nach ihren Wünschen, Interessen und Bedürfnissen und auch beim konkreten Umgestaltungsprozess verantwortungsvoll beteiligt werden. Ebenso sollten die Eltern in einen solchen Umgestaltungsprozess integriert werden. Vielleicht befindet sich unter den Eltern ein(e) Landschaftsarchitekt(in), Bauunternehmer(in), Gärtner(in) etc., sodass solche Ressourcen gut genutzt werden können.

Ein solches gemeinsam umgesetztes Projekt kann das Schulleben positiv beeinflussen und die Identifikation von Schüler(inne)n, Eltern und Lehrer(inne)n mit *ihrer* Schule beleben.

In Absprache mit der Gemeindeunfallversicherung entstand so über einen längeren Zeitraum auf einem Teil des Schulhofs eine Bewegungslandschaft, während neben dem Gebäudeteil der älteren Schüler(innen) die geplanten Ruhe- und Rückzugsbereiche geschaffen wurden. Teilhabe und Mitwirkung am Geschehen sollten sich auf bedeutsame Bereiche der Schule beziehen, um Selbstwirksamkeitserlebnisse zu schaffen und die Identifikation der Schüler(innen) mit ihrer Schule zu stärken.

Durch den gemeinsam gestalteten Schulhof wurde somit ein Bereich geschaffen, der bei allen Beteiligten einen hohen Stellenwert genießt.

In den freien Zeiten wird das Außengelände täglich von den Schüler(inne)n intensiv genutzt. Der Schulhof bietet dabei Raum für die vielfältigsten Bewegungs- und Spielmöglichkeiten, er gilt aber auch als Freiraum, in dem die Schüler(innen) nicht so stark reglementiert werden wie während des Unterrichtsgeschehens. Gleichzeitig ist er Ruhe- und Entspannungsraum und ermöglicht soziale Kontakte. Darüber hinaus kann er bei entsprechender Gestaltung ein Ort der Naturerfahrung und insgesamt ein informeller Lernort werden. Laut Dietrich et al. (2005, S.18) erfüllen sich diese Funktionen eines Schulhofes *„erst, wenn er zu einer von Schülern mitgestalteten Umwelt wird"*, was an dieser Schule gelungen ist.

Für die Bewegungsperspektive wird an diesem gemeinsam gestalteten Schulhof sehr gut deutlich, dass sich die Schüler(innen) bei der Gestaltung des

Schulhofes mit ihren eigenen körperlichen und leiblichen Bedürfnissen auseinander gesetzt haben. Hierdurch gestalteten die Schüler(innen) ‚ihren' Schulhof und zudem wurde die Partizipation am Schulleben von Schüler(inne)n, Eltern und Lehrkräften auf außergewöhnliche Art und Weise vorgelebt. Das Ergebnis ist so erfolgreich, dass Schulen, die sich gerade mit ‚Schulhofgestaltung' beschäftigen, aus dem gesamten Landkreis anreisen, um sich den Schulhof der IGS Peine-Vöhrum als gutes Beispiel anzusehen.

4.1.2 Entstandene Bewegungsmöglichkeiten auf dem Schulhof

Durch den gemeinsam gestalteten Schulhof sind verschiedene Bewegungsangebote für die Schüler(innen) entstanden, die nun beschrieben werden sollen. Die Größe des Schulhofes wird als notwendig angesehen, um für die unterschiedlichsten Bedürfnisse der verschiedenen Jahrgänge im Ganztag angemessene Bereiche zu schaffen, in denen sich die Schüler(innen) wohlfühlen können. Der Bereich des Schulhofes, der sich in der Nähe der ‚Jahrgangsfinger' der Klassenstufen fünf und sechs sowie sieben und acht befindet, bietet eine Vielfalt an Bewegungsangeboten. Der ruhigere Bereich liegt neben den Klassenzimmern der Jugendlichen. Dies wird vordergründig durch einen Ökogarten, eine Gartenlandschaft mit Beeten, Bäumen, Büschen, Gewächshäusern und einem Teich ermöglicht. Dieser Bereich ist als Ruhe- und Rückzugsraum konzipiert und soll gleichzeitig Naturerfahrungen bieten (vgl. Abb 2).

Abb. 2 Naturerfahrung im Ökogarten

Somit sind auf dem Schulhof insgesamt abgegrenzte Bereiche vorhanden, die für Bewegung, Rückzug, Sozialerfahrungen und Naturerfahrungen genutzt werden können, womit zentrale Gestaltungskriterien berücksichtigt werden, die laut Dietrich et al. (2005) besonders für Ganztagsschulen als wichtig erachtet werden.

Gestaltungsräume eines Schulhofes
Bei der Gestaltung eines Schulhofes sollten verschiedene Räume geschaffen werden, die sich an der Funktion bzw. Nutzung des Schulhofes orientieren. Dietrich et al. (2005, S.79f.) unterscheiden hier sechs verschiedene Räume:

1. *Bewegungsräume* für sportliche Bewegungen (Ballspiele, Rollsport) und solche für in Alltagsbewegungen integrierte Bewegungsformen (Balancieren, Klettern, Springen),
2. *Spiel- und Freiräume,* die jenseits von unterrichtlichen Verhaltensnormen funktionieren und die frei für die Kreativität und Spielideen der Kinder sind,
3. *Ruhe- und Regenerationsräume,* in denen die Schulbeteiligten entspannen, essen und frische Luft schnappen können,
4. *Kontakträume,* die eine Treffpunktfunktion inhärent haben, in denen Kontakte jenseits von Klassengrenzen geknüpft werden können und in denen man sich ungestört unterhalten kann,
5. Orte für *Naturerfahrung,* in denen ein verantwortlicher Umgang mit Natur erlernt werden kann,
6. *Unterrichtsorte,* in denen an der frischen Luft gelernt werden kann und die ein Lernen durch Begreifen (malen, messen, zeichnen, beobachten, bauen etc.) ermöglichen.

Gleichzeitig rückt das Ziel der IGS Peine-Vöhrum – eine Schule für alle Kinder zu sein – in den Vordergrund. Unterschiedliche Bedürfnisse der einzelnen Altersstufen und die dadurch z.T. verschiedenen Entwicklungsaufgaben der Schüler(innen) (vgl. Oerter & Montada, 2002) wurden von vornherein berücksichtigt, sodass der Lernort Schule immer auch ein Lebensraum Schule ‚für alle' ist.

Im Bereich der jüngeren Schüler(innen) befinden sich Bewegungsangebote, die das ausgeprägte Bewegungsbedürfnis dieser Altersgruppe befriedigen sollen: Es gibt viele fest installierte und attraktive Klettergelegenheiten wie eine Kletterspinne, ein Baumstammmikado und eine hohe Klettergelegenheit aus vielen Baumstämmen. Neben den Gerüstbauten werden die Kinder durch Geländeunterschiede und unterschiedliche Bodenbeschaffenheiten, z.B. große Rasen- oder Granulatflächen, verschieden hohe Ebenen (Berg und Tal) oder eine kreisrunde Sandfläche zur Bewegung angeregt. Freie Flächen, die z.T. mit Toren bestückt sind, laden zu vielfältigen Fußballinszenierungen ein. Manchmal wird nur ein Tor aufgebaut, während zu einem anderen Zeitpunkt eines von zwei sich gegenüberstehenden Toren schräg zur Platzmitte ausgerichtet wird.

Darüber hinaus gilt der Umgang mit Gefahr und Herausforderung als weiteres notwendiges erzieherisches Moment. Vor allem das Baumstammklettergerüst erhält durch seine Höhe einen hohen Aufforderungscharakter. Die Installation erfolgte in Absprache mit der Gemeinde-Unfallversicherung und folgt den neueren Erkenntnissen, dass Kindern nicht jede Gefahrenquelle aus dem Weg geräumt werden sollte, da durch Aktivitäten, die ein gewisses Wagnis darstellen, Schüler(innen) zu einer realistischen Selbsteinschätzung des eigenen motorischen Könnens gelangen und damit zu Selbstverantwortlichkeit und Selbstbestimmtheit im Umgang mit sich selbst erzogen werden können (vgl. Pfitzner, 2003). Wie Lehrkräfte betonen, sei auch noch nie etwas passiert.

> **Erzieherisches Moment des informellen Bewegungsangebotes eines bewegten Schulgeländes**
> Die informellen Angebote leisten einen großen Beitrag zur bewegungsbezogenen Entwicklung von Gestaltungs-, Entscheidungs- und Partizipationskompetenzen der Schüler(innen) und damit einen eigenständigen Beitrag zur (bewegungsbezogenen) Demokratiebefähigung. Solche Angebote kann die Schule als Beleg für ihre pädagogischen Bemühungen auf der Grundlage eines Bildungs- und Erziehungsverständnisses nehmen, bei dem Bildung als ein Prozess der Selbstbildung und Erziehung als Aufforderung zur Selbsttätigkeit angesehen wird (vgl. Hildebrandt-Stramann, 2007a).

Außerdem befinden sich auf dem Schulhof eine Seilbahn und zwei Schaukeln und in den Pausen erweitert eine Spieleausleihe mit Kleingeräten (z.B. Diabolos, Einräder, Pedalos, sämtliche Bälle, Frisbees, Wurfgeräte, Hula-Hoop-Reifen, Stelzen und Federballspiele) das Bewegungsangebot auf den freien Flächen.

Das Areal neben den neunten und zehnten Jahrgängen ist mit Sitzgelegenheiten verschiedenster Art (Baumstammstücke, Holzbänke, Rasenflächen) versehen und durch Pflanzungen noch einmal in eher kleinere Abschnitte unterteilt. Dadurch dient dieser Schulhofteil den Jugendlichen als Ruhe-, Rückzugs- und Kommunikationsraum (vgl. Abb. 3). Die einzelnen kleinen Bereiche sind im Moment zwar noch nicht deutlich voneinander getrennt, dies wird jedoch stärker zum Ausdruck kommen, wenn die Bepflanzung dieses jungen Schulhofes weiter gediehen ist.

Abb. 3   Ruhe-, Rückzugs- und Kommunikationsraum Schulhof

Zusätzlich befinden sich in ausreichender Entfernung zu dem Ruhebereich ein Basketballkorb, drei Tischtennisplatten und eine große, leicht hügelige Rasenfläche mit einigen noch kleinen Bäumen. Diese sollen auch die älteren Schüler(innen) zu Bewegungsaktivitäten anregen, zum einen zu den von älteren Schüler(inne)n bevorzugten Regelspielen wie Fußball und Tischtennis, aber auch zu Trendsportarten wie z.B. Streetball, die auch im Freizeitbereich der Schüler(innen) Relevanz besitzen.

An den Beschreibungen wird deutlich, wie die Schulgemeinschaft einen Schulhof gestaltet hat, der sowohl zahlreiche Bewegungsangebote, zugleich aber auch Kommunikations- und Rückzugsbereiche für die Schüler(innen) bereithält. Die Beteiligung der Schüler(innen) an der Gestaltung dieses Schulhofes wirkt sich insgesamt auf die intensive Nutzung der Bewegungsgelegenheiten aus.

4.1.3   Altersspezifische Aneignung der Bewegungsmöglichkeiten des Schulhofes

Das vielfältig gestaltete Außengelände bestätigt, dass die pädagogischen Überlegungen hinsichtlich des partizipativen Schullebens sehr gut in die Praxis umgesetzt wurden. Die Schule legt großen Wert darauf, dass die Schüler(innen) sich ihre freie Zeit in den Pausen selbstständig organisieren können und dabei möglichst wenig reglementiert werden (vgl. Abb. 4).

Abb. 4 Bewegungsorientierte Zeitgestaltung

Auch bei den Schüler(inne)n kommt diese freie Gestaltungsmöglichkeit gut an. Sie freuen sich, dass in den Pausen jeder seine eigenen Interessen verfolgen kann. Besonders die lange Mittagspause eignet sich gut für Bewegungsaktivitäten. Die großen Pausen erscheinen dagegen vor allem den älteren Schüler(inne)n als zu kurz. In der Wahrnehmung einer Schülerin wird der Unterricht *„meistens"* überzogen, im Anschluss müsse noch etwas von der Tafel abgeschrieben werden, wenn man dann noch etwas esse, wäre die Pause auch schon vorbei.

Die Bedeutung von Pausen im Rhythmus des Schultages wird in Kapitel 2, ‚Rhythmisierung des Schultages mit und durch Bewegung', thematisiert.

Die einzelnen Nutzungsbereiche werden von den Schüler(inne)n der IGS unterschiedlich angenommen. Nachfolgend werden die verschiedenen Bewegungsaktivitäten der einzelnen Jahrgänge skizziert.

Bewegungsaktivitäten der fünften und sechsten Jahrgänge

Die verschiedenen Bewegungsanlässe werden in den Pausen stark frequentiert und sehr vielfältig genutzt. Im entsprechenden Jahrgangsstufenteil des Schulhofes sieht man überwiegend die jüngeren Schüler(innen), von denen sehr viele in Bewegung sind. Auf dem Schulhof gibt es mehrere Flächen in allen Jahrgangsbereichen, die zum Teil mit Toren ausgestattet sind und vor allem von den Jungen in den Pausenzeiten sehr häufig zum Fußballspielen genutzt werden. Wenn zu viele Gruppen auf einem Platz spielen wollen, gilt die Regel, wer zuerst da ist, darf spielen. Ein Teil der jetzigen sechsten Klassen ist besonders fußballbegeistert, was sich in der Initiierung von Klassenwettkämpfen ausdrückt. Diese Spiele finden in der Mittagspause statt und dauern dann ohne Pause die gesamte freie Zeit nach dem Mittagessen an. Das Spiel läuft fair, auch ohne Schiedsrichter. Die Schüler(innen) machen unter sich aus, wenn jemand gefoult wurde. Sie sehen darin kein Problem und sind laut Schüleraussage dabei auch ganz ehrlich, wenn es darum geht, eine Unsportlichkeit zuzugeben. Es gibt eine Tabelle, in der die Ergebnisse eingetragen werden und auf der die Rangliste aufgeführt ist. An diesen Spielen nimmt auch ein fußballbegeistertes Mädchen teil.

Geschlechtsspezifische Unterschiede bei den Bewegungsaktivitäten während der Pausen

Hinsichtlich der Bewegungsaktivitäten von Jungen und Mädchen in den Pausen können geschlechtsspezifische Unterschiede festgestellt werden: *„Aber in der Regel sind es tatsächlich die Jungen, die diese eher aktive Möglichkeit nutzen"*. Dies gilt in besonderem Maße für Sportspiele. Als Grund für eine geringe Teilnahme an Sportspielen von Mädchen müssen zwei Aspekte berücksichtigt werden. Zum einen eine unterschiedliche Aneignung von Räumen und zum anderen eine Beraubung der Möglichkeiten von Mädchen durch dominante Jungen.

Sportspiele auf normierten sportiven Plätzen orientieren sich an „männlichen" Eigenschaften wie Durchsetzungsfähigkeit und Konkurrenz. Damit bieten sie eher ein ansprechendes Angebot zur Geschlechtssozialisation von Jungen. Das Interesse vieler Mädchen nach einem eher kooperativen Spiel wird dabei durch die Dominanz von Jungen häufig übergangen. Mädchen fehlt somit meist ein entsprechendes *„attraktives Sportangebot"*.

Neben Fußball finden auf dem großen Kletterbaum Fangspiele statt, an denen Jungen und Mädchen gleichermaßen teilnehmen (vgl. Abb. 5). Ein Schüler erzählt:

> *„Wir machen dann Gerüstfangen, … weil … wir haben auch langsame Kinder bei uns, … die machen aber auch sehr viel Sport, da machen wir … manchmal Gerüstfangen, weil die ganz gut klettern können. Und dann machen wir das so auf gleicher Ebene."*

Abb. 5   Mädchen und Jungen beim „Klettergerüstfangen"

Die Schüler(innen) haben sich dieses Spiel ausgedacht, um auch mit bestehenden Leistungsunterschieden ein spannendes Spiel zu gestalten. Hier
werden die Kreativität und die soziale Kompetenz sichtbar, mit der die
Schüler(innen) ihre eigenen Spiele gestalten.
Mädchen spielen gerne Fangen (vgl. Abb. 6) oder turnen an den Geräten herum. Zudem gehen sie aber auch gerne über den Schulhof spazieren oder
setzen sich irgendwo hin und unterhalten sich.

Abb. 6   Mädchen beim ‚Paarfangen'

Bewegungsaktivitäten der siebten und achten Jahrgänge

Im Schulhofbereich am Ende des ‚Fingers' der Jahrgänge sieben und acht sind
weniger Schüler(innen) zu sehen als in dem vorher beschriebenen Teil des
Schulhofes, obwohl sich die Bewegungslandschaft aus dem Schulhofteil der
unteren Klassen mit dem Baumstammmikado und dem ‚Seilklettergarten' bis
in diesen Bereich erstreckt. Geräte wie der ‚Seilklettergarten' werden hauptsächlich genutzt, um sich in den Seilen hängend oder in der ‚Seilspinne' sit-
zend mit Freund(inn)en zu unterhalten (vgl. Abb. 7).

Abb. 7   Kommunikation im Klettergarten

In dieser Altersstufe berichten die Schüler(innen) zusammenfassend, dass ein
Großteil der Jungen auf dem Schulhof Fußball spiele, einige Mädchen sich in
der Spielausleihe etwas ausleihen oder ab und zu Spiele spielen würden, ein
nicht geringer Teil der Mädchen aber auch im Klassenraum bleibe oder in die
Cafeteria gehen würde. Andere Jungen und Mädchen gehen gerne in der
Pause über das Schulgelände und unterhalten sich dabei.

Pausenaktivitäten der neunten und zehnten Jahrgänge

Sowohl die Jungen als auch die Mädchen des zehnten Jahrgangs halten sich
in ihren Pausen sehr häufig in ihren Klassenzimmern auf, gehen in die Cafeteria oder laufen in der Schule herum. Viele Schüler(innen) der älteren Jahrgänge verbringen ihre Pause gerne so, dass sie *„gar nichts tun, rum sitzen und
Musik hören."* Einige Jungen gehen auf den Schulhof, um zu rauchen und
versuchen dabei von den Lehrkräften nicht gesehen zu werden oder sie laufen in der Mittagsfreizeit herum und schnappen ein bisschen Luft. Jedoch sind
auch einige Ausnahmen zu erkennen. Es existieren immer wieder Jugendliche,
die in den Pausen auf dem Schulhof Basketball spielen wollen. Meistens bela-
gern allerdings jüngere Schüler(innen) den Korb, sodass Jugendliche sich
aus diesem Nutzungsbereich ausklinken. Auch kann es umgekehrt vorkommen,
dass Jugendliche beim Spiel unter sich von jüngeren Schüler(inne)n geärgert
werden. Die jüngeren Schüler(innen) würden ihnen den Ball klauen und sei-
en *„der Meinung, das wäre cool".* Insgesamt ist zu erkennen, dass das gesamte Gelände der älteren Schüler(innen) viel weniger frequentiert ist als das
restliche Schulgelände.

Alterstrennung bei den bewegten Pausenangeboten

Um Konflikte zwischen jüngeren und älteren Schüler(inne)n bei der Nutzung von Bewegungsangeboten während der Pausen zu vermeiden, wären teilweise separierte Nutzungsbereiche von Vorteil. Jüngere Schüler(innen) und Jugendliche wünschen sich z.B. jeweils eigene Basketballkörbe, damit sie unter sich spielen können. Falls dies nicht möglich ist, wäre es sinnvoll, verschiedene Zeiten für die Nutzung der bewegten Pausenangebote durch die unterschiedlichen Schülerjahrgänge einzuführen.

So könnten die Angebote während einer Pause beispielsweise den jüngeren Schüler(inne)n vorbehalten sein und während einer anderen Pause den älteren Schüler(inne)n. Gleichzeitig sollte es aber immer Bewegungsangebote geben, die allen Schüler(inne)n während jeder Pause zugänglich sind.

Obwohl sich einige Jugendliche in den Pausen noch viel und gern bewegen, ist die Tendenz zu erkennen, dass nun auch die Mehrzahl der Jungen die Pausen weniger bewegungsintensiv nutzen. Nach Ansicht der Lehrkräfte werden mit zunehmendem Alter andere Dinge, wie mit Freundinnen Reden oder auch Flirten, wichtiger. Dies bestätigen auch die Schüler(innen). Daneben erläutern sie, dass sie im Klassenraum bleiben, einfach weil sie das jetzt dürfen und die Jüngeren nicht. Hier wird deutlich, dass sich die Jugendlichen von den jüngeren Schüler(inne)n abgrenzen wollen, aber auch, dass sie sich einer Aufsicht entziehen wollen. Weiterhin nimmt der Vereinssport jetzt einen großen Teil der Freizeit ein, sodass bekannte Bewegungsformen in der Schule nicht mehr so wichtig sind. Die Pause wird eher zum Entspannen, Ausruhen, *„sitzen und genießen"* genutzt. Zudem sind die großen Pausen zu kurz und in der Mittagspause besteht für die Jugendlichen ein Problem mit der Sportkleidung, die sie nicht immer ‚mitschleppen' möchten. Schwitzend in die Klasse kommen wollen sie ebenfalls nicht. Keiner der eher bewegungsinaktiven Jugendlichen beklagt sich dabei über fehlende Bewegungsmöglichkeiten an der Schule. Im Gegenteil, sie empfinden alle das Bewegungsangebot als gut. Trotzdem verbringen viele ältere Schüler(innen) ihre freie Zeit auch bei schönem Wetter in ihren Klassenzimmern, als dass sie auf den Schulhof gehen.

Veränderung der Bewegungsinteressen im Laufe der verschiedenen Schülerjahrgänge

Die Bewegungsinteressen der Schüler(innen) während ihrer Schullaufbahn verändern sich. Aus der Perspektive der Lehrer(innen) an der IGS Peine-Vöhrum wird eine Vielfalt der Bewegungsinteressen der Schüler(innen) in den unterschiedlichen Entwicklungsstufen beobachtet. Schüler(innen) der unteren beiden Jahrgänge möchten sich in erster Linie austoben, ihr unspezifisches Bewegungsbedürfnis muss nicht in ein vorgegebenes System von Spielregeln oder

in eine zielgerichtete sportliche Betätigung eingebunden sein.
Bei den darauf folgenden Jahrgängen nimmt dieses unstrukturierte
„Tobebedürfnis" ab. Viele Schüler(innen) interessieren sich dann
für Sportarten wie Basketball oder Fußball, die Bewegung wird
spezieller. Die Jahrgänge neun und zehn gelten in Bezug auf aktive
Bewegungshandlungen als die *„Sorgenkinder"* in der Schule, da sie
sich in den Pausen vorzugsweise im Klassenraum aufhalten.
Es gibt also zum einen die Veränderung in den Bewegungsbedürf-
nissen allgemein, von viel Bewegungsaktivität bis hin zur Trägheit,
aber auch von einem unspezifischen Bewegungsdrang zu spezifischen Bewegungsaktivitäten im Sinne von normierten Sportarten.
Diese unterschiedlichen Bewegungsbedürfnisse der Schülerschaft
verlangen entsprechende Elemente bei der Gestaltung eines bewegten Pausenangebotes und eines bewegten Schulgeländes.

4.1.4 Zusammenfassung

Die Integrierte Gesamtschule Peine-Vöhrum präsentiert sich als eine Schule
mit hohen pädagogischen Ansprüchen. Dieses macht der Grundgedanke der
Schule deutlich, der sich durch die Begriffe ‚Demokratie' und ‚Partizipation'
charakterisieren lässt. Ein Ausdruck dieser Schulphilosophie ist der von allen
Schulbeteiligten gemeinsam gestaltete Schulhof, an dem Lehrer(innen), Schü-
ler(innen) und Eltern mitwirkten.
Der partizipativ-demokratische Prozess der Schulgestaltung führt zu einer
bedürfnisorientierten Pausengestaltung, bei der die Schüler(innen) auf dem
Schulhof selbstgestaltete Bereiche vorfinden, die ihrem individuellen Bedürfnis der Pausengestaltung entsprechen. Da sich dieses zwischen den einzelnen
Schüler(inne)n und insbesondere zwischen den einzelnen Jahrgängen verändert, wurde der Schulhof von den Schulbeteiligten in verschiedene Bereiche
gegliedert, die Gelegenheiten für die Schüler(innen) bereit halten, ihr Bewe-
gungs-, aber auch ihr Kommunikations- und Rückzugsbedürfnis zu befriedigen.

- Appel, S. & Rutz, G. (2005). Handbuch Ganztagsschule.
  Schwalbach: Wochenschau.
- Coenen, G. (2007). Bewegungsraum Schulhof.
  In R. Hildebrandt-Stramann (Hrsg.), Bewegte Schule – Schule
  bewegt gestalten (S. 292–303). Baltmannsweiler: Schneider.
- Kasper, E. (1997). „Die müssen sich verstecken können".
  In G. Becker, J. Bilstein & E. Liebau (Hrsg.), Räume bilden.
  Studien zur pädagogischen Topologie und Topographie
  (S. 195–208). Seelze: Kallmeyer.

4.2 SCHULRAUM ALS BEWEGUNGSRAUM: DIE GRUNDSCHULE SCHÖNINGEN

Die Grundschule Schöningen besteht aus einer Hauptstelle und drei weiteren Standorten im Stadtgebiet von Schöningen und ist die einzige Grundschule in der Stadt (vgl. Abb. 8). Die Kleinstadt liegt am Rande des Naturparks Elm im Landkreis Helmstedt und zählt im Jahr 2007 12 671 Einwohner.

Abb. 8   Schulgebäude der Hauptstelle

Die Schule ist seit dem Schuljahr 2004/05 eine Ganztagsschule und arbeitet nach dem offenen Ganztagskonzept, d. h. der Unterricht am Vormittag wird durch ein Nachmittagsangebot, in Schöningen an vier Tagen in der Woche, ergänzt. Die Kinder und ihre Eltern entscheiden, ob und an welchen Tagen das Nachmittagsangebot von den einzelnen Schüler(inne)n genutzt wird. Die Grundschule wird insgesamt von ca. 435 Kindern besucht, die an allen Standorten zusammen von 26 Lehrkräften unterrichtet werden. Von diesen Schüler(inne)n nehmen im ersten Halbjahr 2006/07 239 Kinder am Ganztagsangebot an mindestens einem Tag in der Woche teil.

Das Schulprogramm der Grundschule Schöningen besteht in der aktuellen Form erst seit kurzer Zeit und wird noch weiterentwickelt. Im Mittelpunkt des Schullebens steht laut Schulprogramm das ganze Kind im Vordergrund:

Die Schule möchte *„ihre sozialen, emotionalen und kognitiven Fähigkeiten fördern, um ihnen zur weiteren Entwicklung der Persönlichkeit und Bildung zu verhelfen"* (Schulprogramm, 2006, S. 5). Bewegung, Spiel und Sport lässt sich dabei in allen Bereichen des Schulprogramms wiederentdecken. So findet einmal im Jahr für die 3. und 4. Klassen ein Bundesjugendwettbewerb in der

Sportart Leichtathletik statt, es gibt einen jährlichen Schwimmtag und weitere Tages- und Mehrtagesfahrten, bei denen immer wieder Bewegungsaktivitäten arrangiert werden.

Darüber hinaus gibt es Aufführungen der Theater-AG, die Teilnahme der vierten Klassen an einem Spieleturnier auf dem Seniorenspielplatz (mit Senior(inn)en) und an einer Außenstelle ein zweitägiges ‚Spiel ohne Grenzen'. Den Abschluss eines jeden Schuljahres bildet ein Sommer- und Schuljahresabschlussfest, an dem ‚Kleine Spiele' gespielt und kleine Aufführungen dargeboten werden. Für die alltägliche Praxis wurden die Räume bewegungsfreundlich ausgelegt. Dies gilt vor allem für den Schulhof, aber auch für das Schulgebäude und die Unterrichtsräume.

 Für weitere Informationen über die Grundschule Schöningen lohnt sich ein Besuch der Homepage der Schule unter **www.gs-schoeningen.de**

Nachfolgend soll nun dargelegt werden, wie sich die Schule für ihre Schüler(innen) als Bewegungsraum präsentiert. Die Grundschule Schöningen lässt sich dabei als ein durchgehender Bewegungsraum charakterisieren, in dem die Grundschüler(innen) zahlreiche Möglichkeiten erhalten, ihren großen Bewegungsdrang auszuleben. Bewegungsgelegenheiten werden ihnen sowohl auf dem Schulhof (Kap. 4.2.1) als auch im Schulgebäude (Kap. 4.2.2) geboten.

4.2.1 Der Schulhof – eine Bewegungslandschaft

Der Schulhof gilt als besonderes Schmuckstück der Grundschule und berücksichtigt auf vielseitige Art unterschiedlichste Bewegungsbedürfnisse der Schüler(innen). Die umfassende Umgestaltung des Schulhofes in eine *„Bewegungslandschaft"* wurde mit der Umwandlung der Grundschule in eine Ganztagsschule begonnen und ist soweit abgeschlossen[1]. Dabei wurde von vornherein eine laufende Ergänzung und Veränderung des Schulhofes mit eingeplant. Eine Lehrerin hierzu: *„Ein Schulhof ist ja irgendwie nichts Statisches, sondern der kann im nächsten Jahr auch noch weiter gebaut werden, also da haben wir schon noch Ideen"*.

---

[1] Die Planung lag in den Händen einer Arbeitsgruppe, bestehend aus Lehrer(inne)n und Eltern. Auch die Schüler(innen) wurden im Vorfeld nach ihren Wünschen befragt. Im Rahmen des Kunstunterrichts wurden Bilder gemalt und mit älteren Schüler(inne)n wurde auch darüber diskutiert. Knappe finanzielle Mittel forderten die Kreativität heraus, denn es war kein Geld für große Gerätschaften vorhanden und man entschloss sich zu einer naturbelassenen Schulhofgestaltung.

Auf den Prozess einer Schulhofgestaltung wurde bei der Vorstellung der Integrierten Gesamtschule Peine-Vöhrum eingegangen (vgl. Kap. 4.1).

Resümierend wird der Umbau durchgehend als großer Fortschritt im Hinblick auf die Bewegungsmöglichkeiten der Schüler(innen) gesehen und nach Beobachtungen der Lehrkräfte von den Schüler(inne)n auch „*absolut angenommen*". Die Schüler(innen) bestätigen dies auch, der neue Schulhof sei „*einfach besser*". Die unterschiedlichen Bereiche bieten den Kindern nicht nur viele verschiedene Bewegungsanlässe, sondern auch Rückzugsnischen und Möglichkeiten, sich zu verstecken (vgl. Abb. 9).

Abb. 9 Versteck in den Büschen

Auf dem Schulhof befinden sich insgesamt unterschiedliche Nutzungsbereiche, die Bewegung und Spiel, Ruhe und Kommunikation ermöglichen. Im Einzelnen besteht der Schulhof u.a. aus verschiedenen Flächen (gepflasterte Bereiche, Rasenflächen mit Hügeln) und einem großen Spielplatz mit einem Sandbereich als Untergrund. Im Sandbereich gibt es kleine Klettergerüste und eine Kletterburg, unterschiedlich hohe Reckstangen und drei auf Federn gelagerte runde Holzplatten (vgl. Abb. 10).

Abb. 10
Balancierplatten

Daneben befinden sich viele große Bäume und Büsche auf dem Gelände, die als Schattenspender oder Versteckmöglichkeit dienen und gleichzeitig als natürlicher Kletteranlass genutzt werden können. Neben zwei Schaukeln befindet sich ein Baumstammmikado, es gibt in einer Runde angeordnete Baumstümpfe und an anderer Stelle bietet ein großer Steinhaufen die Möglichkeit, darauf herum zu springen. Ein Gartenhäuschen dient als Spieleausleihe, welches von Schüler(inne)n selbständig verwaltet und gepflegt wird. Ein Regendach soll den Schüler(inne)n den Aufenthalt auf dem Schulhof auch bei Regen ermöglichen.

Um nun einen Eindruck davon zu erhalten, in welcher Weise dieser Schulhof als Bewegungsraum von den Schüler(inne)n angeeignet wird, werden im weiteren Verlauf dieses Kapitels exemplarisch einige Bewegungsaktivitäten der Schüler(innen) auf dem Schulhof näher beschrieben.

Fußball

Auf einigen offenen Flächen auf dem Schulhof ist vor allem der ‚Klassiker‘ Fußball zu beobachten. Vorwiegend spielen die Jungen Fußball. Jedoch sind ab und zu in den Spielgruppen auch Mädchen zu sehen. Eine vierte Klasse führt sogar, während die Fußballweltmeisterschaft in Deutschland ausgetragen wird, ein Fußballturnier in den Pausenzeiten durch. Dabei sind auch Mädchen involviert, sowohl in den Mannschaften, als auch in Führungsrollen. So besteht die Turnierleitung aus zwei Mädchen und weitere Mädchen fungieren als Schiedsrichterin oder als Sanitäterin am Spielfeldrand. Es spielen jeweils Dreiermannschaften in der ersten großen Pause zweimal sieben Minuten gegeneinander, der Rest der Mannschaft nimmt die Zuschauerrolle ein (vgl. Abb. 11 & 12). Die anderen Pausen werden zum Training genutzt. Dieses informell angeeignete Fußballturnier wird teilweise auch im formellen Unterricht in der Klasse aufgegriffen. Im Klassenzimmer hängt zudem ein Turnierplan aus.

Abb. 11   Fußballspieler

Abb. 12   Schiedsrichterin und Zuschauer

Sowohl bei dieser Spielinszenierung als auch bei anderen Fußballspielen nutzen die Kinder ebene Flächen und schaffen sich ihr Spielfeld selbst. Als Tore werden Abschnitte an der Hauswand oder auch Zäune genutzt und Spielfeldumrandungen sind häufig gar nicht nötig, die Schüler(innen) spielen auch auf den angrenzenden Flächen einfach weiter. An den Fußballspielen der Kinder wird deutlich, dass sie zwar sportlich orientiert sind, aber dennoch mit einer relativ geringen Normierung agieren. Das Nacheifern einer Fußballweltmeisterschaft mit seiner strengen Normierung stellt hierbei eher eine Ausnahme dar. Jungen und Mädchen spielen i.d.R. noch relativ wenig regelgeleitet. Sie erwerben zunächst tendenziell die notwendigen motorischen Fertigkeiten, die für eine Integration in Sporträume notwendig sind.

Abb. 13 „Um die Stange herum"

Lauf- und Fangspiele

Neben diesen Regelspielen inszenieren die Schüler(innen) auf dem Pausenhof verschiedene Lauf- und Fangspiele. Unterschiedliche Bodenbeläge und besonders hügelige Landschaften werden von den Kindern dabei als sehr attraktiv empfunden. Während in der ersten und zweiten Klasse eher Verstecken und Fangen gespielt wird, beginnen Dritt- und Viertklässler(innen) das andere Geschlecht zu ‚jagen'. Für Jungen und Mädchen stellt in diesem Alter das Fangen eine Möglichkeit dar, um einander näher kommen zu können. Das schnelle Rennen und Entkommen ist die eine Seite des Spiels. Die vielen engen Körperkontakte, die zwischen Jungen und Mädchen stattfinden, stellen aber vermutlich den größeren Reiz dar, weswegen diese Spiele häufig noch im geschützten Rahmen der Klasse praktiziert werden. Beim Fangen der Mädchen gegen die Jungen und umgekehrt besteht also vor allem für die Schüler(innen) ab der dritten Klasse die Gelegenheit, spielerisch mit dem anderen Geschlecht Kontakt aufzunehmen und dessen Aufmerksamkeit über Bewegungsaktivitäten zu erregen.

Ebenso werden gerne Rollenspiele praktiziert, z. B. ‚Pferd und Reiter'. Dabei legen vor allem Mädchen ein Seil um die Hüfte der Vorderen und laufen hinter ihnen her. Teilweise spielen aber auch Jungen mit. Beim Rollenspiel ‚Hundedressur' wurde ebenso die Teilnahme von Jungen beobachtet. Vier Jungen als ‚Hunde' werden z. B. von zwei Mädchen als ‚Herrchen' ‚dressiert'. An Jungen, die sich an solchen eher ‚mädchentypischen' Rollenspielen beteiligen, offenbart sich eine geringe Befangenheit in Bezug auf typische Geschlechterrollen. Aus emanzipatorischer Sicht zeigen sich bei jüngeren Grundschulkindern teilweise (noch) flexible Grenzen zwischen den Geschlechterzuschreibungen, die Regel ist dies aber nicht. So werden doch meist eher großräumige Rollenspiele wie Indianerspiele gespielt.

Spielplatzaktivitäten

Jungen und Mädchen klettern auf normierten Kletterburgen, spielen darauf Fangen oder hangeln entlang ihrer Sprossen. An Reckstangen drehen sie sich um die Stangen, erfinden z. T. eigene Rollen und geben ihnen selbst kreierte Namen (siehe Abb. 13). Die Sandflächen werden von den jüngeren Kindern vor allem bei gutem Wetter vielseitig genutzt (siehe Abb. 14). Oftmals werden verschiedene Landschaften nachgebaut, in denen z. B. Jungen mit ihren Matchboxautos fahren können. Andere balancieren – auch zu zweit – auf installierten Drehkreiseln. Schaukeln, Rollen an Reckstangen und auch Seilspringen ist überwiegend eine beliebte Bewegungsaktivität von Mädchen, dennoch sind hin und wieder auch Jungen hierbei zu beobachten.

Abb. 14   Sandspiele

Auch in den Bäumen ist ,Bewegung'. Sie werden zum einen als natürliche Klettergelegenheit genutzt. An einem Baum wurde als Kletterhilfe dafür eigens ein Seil angebracht. Zum anderen nutzen Kinder, vor allem Mädchen, weit verzweigte Bäume, um sich dort zu unterhalten und evtl. Geheimnisse auszutauschen (vgl. Abb. 15 & 16):

Abb. 15 & 16 Kommunikation und Klettern im Baum

Die Beschreibungen zeigen, wie die zahlreichen Nutzungsbereiche auf dem Schulhof von den Schüler(inne)n wahrgenommen und als Bewegungs- und Ruheräume angeeignet werden. Deutlich wird, dass die Grundschüler(innen) keine Anleitung von außen durch Lehrer(innen) bei ihren Bewegungsaktivitäten benötigen, sondern sich die Vielfalt der Nutzungsbereiche eigenmächtig aneignen. Die Schüler(innen), auch die jüngeren Schüler(innen), sind durchaus in der Lage, sich ihre freie Zeit eigenständig einzuteilen und sozial angemessen miteinander umzugehen. Sie demonstrieren dabei, dass sie eigenständig Regeln befolgen können, auch unausgesprochene. Damit die Grundschüler(innen) ebenso bei schlechtem Wetter Bewegungsanlässe geboten bekommen, wurden die Flure ebenfalls zu Bewegungsräumen gestaltet.

Geschlechtsspezifische Unterschiede in den Bewegungsaktivitäten der Schüler(innen) wurden bei der Vorstellung der Integrierten Gesamtschule Peine-Vöhrum skizziert (vgl. Kap. 4.1).

4.2.2 Das Schulgebäude – ein Bewegungsraum

Neben dem Außengelände hält auch das Schulgebäude der Grundschule Schöningen Bewegungsgelegenheiten bereit und trägt so dazu bei, dass sich die Schule als durchgehender Bewegungsraum für ihre Schüler(innen) inszenieren kann. Während der Regenpausen nutzen die Schüler(innen) vor allem die Gänge des Schulgebäudes, um ihren Bewegungsdrang auszuleben. Da sich die Gänge besonders zum Rennen eignen, dies aber aufgrund der Unfallgefahr verboten ist, versuchen die Lehrkräfte diesen Bewegungsdrang durch Spielkisten und einfache Materialen zu steuern. So gibt es bspw. Teppichfliesen, die als Hüpfanlass dienen sollen oder ein Minitrampolin im unteren Flur. Obwohl einige Lehrer(innen) diese Aktivitäten als *„total chaotisch"* empfinden, wird dennoch auf die Bedeutsamkeit solcher Bewegungsanlässe hingewiesen, besonders für die Zeit außerhalb der Sommermonate:

> *„Bei Regenpausen haben wir da versucht ... auf den Gängen ... kleine Spielkisten anzuschaffen ... um eben auch gerade diesem Bewegungsdrang der Kinder, den eben auch die Kleineren oder letztendlich auch die Zehnjährigen, Elfjährigen, noch haben (zu berücksichtigen) und ... ihnen Bewegung zu verschaffen. ... Es steht und fällt halt mit den Räumlichkeiten. Also wenn es regnet ... merkt man, dass das an allen Ecken platzt".*

Die Schule hat mit ihren Bewegungsgelegenheiten eine Möglichkeit geschaffen, dass die Schüler(innen) – trotz des Rennverbotes auf den Fluren – ihren Bewegungsdrang auch bei schlechtem Wetter im Schulgebäude ausleben können. Als eine weitere Bewegungsgelegenheit entsteht im Keller ein Bewegungsraum, der in den Pausen genutzt werden soll, aber den Lehrkräften auch während des Unterrichts zur Verfügung stehen wird.

„Offene Pause"
Im Sinne einer „Offenen Pause" (vgl. Dietrich, 1992b, S. 45ff.) könnten neben den Fluren auch die Klassenzimmer in den Pausen geöffnet werden. Eine Offene Pause meint dabei nicht nur die Maßnahme, dass die Klassenraum- und Flurtüren während der Pause offen gelassen werden, sondern ebenso, dass die Schüler(innen) während ihrer Schulpausen ihre Zeit und ihren Raum eigenständig gestalten.
Die Offene Pause ist insgesamt eine sehr kommunikationsfördernde Möglichkeit, die von den Schüler(inne)n auch gern genutzt wird. Die Klassenräume werden, z.B. zum Schach und Skat spielen, dem Schulhof vorgezogen, aber auch zum gemäßigten Tanzen und Singen werden sie gerne genutzt. Die Materialien für die Bewegungsaktivitäten bzw. Spiele können von der Schule gestellt werden, z.T. werden sie aber auch von den Schüler(inne)n selbst mitgebracht.

4.2.3 Zusammenfassung

Die Grundschule Schöningen präsentiert sich als eine Schule, die in vielfältiger Weise Bewegung, Spiel und Sport in den Schultag integriert. Die skizzierten Beispiele von Bewegungsaktivitäten im gesamten Schulgelände, d.h. im Innen- und Außenraum zeigen, wie eine Schule als Bewegungsraum von den Schüler(inne)n interpretiert und genutzt werden kann.

Besonders auf dem Schulhof zeigt sich, dass die Schüler(innen) hierbei keine angeleiteten Bewegungsangebote benötigen, sondern die Bewegungsanlässe des Schulhofes aufgrund ihres ausgeprägten Bewegungsbedürfnisses eigenständig wahrnehmen. Hierzu sind die Grundbedingungen sehr gut gegeben, da der Schulhof vielfältige Bewegungsmöglichkeiten im Sinne einer Bewegungslandschaft bietet und den Schüler(inne)n vielfältige Möglichkeitsräume für eigenständige Explorationen eingerichtet werden. Die Schule hat darüber hinaus mit ihren bewegten Fluren Bewegungsraum im Schulgebäude für die Schüler(innen) geschaffen, sodass diese ihr großes Bewegungsbedürfnis auch hier ausleben können, besonders außerhalb der Sommermonate.

Das Einrichten von Bewegungsgelegenheiten auf dem Schulhof und im Schulgebäude zeigt, wie sich eine Schule als ein stringenter Bewegungsraum präsentieren kann, der in vielen Räumen einer Schule Bewegungsmöglichkeiten, aber auch Rückzugsnischen für die Schüler(innen) bereit hält.

- Koch, J. (2007). Schulbauten in Bewegung. In R. Hildebrandt-Stramann (Hrsg.), Bewegte Schule – Schule bewegt gestalten (S. 281–291). Baltmannsweiler: Schneider.
- Dannenmann, F., Hannig-Schosser, J. & Ullmann, R. (1997). Schule als Bewegungsraum. Stuttgart: Ministerium für Kultus, Jugend und Sport.
- Themenheft der Zeitschrift Grundschule (2010). Bewegung, Spiel und Sport in der Ganztagsschule. 42. Jg. Heft 4.

4.3 BEWEGTE PAUSENANGEBOTE: DIE REFORMSCHULE KASSEL

Die Reformschule Kassel ist eine integrierte Grund- und Gesamtschule ohne Oberstufe und bereits 1988 als Ganztagsschule gegründet worden. Das Einzugsgebiet der Schule erstreckt sich über das Stadtgebiet von Kassel. Derzeit werden ca. 500 Schüler(innen) unterrichtet. Aufgrund des altersgemischten Unterrichts besitzt die Schule ein Stufensystem. In der Stufe I befinden sich Kinder der Jahrgangsstufen null bis zwei, in der Stufe II die Jahrgänge drei bis einschließlich fünf. Die Stufe III beinhaltet die Jahrgänge sechs bis acht und die Stufe IV schließlich die Klassen neun und zehn. In den Stufen I und II findet der Unterricht fast ausschließlich in altersgemischten Gruppen statt. Eine Ausnahme bildet der Fremdsprachenunterricht ab der fünften Jahrgangsstufe, für den jeweils jahrgangshomogene Gruppen zusammengefasst werden.

Der Tagesrhythmus der Reformschule wird durch drei Kernzeiten und Pausen bestimmt. Die erste große Pause ist für die Schüler(innen) der Stufen I und II 45 Minuten, für die Schüler(innen) der Stufen III und IV 30 Minuten lang. Die Mittagspause ebenso, außer für die Kinder der Stufe I. Ihnen wird eine Pausenlänge von 60 Minuten eingeräumt. Damit sind die Pausenzeiten für ausgedehnte Ruhephasen oder für aktive Bewegungszeiten bewusst lang gehalten und Klingelzeichen gibt es nur am Ende der Pausen, damit die Schüler(innen) wissen, dass sie in die Klasse müssen.

> Auf die Bedeutsamkeit eines rhythmisierten Tagesablaufes und verschiedene Möglichkeiten hierzu wird ausführlich in Kapitel 2 eingegangen.

Der Schultag endet regulär um 14.35 Uhr, zusätzlich gibt es noch zahlreiche Nachmittagsangebote für Schüler(innen) bis ca. 16.00 Uhr. Die Schule ist zwar im Kern eine gebundene Ganztagsschule, aber durch die Erweiterung des Schultages bis 16.00 Uhr könnte sie als eine gebundene Ganztagsschule mit offener Nachmittagsbetreuung bezeichnet werden.

> Für weitere Informationen über die Reformschule Kassel sei auch auf die Homepage der Schule **www.reformschule.de** verwiesen.

Die Reformschule besitzt ein umfangreiches Schulprogramm, worin verschiedene Bausteine einer Bewegten Schule verankert sind. Diese beinhalten die Punkte Bewegungsräume mit bewegungsförderndem Mobiliar, Bewegung im Unterricht, Sportunterricht sowie Bewegungsmöglichkeiten am Nachmittag und Schulfeiern. Neben den genannten Punkten ist ebenso der Baustein ‚bewegte Pausenangebote' im Schulprogramm der Schule verortet, der hier im Zentrum der weiteren Darstellung stehen soll. Zur Umsetzung der bewegten Pausenangebote bietet die Reformschule Kassel ihren Schüler(inne)n diverse Räume für eine bewegte und ruhige Pausengestaltung, sodass für alle Schüler(innen) der Klassen null bis zehn angemessene Pausenräume vorhanden sind. Dies ist keine einfache Aufgabe, zumal der Schulhof relativ klein ist, wird

aber vor allem durch Öffnung diverser Räume realisiert. In diesem Zusammenhang sind vor allem die Öffnung der Turnhalle (Kap. 4.3.1), die Öffnung zum
benachbarten Sportplatz (Kap. 4.3.2) und zum Freizeitraum im nahegelegenen
Gemeindehaus (Kap. 4.3.3) hervorzuheben[2]. Als weitere Besonderheiten auf
dem Schulhof können die Spieleausleihe (Kap. 4.3.4) und die naturnahen Nischen
als unstrukturierte Angebote (Kap. 4.3.5) für die jüngeren Schüler(innen) ausge-
macht werden. Die Sportbereiche, z. B. Tischtennisplatten und Basketballkorb,
sind eigentlich für die Jugendlichen gedacht, werden aber vorwiegend auch
von jüngeren Schüler(inne)n in Anspruch genommen (Kap. 4.3.6). Einige Bewegungsaktivitäten in diesen Bereichen werden im Folgenden vorgestellt.

4.3.1 Offene Turnhalle

In der Turnhalle findet an jedem Tag ein thematisches Angebot für die Schü-
ler(innen) ab der Stufe II statt, was von ein bis zwei Lehrer(inne)n beaufsich-
tigt wird. Die Turnhalle bietet allerdings nur begrenzte räumliche und materielle
Möglichkeiten. Dennoch wird in der ersten großen Pause versucht, verschiedene Angebote für bestimmte Altersgruppen oder bestimmte Interessengrup-
pen zu arrangieren.
Die Schüler(innen) wissen, an welchen Tagen welche Angebote existieren. Sie
können auf freiwilliger Basis in die Turnhalle gehen und an den thematisch
arrangierten Angeboten teilnehmen. Momentan wird montags Fußball angeboten, dienstags Ballspiele, mittwochs Tanzen und donnerstags freies Spielen.

> #### Offene Turnhalle
> Eine Offene Turnhalle ermöglicht es den Schüler(inne)n, die Be-
> wegungsmöglichkeiten einer Turnhalle auch während der Pausen
> zu nutzen. Wünschenswert ist eine Öffnung der Sporthalle an
> allen Tagen. Eine Aufsicht muss und sollte dabei nicht unbedingt
> die Angebote dirigieren. Hin und wieder eine moderierende Funk-
> tion einzunehmen, ist meist vollkommen ausreichend. Im Rahmen
> der Offenen Turnhalle sollten gemeinsam mit den Schüler(inne)n
> Regeln und Vereinbarungen für die Nutzung der Turnhalle getrof-
> fen werden, damit ein konfliktfreies Bewegen ermöglicht wird.

Am stärksten werden das Fußball- und das Tanzangebot wahrgenommen. Während des Fußballspielens gibt es einige wenige Regeln wie „nicht an die De-
cke schießen", „nicht zu hart schießen" oder „nicht härter in den Zweikampf
gehen". Diese Regeln werden auch eingehalten. Das Tanzangebot wird vorwiegend von Mädchen in Anspruch genommen. Die Bewegungsaktivitäten finden

---

[2] Die Reformschule Kassel hält in den Pausen zusätzlich auch die Gruppenräume im
Schulgebäude offen. Die Aktivitäten werden an dieser Stelle allerdings nicht weiter ausgeführt, siehe dazu Kap. 4.2.2.

in Form von ,Stopptanzen' oder freiem Tanzen zur Musik statt. Konkrete Tanz-
schritte werden nicht gelehrt. Die Kassetten bzw. CDs werden von den Schülerinnen mitgebracht. Die Musiklehrerin sieht ihre Aufgabe in der Moderation,
welches Band aufgelegt wird und betont als Voraussetzung die Notwendigkeit
eines geschützten Raumes zum Tanzen. Insgesamt wird mit den thematischen
Angeboten in der Frühstückspause der Vielfalt der Bewegungswünsche und
-bedürfnisse der Schüler(innen) entgegengekommen.

4.3.2 Offener Sportplatz

Während der Mittagspause haben die Schüler(innen) die Möglichkeit, an einem
moderierten Fußballangebot teilzunehmen. Dieses Angebot findet auf dem
Sportplatz statt, welcher direkt gegenüber dem Schulgebäude liegt. Die Schule hat es geschafft, den angrenzenden Sportplatz eines Vereins für ihre Pausen nutzen zu können, weswegen die Raumsituation auf dem Schulhof im
Sommer wesentlich entspannter ist. Wenn das Wetter schlechter wird, wird
das Fußballangebot vom Sportplatz in die Sporthalle verlegt.

Das Fußballangebot wird traditionell von einer fest angestellten pädagogischen
Mitarbeiterin in der Schule durchgeführt und gilt als Mittagssport. Dabei ist
zu erwähnen, dass sie kein Trainingsprogramm oder ähnliches praktiziert. In
der Mittagspause ist das Fußballangebot von der Mitarbeiterin zwar moderiert,
aber es findet kein Training im engeren Sinne statt, sodass das Fußballangebot als Betreuungsangebot gesehen werden kann. Die meisten Schüler(innen)
haben auch kein Interesse, im Pausensport an einem Fußballtraining teilzunehmen.

Das Sportplatzangebot wird zwar häufiger von Jungen angenommen, aber auch
einige Mädchen nutzen die Möglichkeit Fußball auf dem Sportplatz zu spielen
(vgl. Abb. 17). Diese Mädchen spielen auch in der Fußball AG mit, die ebenfalls von der pädagogischen Mitarbeiterin angeleitet wird, sodass eine Verknüpfung zwischen den unterschiedlichen schulsportlichen Angeboten zu
beobachten ist. Die in dem nicht-formellen Angebot betriebene Mädchenför-
derung scheint sich somit auf das Bewegungsverhalten von Mädchen in den
informellen Pausen auszuwirken.

Die pädagogische Mitarbeiterin geht mit den Schüler(inne)n auf den Sportplatz und sorgt dafür, dass Mannschaften gebildet werden. Zudem regelt sie,
welcher Platz des Fußballfeldes welcher Stufe zur Verfügung steht. Sie selbst
ist auch als Schiedsrichterin aktiv, was gerne von den Schüler(inne)n angenommen und auch gefordert wird.

Neben dem Mittagssport wird als weiteres beaufsichtigtes Bewegungsangebot im Sommer auf dem Sportplatz für die Schüler(innen) ein Frühstückssport
während der ersten großen Pause angeboten. Im Gegensatz zum Mittagssport
fungieren die Lehrer(innen) hier lediglich als beistehende Aufsichtsperso-
nen. Dieses wird bewusst ohne direkte Betreuung arrangiert. Die Lehrkräfte
haben den Anspruch, dass die Schüler(innen) ihren Frühstückssport am Sportplatz selber organisieren sollen, was auch gut funktioniert.

Abb. 17   Schüler(innen) beim Fußball in der Mittagspause

Beim Fußball in der Frühstückspause wird also nicht nach vorgegebenen Regeln wie in der Mittagspause, sondern eher informell gespielt. Die aufsichtführenden Lehrkräfte begleiten die Schüler(innen) zum Sportplatz, schließen das Tor auf und sind als Ansprechpartner(innen) z.B. bei Konflikten verfügbar. Diese Unterschiede eröffnen den Schüler(inne)n jeweils andere Zugänge zum Sportangebot, was von der Schulleitung positiv hervorgestellt wird.

Bedeutung der Betreuung während des Mittagssports/ Frühstückssports

Die Lehrer(innen) der Schule berichten, dass die aufsichtführenden Lehrkräfte während der ersten großen Pause von der Einführung der Regeln der Mitarbeiterin beim Mittagssport profitieren. So wenden die Schüler(innen) oft selbstständig die Regeln aus der Mittagspause auch in der ersten großen Pause an. Dies stellt für alle Lehrer(innen) eine enorme Erleichterung dar, vor allem fühlen sich die Nichtsportlehrer(innen) sicherer in dieser Aufsichtszeit, da sie sich ansonsten der Aufsicht auf dem Sportplatz nicht immer gewachsen fühlen. Hier wird sichtbar, dass die Betreuung der Schüler(innen) während des Mittagssports durch die pädagogische Mitarbeiterin über den Mittagssport hinaus für das gesamte Schulleben bedeutsam ist. Die Schüler(innen) werden so in die Lage versetzt, ihre Bewegungsaktivitäten selbstständig zu strukturieren und zu organisieren.

4.3.3 Öffnung der Schule zum Freizeitzentrum Noah's

Ein weiteres Angebot im Rahmen der bewegten Pausengestaltung für die Schüler(innen) besteht in der Möglichkeit, das nahe an der Schule gelegene Gemeindezentrum Noah's zu besuchen. Die Schüler(innen) der Stufen III und IV dürfen an zwei Tagen in der Woche das Schulgelände verlassen und die Einrichtungen des Noah's nutzen. Am Montag und Mittwoch verbringen ca. 20-30 Schüler(innen) der Stufe III und teilweise der Stufe IV von 12.20 Uhr bis um 13.00 Uhr ihre Pause im Noah's. Hier sind eine Theke, eine Tischtennisplatte, ein Kicker und ein Billardraum vorhanden. Die Schüler(innen) haben sich zusätzlich eine Sitzecke eingerichtet, bestehend aus mehreren Sofas und einem Tisch in der Mitte.

Eine Lehrkraft geht in der Mittagspause mit einer Gruppe vom Tor der Schule zum gegenüberliegenden Gemeindehaus, wo sich das Noah's befindet. Dort können die Schüler(innen) auch einen Mittagssnack einnehmen. Durch die verschiedenen Bewegungsangebote wie Tischtennis, Billard, Kicker und Kartenspiele entstehen viele kleine Gruppen.

Insgesamt sind Jungen und Mädchen gleichermaßen vertreten, auch wenn sie z. T. schwerpunktmäßig an verschiedenen Aktivitäten teilnehmen. Die Jungen spielen eher Billard und Tischtennis. Den Kicker nehmen beide Geschlechter gleichermaßen wahr, wohingegen die Mädchen die Sitzecke stärker beanspruchen. Einige Schüler(innen) und Lehrkräfte überlegen aufgrund der Beliebtheit des Kicker- und Billardangebots auch in der geplanten Cafeteria des neuen Gebäudes einen Billardtisch oder Kicker aufzustellen.

Kommunikationsnischen für die älteren Schüler(innen)
Das Noah's bietet den jugendlichen Schüler(inne)n die Möglichkeit, ihr ausgeprägtes Rückzugs- und Kommunikationsbedürfnis zu befriedigen. Eine Intensivierung der Nutzungsmöglichkeiten des Noah's würde den Jugendlichen daher weitere Möglichkeiten erschließen, zu kommunizieren und sich unter altersgleichen Schüler(inne)n aufzuhalten. Im Idealfall wird eine Einrichtung wie das Noah's direkt in der Schule eingerichtet. An der Reformschule Kassel wird dies auch von einigen Lehrer(inne)n diskutiert und bei den Schüler(inne)n stößt diese Idee auf Begeisterung. Dies wäre sinnvoll, weil das Angebot so an allen Tagen existieren würde und die dafür notwendigen Zeiträume durch die Taktung der Schule bereits vorhanden sind.

Das Noah's zeichnet sich dadurch aus, dass es für die älteren Schüler(innen) einen geschützten Raum bildet, in dem sie sich an zwei Tagen der Woche in abgegrenzten Räumlichkeiten von den jüngeren Schüler(inne)n aufhalten können. Durch die Mischung von Bewegungsangeboten, wie Billardtischen etc. einerseits und Sitzgelegenheiten andererseits, ist das Noah's eine sinnvolle Einrichtung, die sowohl auf die Kommunikations- als auch auf die Bewegungsbedürfnisse der jugendlichen Schüler(innen) eingeht.

4.3.4 Spieleausleihe

Die Reformschule Kassel verfügt als zusätzliches Angebot auf dem Schulhof vor allem für die Stufen I bis III seit vielen Jahren über eine Spieleausleihe in einem Holzschuppen. Die Spieleausleihe ist von der Schule selbst gebaut worden und wird von den Kindern der Stufe II verwaltet. Sie schließen das Ausleihhäuschen auf, geben die Spielgeräte aus und achten darauf, dass die Materialien wieder zurückgebracht werden. Jede Klasse aus der Stufe II ist im Wechsel an der Reihe. In dieser Spieleausleihe können sich die Kinder Spielgeräte wie Hüpfball, Springseil, Stelzen, Pedalos, Federball, Reifen, Seile usw. ausleihen (vgl. Abb. 18).

Abb. 18 Schüler(innen) vor der Spieleausleihe

Verwaltung der Spielgeräte durch Kinder

Durch Spieleausleihen können nicht nur neue Spiele angeregt werden, sondern Kindern auch Verantwortung übertragen werden, indem sie für das Austeilen und Einsammeln zuständig gemacht werden (vgl. Edinger-Achenbach, 1993, S.15). Die Verwaltung der Spielgeräte kann z.B. durch eine zentrale Verwaltungsstelle geschehen, wie einem Ausleihhäuschen, und von Kindern selbst übernommen werden. Jede Klasse ist abwechselnd zuständig und gibt die Materialien z.B. gegen Hinterlassung eines persönlichen Spielausleiheausweises heraus. Gleichzeitig sorgen sie auch dafür, dass sie wieder zurückgebracht werden. An Schulen, die dies eingeführt haben, zeigt sich, dass Schüler(innen) sehr verantwortungsbewusst mit ihren Aufgaben umgehen können.

Ebenso kann zu Beginn des Schuljahres jede Klasse z.B. mit
diversen Spielgeräten ausgestattet werden. Am Ende des Schuljahres werden diese Spielkisten wieder eingesammelt, auf ihre
Vollständigkeit überprüft und dann gegebenenfalls wieder aufge-
füllt. Auch hier können die Schüler(innen) ihre Spielkisten während des Schuljahres selbst organisieren, indem z.B. abwechselnd
ein(e) ‚Vergnügungsminister(in)‘ gewählt wird, der bzw. die dafür
zuständig ist, dass die Kiste für die Pausen auf- und zugeschlos-
sen wird.

Ausleihbare Spielgeräte für die Schulhofflächen
Freie Flächen auf Schulhöfen sollten insgesamt eher für diejenigen
gestaltet sein, die sich nicht sportlich normiert betätigen wollen.
Dafür können diverse Spielgeräte zur Verfügung gestellt werden.
Die Anschaffung von Kleingeräten ist dabei im Vergleich zu größe-
ren installierten Geräten vergleichsweise preiswert und es kann
auf „Trends" reagiert werden. Neben den oftmals üblichen Bällen
und Seilchen können z.B. Hüpfbälle, Hula-Hoop-Reifen, Pedalos,
Federbälle und -schläger, Footballs, Softbälle, Pelotas, Rugbys,
Frisbees oder andere Wurfgeräte zur Verfügung gestellt werden.
Sehr gut geeignet sind auch Materialien aus dem Bereich Zirkus,
wie z.B. Diabolos, Jonglierbälle, -tücher, Stelzen und Einräder.
Diese Spielmaterialien sind bei Schüler(inne)n bis ca. zur siebten
Klasse sehr beliebt.

4.3.5 Naturnahe Nischen als unstrukturierte Angebote für Kinder

Auf dem Schulhof existieren verschiedene naturnahe Nischen, die vor allem
von den Kindern der Stufe I als Spielplätze in Anspruch genommen werden.
Es gibt offene Plätze mit Bäumen und viel Laub auf dem Boden, die Gelegenheiten für Rollenspiele von Jungen und Mädchen gleichermaßen bieten. Zusätzlich wird an den Ästen geschwungen, auf die Bäume geklettert und sich darauf
unterhalten. Es gibt viele kleinere und schmalere Nischen wie hinter der Turnhalle, die eher den Charakter von Rückzugsräumen besitzen.
Zudem bereichern Baumstämme, Klötze und Reifen, die sich u.a. zum Balancieren und zur Konstruktion von Bauten wie Wippen und Brücken eignen
(vgl. Abb.19), das Bewegungsangebot. Die Bedeutung dieser mobilen Spielmaterialien ergibt sich daraus, dass sie eine kreative, nicht vorgegebene
Nutzung durch die Schüler(innen) ermöglichen. Sie fordern entgegen einer
Konsumhaltung die Selbstgestaltungsfähigkeit der Schüler(innen) heraus.

Spielplätze mit mobilen Spielmaterialien

Im Gegensatz zu Spielplätzen mit fest montierten Spielgeräten herrscht auf Spielplätzen mit mobilen Spielmaterialien Komplexität, da Kinder ihren Spielplatz selbst gestalten und somit ihre Materialien an ihre Spiele und Aktionen adaptieren können. Diese Freiheit wird von Kindern sehr geschätzt und darüber hinaus beeinflusst die offene Struktur auch die verbale Kommunikation. Schulhöfe mit hoher Dichte und ohne Rückzugsbereiche erzeugen bei einigen Kindern einen „physiologisch messbar erhöhten Streß und Gefühle des Unwohlseins" (Forster, 1997, S. 185). Um „die Frequenzen sozialer Interaktionen zu steuern", helfen sich Kinder auf Schulhöfen selbst mit einem Rückzug in einen „privaten Raum" (Forster, 1997, S. 184). Dafür benötigen sie allerdings kleine Hilfsmittel. Damit dem Bedürfnis nach privatem Raum in der ‚schulischen Praxis' entsprochen werden kann, können z. B. Baumstämme und Lastwagenreifen auf Schulhöfe gelegt werden (vgl. Kretschmer & Laging, 1994, S. 42). Diese werden dann meist begeistert von einem Kind oder einer kleinen Gruppe besetzt.

Abb. 19   Kinder in den Bewegungsnischen

4.3.6 Sportbereiche

Auf dem Schulhof sind insbesondere für Jugendliche zwei Tischtennisplatten und ein einzelner Basketballkorb installiert. Diese Nutzungsbereiche werden allerdings eher von jüngeren Schüler(inne)n in Anspruch genommen. An den Tischtennisplatten spielen die Kinder der Stufe II mit einem Basketball oder auch einem anderen Ball ohne Schläger. Der Ball wird mit den Händen, nach dem Prinzip ‚Rundlauf‘, auf der Tischtennisplatte gespielt. Die letzten zwei, die nicht ausgeschieden sind, spielen schließlich nach bekannten Tischtennisregeln. Diese Variante wird von den Schüler(inne)n ‚Basketball-Tischtennis‘ oder auch ‚Limit‘ genannt (vgl. Abb. 20).

Abb. 20   Kinder beim ‚Basketball-Tischtennis’

Zum Basketballspielen befindet sich in jeder Klasse ein Basketball, der den Schüler(inne)n frei zur Verfügung steht. Die Kinder an der Schule haben zudem ein Spiel namens ‚Bump‘ entwickelt. Alle Spieler(innen) stehen dabei hintereinander an einer imaginären Freiwurflinie, wobei die zwei Vordersten jeweils einen Ball haben. Nachdem der/die erste Spieler(in) geworfen hat, darf der/die zweite Spieler(in) werfen. Falls der Ball nicht in den Korb geht, wird schnell der Rebound geholt und von der Stelle geworfen, an dem der Ball gefangen wurde. Falls der/die hintere Spieler(in) vor dem/der vorderen Spieler(in) trifft, scheidet der/die vordere Spieler(in) aus. Ansonsten wird sich hinten angestellt. Das Basketballspiel ‚Bump‘ ist neben den Würfen auf den Korb seit vielen Jahren ein festes Bewegungsspiel am Basketballkorb und hat sich an der Schule etabliert, da die älteren Schüler(innen) dieses Spiel an die jüngeren Schüler(innen) weiter vermitteln (vgl. Abb. 21).

Der Basketballkorb wird insgesamt meist von Jungen der Stufe II und III rege genutzt. Die Schüler(innen) der Stufe IV, also die Jugendlichen, klagen darüber, dass der Korb mit den jüngeren Schüler(inne)n geteilt werden muss und entziehen sich daher meist dem Spielgeschehen. Sie wünschen sich ihren eigenen Korb für Streetballspiele, bei denen sie sich eher unbeaufsichtigt in Szene setzen können.

Abb. 21   Kinder und Jugendliche beim ‚Bump‘ spielen

Bewegungsangebote für ältere Schüler(innen)

Die älteren Schüler(innen) an der Reformschule Kassel bemängeln häufig: *„Für die Kleinen gibt es was auf dem Schulhof, aber für uns Großen gibt es zu wenig“*. Die Jugendlichen bräuchten in separierten Räumen ihre eigenen ‚Aktivitätsinseln‘. Um sie stärker für Bewegungsaktivitäten zu motivieren, wären z.B. folgende Angebote denkbar:

- Um den Schüler(inne)n attraktive Aktivitätsinseln zu ermöglichen, könnte ein separater Basketballkorb installiert werden. Zu berücksichtigen ist aber, dass ein bloßes Aufstellen eines Basketballkorbes nicht ausreichend ist. Jugendliche halten sich gerne unbeobachtet in Szenen auf, wo sie sich aktiv bewegen können, aber sich innerhalb dieser Bewegungszeiten auch eine Auszeit zum Ausruhen und Unterhalten nehmen können, evtl. ist ein Einsatz von Musik zu überlegen.

- Eine weitere Überlegung für aktive Bewegungsmöglichkeiten ist eine Boulderwand. Zu beachten ist dabei, dass dies ebenfalls in einem unbeobachteten Bereich angebracht wird, da sich sonst einige Schüler(innen) aufgrund von Blicken ihrer Mitschüler(innen) nicht trauen würden, das Bewegungsangebot wahrzunehmen. Zudem müsste der Schwierigkeitsgrad so gewählt werden, dass sie eine Herausforderung für die Jugendlichen darstellt. Das Besondere an einer Boulderwand ist, dass sie spannende und herausfordernde Routen im Niedrigbereich enthalten kann, d.h. dadurch dass nur in Absprunghöhe geklettert wird, bedarf es auch keiner aufwändigen Sicherheitsmaßnahmen.
- Für Mädchen eignet sich als Sportangebot besonders ein (Beach-) Volleyballfeld. Allerdings nehmen diese meist Jungen in Beschlag und dominieren die Bewegungsaktivitäten auf diesen Feldern. Deshalb ist es zu begrüßen, wenn Mädchen (zunächst) ihre eigenen Spielzeiten bekommen, in denen sie ihr eigenes Spiel ausüben können.
- Die Bereitstellung von Trendsportgeräten könnte weitere Bewegungsaktivitäten fördern, da diese für alle neu und interessant sind. Eine Slackline spricht z.B. sowohl Jungen als auch Mädchen an.

4.3.7 Zusammenfassung

Zusammenfassend lässt sich festhalten, dass die Reformschule Kassel eine engagierte Schule ist, die ihren Schüler(inne)n durch vielfältige Bewegungsangebote eine bedürfnisorientierte Pausengestaltung ermöglicht. Eine Besonderheit für die Schulhofflächen ist die Bereitstellung von vielfältigen Spielmaterialien durch eine Spieleausleihe. Dadurch lernen die Schüler(innen) aufgrund der eigenständigen Verwaltung des Ausleihhäuschens zusätzlich, Verantwortung zu übernehmen. Als weitere Besonderheit können die naturnahen Nischenbereiche mit ihren Bäumen, Büschen und mobilen Materialien gekennzeichnet werden, da sie aufgrund ihrer unstrukturierten Angebote besonders kindgerechte Spielgelegenheiten erlauben. Die Tischtennisplatten und der Basketballkorb sind zwar eher für Jugendliche gedacht, dafür sind diese Nutzungsbereiche jedoch zu dicht an den Arealen von den jüngeren Kindern gelegen, die diese dann auch für sich in Anspruch nehmen.

Ganz besonders hervorzuheben sind die Offene Turnhalle, die Öffnung zum benachbarten Sportplatz und zum Freizeitraum Noah's im nahegelegenen Gemeindehaus. Die Offene Turnhalle mit ihren wechselnden Themen ermöglicht differenzierte Angebote für die Schüler(innen). Für die Fußballbegeisterten steht der Sportplatz zur Verfügung, auf dem sich betreute, aber auch eigenständige Spielzeiten abwechseln. Der Freizeitraum Noah's im benachbarten Gemeindezentrum ermöglicht vor allem Jugendlichen, ihrem Bewegungs- und vor allem Rückzugsbedürfnis während der Pausen nachgehen zu können. Damit nutzt die Reformschule Kassel sämtliche ihr zur Verfügung stehenden Möglichkeitsräume für Bewegung und Ruhe innerhalb des Schulgeländes, aber vor allem auch außerhalb und trägt so der oftmals geforderten Öffnung von Schule Rechnung.

- Röhner, C. & Rauschenberger, H. (2008). Kompetentes Lehren und Lernen. Untersuchungen und Berichte zur Praxis der Reformschule Kassel. Baltmannsweiler: Schneider.
- Zimmer, R. (1993). Kinder brauchen Spielraum. Motorik, 16 (1), 2–6.
- Landessportbund Hessen e.V. (2001). Zukunftsorientierte Sportstättenentwicklung Band 9: Schulhof in Bewegung: Orientieren – Planen – Gestalten. Aachen: Meyer & Meyer.

4.4 RESÜMEE: BEWEGUNG IN DEN PAUSEN

In diesem Kapitel wurden drei Schulen vorgestellt, die mit ihren Möglichkeiten den Schüler(inne)n in den Pausen diverse Gelegenheiten für Bewegung und Ruhe geschaffen haben. Über alle Schulen blickend kann zunächst resümiert werden, dass eine Schule insgesamt als Bewegungs- und Ruheraum gestaltet werden sollte. Dazu gehören der Schulhof mit seinen diversen Nutzungsbereichen, das Schulgebäude mit seinen offenen Klassenzimmern, Fluren, Bewegungs- und Kommunikationsräumen und die Turnhalle, an der Schüler(innen) z.B. an thematischen Angeboten teilnehmen können. Im Idealfall öffnet sich die Schule darüber hinaus auch nach außen und erschließt weitere Räume in der näheren Umgebung, wie z.B. einen Sport-, einen Spielplatz und nach Möglichkeit auch einen Freizeitraum.

Die Gestaltung des Schulhofes sollte im Idealfall nicht über die Köpfe der Schüler(innen) hinweg entschieden werden, da die Schüler(innen) am besten über ihre Bedürfnisse Bescheid wissen. Der partizipativ-demokratische Grundgedanke der IGS Peine-Vöhrum hat bei ihrer Schulhofgestaltung zur Beteiligung der Schüler(innen) und auch Eltern geführt. Dabei reflektierten die Schüler(innen) während des Gestaltungsprozesses ihre leiblichen Bedürfnisse und können seit der Fertigstellung des Schulhofes ihre Pause bedürfnis- und interessenorientiert gestalten. Die Schule profitierte von der Arbeitskraft der Eltern und Schüler(innen) und gleichzeitig stieg bei allen Beteiligten die Identifikation mit ihrer Schule.

An der Grundschule Schöningen ist dieser Prozess bereits vor längerer Zeit erfolgt. Die Grundschüler(innen) können ihren großen Bewegungsdrang nicht nur auf dem Schulhof, sondern auch im Schulgebäude ausleben. Mit kreativen Mitteln wurde ihnen für den Schulhof eine anregende Bewegungslandschaft geschaffen, an denen sowohl Jungen als auch Mädchen Bewegungsanreize finden können. Die Flure und der Bewegungsraum im Keller sorgen vor allem bei schlechtem Wetter dafür, dass die Kinder ihre überschüssigen Energien auf spielerische Weise loswerden und dabei auch gleichzeitig informell Lernen können.

Die Reformschule Kassel wurde aufgeführt, um einige besondere Angebote für die bewegten Pausen vorzustellen. Dabei wurde ersichtlich, welche Potenziale sowohl innerhalb als auch außerhalb eines Schulgeländes zur Initiierung von Bewegung und Ruhe stecken. Schulen müssen sich nicht mit einem kleinen Schulhof zufrieden geben. Sie können zunächst ihre eigene Turnhalle öffnen und sich darüber hinaus durch Kooperationen zum Schulumfeld öffnen, dadurch Räume in der Umgebung nutzen und auf diese Weise ein Bildungsnetzwerk initiieren.

Anhand der unterschiedlichen Schulformen Grundschule (Schöningen), Sekundarstufe I (IGS Peine-Vöhrum) und Verbundschule (Kassel) konnte gezeigt werden, wie sich die verschiedenen Bedürfnisse bezüglich Bewegung und Ruhe im Laufe einer Schulkarriere verändern. Bei der Gestaltung eines bewegten Schulgeländes ist es daher wichtig, sich dieser Veränderungen bewusst zu sein und verschiedene Angebote für die unterschiedlichen Bedürfnisse der Schüler(innen) zu bieten.

Abschließend ist darauf hinzuweisen, dass ein Bewegungsgelände nie fertig und abgeschlossen sein kann. Vielmehr ist eine Offenheit für die Interessen und Bedürfnisse der Schüler(innen) wichtig. Dieses wird an den drei portraitierten Schulen gut deutlich, welche ihren Schüler(inne)n viele Bewegungsgelegenheiten ermöglichen, sich aber dennoch um eine stetige Entwicklung und Verbesserung des Bewegungsangebotes bemühen.

5 BEWEGUNG IM UNTERRICHT

Die Veränderung der Schullandschaft hin zu mehr Ganztagsschulen erfolgt neben sozialpolitischen und sozialerzieherischen vor allem aus schulpädagogischen Zielsetzungen heraus (vgl. Holtappels, 2005, Tillmann, 2005). Durch den verlängerten Schultag verspricht man sich grundlegende Veränderungen im Bereich des Unterrichts, um mit einer „differenzierten Lernkultur und verstärkter Förderung [...] vermutlich alle Lernenden" (Holtappels, 2009, S.112) besser zu erreichen. Die reformerische Argumentationslinie, die sich seit langem in der schulpädagogischen Diskussion wiederfindet, basiert vor allem auf folgender Hauptintention: Der Unterricht als ein Raum für Wissensvermittlung soll gleichzeitig mit „vielfältigen Arbeitsformen Selbstständigkeit und soziale Kompetenz fördern – und benötigt dafür einen umfangreicheren zeitlichen Rahmen" (Tillmann, 2006, S.36). Der Ganztagsrahmen erleichtert dabei die von vielen Schulakteuren bereits eingeschlagene Entwicklung hin zu einer Schule, die nicht nur ein Lern-, sondern gleichzeitig ein Lebens- und Erfahrungsraum ist. Der Ganztagsschulbetrieb mit seinem erweiterten Zeitbudget bietet also die notwendige Voraussetzung für eine innovative, erfahrungsoffene, lebensorientierte und differenzierte Lehr- und Lernkultur. In diesem Kapitel soll aufgezeigt werden, dass für eine solche veränderte Lehr- und Lernkultur die Integration von Bewegung in den Unterricht bereichernd oder vielleicht sogar notwendig erscheint.

Wenn eine Schule nicht nur ein Lern-, sondern gleichzeitig ein Lebens- und Erfahrungsraum sein möchte, stellt das einige Anforderungen an alle Schulbeteiligten. Denn: „In einem Lebensraum muss man leben können – als Mensch und nicht als die Kunstfigur Schüler oder Lehrer. Das bedeutet [...], dass unzählige heute verbannte oder unterdrückte Tätigkeiten zugelassen werden" müssen (v. Hentig, 2003, S.216). Zu diesen unterdrückten Tätigkeiten zählt v. Hentig (ebd.) unter anderem „sich in Szene setzen, eine Hütte bauen, ruhen, still sein, spielen" und es wird deutlich, dass insbesondere Bewegungstätigkeiten, also das Sich-Bewegen, dabei eine große Rolle spielen. So ergeben sich gerade für das Lernen in einer Schule, die den Schüler(inne)n ein Lern-, Lebens- und Erfahrungsraum sein möchte, mehrschichtige Begründungen für die Berücksichtigung von Körper und Bewegung – vor allem wenn man davon ausgeht, dass Sich-Bewegen eine Lebensform des Menschen darstellt. „Es ist doch auch Tun und Erleben im Augenblick. [...] Ein Dialog ohne Worte mit sich selbst und anderen durch Körpererfahrung, Körpersprache und Bewegungsgestaltung, es ist Wohlfühlen, Spannung und Entspannung genießen, es ist Abenteuer, Erregung und Sensation" (Größing, 1998, S.162). Um diese Lebensform, also die körperlich-seelischen Bedürfnisse der Schüler(innen) zu berücksichtigen, sollte das Sich-Bewegen nicht nur im Sportunterricht, in den Pausen oder den Arbeitsgemeinschaften ermöglicht, sondern umfassend im ganzen Schultag, d. h. auch im Unterricht, berücksichtigt werden. Dadurch kann es einerseits gelingen, den für erfolgreiches Lernen notwendigen Rhythmus von

Anspannung und Entspannung, von Bewegung und Ruhe in den Unterrichtseinheiten zu gewährleisten (vgl. Kap. 2). Andererseits erweitert sich gleichzeitig der Handlungsspielraum im Lernprozess, wenn Lernen nicht auf kognitive
Wissensvermittlungsprozesse beschränkt wird. Die Bedeutung von Köperlich-
keit und Bewegung ist für das Lernen grundlegend und stellt in einem ganzheitlich ausgerichteten Unterricht eine Grundbedingung dar. Denn Sich-Bewegen
dient aus phänomenologischer und leibanthropologischer Sicht als Grundlage für ,Weltaneignung' und ,Verstehen'[1]. „Selbstbezügliches Sich-Bewegen [ist]
fundamental für Begegnungen und Auseinandersetzungen mit der dinglichen
und sozialen Welt, es bietet in seiner Relationalität zwischen Mensch und
Welt ein Potenzial zur Erschließung von Räumen [...] und es trägt als Weise
einer ästhetischen, wahrnehmungsorientierten Aneignung dazu bei, Erkenntnisse über Dinge und soziale Kontexte zu gewinnen, die letztlich das Lernen beför-
dern." (Laging, 2007c, S. 75). Die Erfahrungen mit den Dingen der Welt werden
über Bewegung und mit dem Körper gewonnen (vgl. Hildebrandt-Stramann,
2009; Gudjons, 2005; Rumpf, 1981) und erscheinen für ein Lernen im Kontext leiblich-sinnlicher Weltbegegnung in einem lebendigen und erfahrungs-
orientierten Unterricht unverzichtbar. Eine Schule, in der die Emotionen,
Stimmungen und Neigungen der Kinder berücksichtigt werden, kann also auf
ein ganzheitliches Lernen mit ,Kopf, Herz und Hand' im Sinne Pestalozzis
Anschauungspädagogik nicht verzichten.

In der Bewegungs- und Sportpädagogik werden vor diesem Hintergrund seit
einiger Zeit spezielle Konzepte entwickelt, nach denen den Schüler(inne)n größere Räume (im zeitlichen und topologischen Sinn) für Leiblichkeit und Sich-
Bewegen in der Schule eröffnet werden sollen. Das Thema Bewegung verstärkt
in den Unterricht zu integrieren bzw. im Klassenraum zu ermöglichen, stellt dabei einen essentiellen Kernpunkt der bewegten Schulkonzepte dar. (vgl. Klupsch-
Sahlmann 1999; Illi & Zahner, 1999; Laging, 2007d; Müller & Petzold, 2006;
Hildebrandt-Stramann, 2007b; Riegel & Hildebrandt-Stramann, 2009).

Konkret auf die Unterrichtspraxis bezogen kann Lernen auf verschiedene Art
und Weise über körperliche Bezüge erfolgen. Zunächst kann Bewegung genutzt
werden, um eine Unterrichtseinheit zu strukturieren und somit den Wechsel
von körperlicher und seelischer Anspannung und Entspannung im Unterrichtsprozess zu berücksichtigen. Hierzu können auf der einen Seite offene Unterrichtsformen und schüleraktivierende Methoden wie Freiarbeit, Stationenlernen

---

[1] Martin Wagenschein hat die Begriffe ,Weltaneignung' und ,Verstehen' im Zusammenhang
mit Lernprozessen in naturwissenschaftlichen Themenfeldern geprägt. In seinem Buch
„Verstehen lehren" (1968/⁵1999) zeigt er auf, wie Lehrer(innen) und Schüler(innen) ,ex-
emplarisch-genetisch-sokratisch' gemeinsam Entdecken, Denken und Verstehen können
und mathematische und physikalische Zusammenhänge begreifen lernen. Laut Liechti
(2000, S. 273) kommt Horst Rumpf das Verdienst zu, diese Begriffe „über die naturwissenschaftlichen Fächer hinaus auf die geisteswissenschaftlichen Fächer übertragen zu haben".

oder Gruppenarbeit sowohl der äußeren als auch der inneren Rhythmisierung des Unterrichts durch die Schülerin oder den Schüler selbst dienen[2]. Dadurch erfolgt das Lernen bewegter als in frontalen Unterrichtsformen. Die Bewegung entsteht dabei – gewissermaßen automatisch – durch den größeren Handlungsspielraum, der den Schüler(inne)n zugestanden wird. Denn die Schüler(innen) suchen sich – je nach Freiheitsgrad – z. B. ihre Themen oder Aufgaben heraus, entwickeln (bewegte) Lernwege, besorgen sich Materialien, bilden Lerngemeinschaften und präsentieren Lernergebnisse. Auf der anderen Seite können bewegungsaktive oder entspannende Pausen von der Lehrkraft im Sinne einer äußeren Rhythmisierung während des Unterrichtsverlaufs eingeschoben werden. Diese Bewegungspausen dienen in der Regel entweder der Aktivierung oder der Entspannung der Schüler(innen) in oder nach konzentrierten Arbeitsphasen.

Bewegung kann darüber hinaus direkt in die Inszenierungsform des Unterrichts eingebunden werden, was in der fachlichen Diskussion als ‚Bewegtes Lernen‘ bezeichnet wird. Dabei besteht eine direkte Verknüpfung zwischen der Lehr-/Lerneinheit und der Bewegung, die die Lehrkraft explizit initiiert. Die Verknüpfung von Bewegung und Lernen erfolgt dabei entweder auf zeitlicher Ebene, dann besteht ein methodischer, aber kein inhaltlicher Zusammenhang zwischen der Bewegung und dem Lerngegenstand. In diesem Fall begleitet das Sich-Bewegen den Lernprozess, die Bewegung wird *lernbegleitend* eingesetzt. Im Gegensatz dazu kann die Verknüpfung von Bewegung, Körper und Lernen auf einer zeitlichen und gleichzeitig auf einer inhaltlichen Ebene erfolgen. Bewegung wird dann zu einem Medium der körperlich-sinnlichen Aneignung von Lerninhalten in einem am eigenen Tun orientierten Unterricht. Dabei erhält Bewegung eine *lernerschließende* Funktion. Laut Hildebrandt-Stramann (2009, S. 4) ist „die Intention dabei, sich durch Bewegungshandlungen ein Lernthema zu erschließen, dabei etwas zu erkennen, zu erfahren, leibhaftig zu spüren und evtl. auch besser zu verstehen". Vor allem diese Formen bewegter Unterrichtsinszenierungen gehen einher mit dem anthropologischen Grundgedanken, Bewegung als Weise der Weltaneignung zu deuten, der eingangs erläutert wurde.

Es gibt also verschiedene Formen und unterschiedliche Ebenen von bewegtem Unterricht: Bewegung kann als rhythmisierendes Element entweder zugelassen werden und ermöglicht dadurch die Eigenrhythmisierung der Schüler(innen) im Unterricht (offene Unterrichtsorganisation) oder wird z.B. in Form von Bewegungspausen bewusst eingeplant. Von der Lehrkraft ausgehende Bewegungspausen und der lernbegleitend genutzte Bewegungseinsatz dienen der äußeren Rhythmisierung und Auflockerung des Unterrichts und

---

[2]   Wie bereits ausführlich in Kap. 2 dargestellt, unterscheidet man im Rahmen einer Unterrichtseinheit zwischen äußerer und innerer Rhythmisierung. Äußere Rhythmisierung beschreibt den Wechsel der Lehr-/Lernformen innerhalb einer Unterrichtseinheit, der von der Lehrkraft oder den Schüler(inne)n aus gelenkt werden kann. Innere Rhythmisierung meint die individuelle Steuerung des Lernprozesses durch die Schülerin und den Schüler, der sein Lernen grundsätzlich selbst lenkt (vgl. Burk, 2006).

unterstützen das Lernen auf eine kompensatorische Weise. Wenn Sich-Bewegen lernerschließend genutzt wird, unterstützt diese Form der Bewegungsintegration den Lernprozess auf qualitative integrative Weise, indem sie hilft, den Lerninhalt zu durchdringen.

Ergänzt werden kann die Berücksichtigung der körperlich-leiblichen Bedürfnisse durch einen Klassenraum, der auch ein Bewegungsraum sein darf. Voraussetzung hierfür ist ein Unterricht, in dem Bewegungen als natürliche Regungen nicht unterdrückt, sondern bewusst ermöglicht werden (vgl. Kretschmer, 1992). Ein bewegter Klassenraum zeichnet sich dadurch aus, dass er verschiedene Arbeitsplätze, Rückzugsnischen, aber auch Gelegenheiten für Partner- und Gruppenarbeiten oder Gemeinschaftsaktivitäten bietet. Die Ausstattung kann durch mobiles Mobiliar ergänzt werden, welches dynamisch-aktives Sitzen (Halbwalzen, Sitzkissen oder Sitzbälle) ermöglicht und gleichzeitig die Integration von Bewegung fördert, da das Mobiliar leicht zu handhaben ist (vgl. Laging, 2007a). Wenn auch Kinder ihre Sitzmöbel und Tische gut tragen können, schafft das die Voraussetzung dafür, dass in kurzer Zeit Bewegungsfreiräume oder veränderte Bedingungen für neue Unterrichtsinszenierungen geschaffen werden können.

Dass die einzelnen Ebenen bewegten Unterrichts, die hier beschrieben worden sind, zum Teil nicht immer trennscharf voneinander abgegrenzt werden können, verdeutlicht die folgende Abbildung (Abb. 1). Hier werden die genannten Möglichkeiten, wie Bewegung auf unterschiedliche Weisen und in verschiedenen Formen in den Unterricht integriert werden kann, noch einmal zusammenfassend dargestellt.

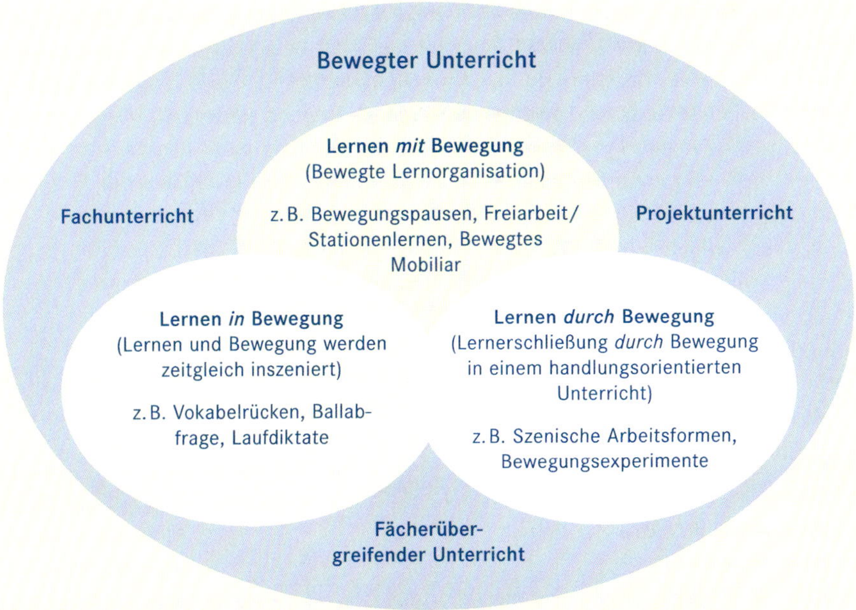

Bewegter Unterricht

Lernen *mit* Bewegung
(Bewegte Lernorganisation)

Fachunterricht   z. B. Bewegungspausen, Freiarbeit/   **Projektunterricht**
Stationenlernen, Bewegtes
Mobiliar

Lernen *in* Bewegung   **Lernen *durch* Bewegung**
(Lernen und Bewegung werden   (Lernerschließung *durch* Bewegung
zeitgleich inszeniert)   in einem handlungsorientierten
Unterricht)
z. B. Vokabelrücken, Ballab-
frage, Laufdiktate   z. B. Szenische Arbeitsformen,
Bewegungsexperimente

**Fächerüber-
greifender Unterricht**

Abb. 1 Ebenen und Formen von Bewegung im Unterricht

Im weiteren Verlauf dieses Kapitels werden nun drei Schulen vorgestellt, die je einen schulspezifischen Zugang gefunden haben, den Unterricht bewegt zu inszenieren. Am Gymnasium am Silberkamp in Peine nutzen die Lehrkräfte ein breites Spektrum der oben beschriebenen verschiedenen Formen von bewegtem Unterricht. In einem traditionell ausgerichteten Tagestakt dient Bewegung in erster Linie der Auflockerung des Unterrichtsgeschehens und der Rhythmisierung des Lehr-/Lernprozesses. Obwohl der eher traditionelle Rahmen eines großen offenen Ganztagsgymnasiums die Bedingungen für bewegten Unterricht nicht unbedingt erleichtern, haben hier viele Lehrkräfte ganz unterschiedliche Wege gefunden, Bewegung in den Unterricht zu integrieren. Daher kann anhand dieser Schule eine Vielfalt von Möglichkeiten, einen bewegten Unterricht zu inszenieren, aufgezeigt werden.

Weiterhin werden zwei Schulen vorgestellt, die sich zwar durch den äußeren gebundenen Ganztagsrahmen ähneln, sich jedoch in ihrem Unterricht – allein aufgrund einer sehr unterschiedlichen Schülerschaft – stark unterscheiden. Die Unterrichtsinszenierungen der Freien Ganztagsgrundschule STEINMAL-EINS in Jena zeichnen sich dadurch aus, dass sie einerseits durch offene Unterrichtsmethoden viele Bewegungsfreiräume für die Schüler(innen) bereithalten. Andererseits gewährleisten die häufigen Unterrichtsprojekte, die regelmäßig in den wöchentlichen eintägigen Gruppenarbeiten und in mehreren Projektwochen durchgeführt werden, einen hohen Anteil an bewegten Unterrichtsinszenierungen. Die dritte Schule, die vorgestellt wird, ist die Hauptschule Rothenburg in Braunschweig. Sie hat durch die Konzeption einer Ganztagsklasse Unterrichtsbedingungen geschaffen, die dafür verantwortlich sind, dass vielfach Bewegung, Spiel und auch Sport in den Unterricht integriert werden kann. Das Klassenlehrerprinzip und der gebundene Ganztag als tragende Prinzipien dieser Konzeption erlauben es, den Unterricht zu rhythmisieren und Unterrichtmethoden anzuwenden, die Bewegung für die Schüler(innen) während des Unterrichts gewährleisten. Gleichzeitig ermöglicht dieses Konzept die Umsetzung wichtiger, hauptschulspezifischer pädagogischer Zielsetzungen. An den Ausführungen wird deutlich, dass neben der Konzeption einer Ganztagsklasse ein hohes Engagement der Lehrkraft für einen bewegten und alltagspraktischen Unterricht verantwortlich ist.

Die drei Schulen sind Beispiele für unterschiedliche Möglichkeiten, Bewegung verstärkt in den Unterricht zu integrieren. Dabei wird deutlich, dass Bewegung den Unterricht, abhängig von der jeweiligen Schul- bzw. Ganztagskonzeption, auf kompensatorische und/oder integrative Weise bereichern kann.

5.1 BEWEGTES UNTERRICHTEN:
DAS GYMNASIUM AM SILBERKAMP IN PEINE

Das Gymnasium befindet sich in Peine, einer Stadt mit etwa 50 000 Einwohnern, die im östlichen Niedersachsen zwischen Braunschweig und Hannover liegt. Im Schuljahr 2006/07 unterrichten 80 Lehrer(innen) 752 Schüler(innen) in der Sekundarstufe I und 415 Schüler(innen) in der Sekundarstufe II, unterstützt von einer Diplompädagogin und einer Sozialpädagogin im Anerkennungsjahr. Die Schule verfolgt seit mehreren Jahren ein offenes Ganztagsschulkonzept und befindet sich seitdem in einer Aus- und Umbauphase. Im offenen Ganztagskonzept gibt es für die Schüler(innen) keine Verpflichtung am Nachmittag in der Schule zu bleiben. Durch die vor Kurzem in Niedersachsen eingeführte Reduzierung der Schuljahre bis zum Abitur auf acht Jahre findet allerdings auch regulärer Pflichtunterricht mitunter am Nachmittag statt. Darüber hinaus gibt es ein additives Nachmittagsangebot in Form von Hausaufgabenbetreuung und Arbeitsgemeinschaften an fünf Tagen in der Woche. Im Laufe des traditionellen Schulvormittags (und -nachmittags) wechseln sich 45-Minuten-Stunden mit kleinen und großen Pausen ab. In Ausnahmefällen erfolgt der Unterricht auch in Doppelstunden.

Ausführungen zu Möglichkeiten der Rhythmisierung und Gestaltung eines Ganztagskonzepts finden sich in Kapitel 2.

Das Schulkonzept des Gymnasiums existiert laut Schulleitung nicht nur in der Theorie, sondern findet im täglichen Schulleben Anwendung. Es gibt fortlaufend Optimierungsbestrebungen, um bestehende Schwächen im Konzept zu verbessern und sich dem ständigen Prozess der Veränderung anzupassen. Bewegung spielt im ausformulierten Schulkonzept keine eigenständige Rolle, findet sich aber durchaus in konzeptionellen Überlegungen und damit auch im Schulleben des Gymnasiums wieder. So ist z. B. die konzeptionell angedachte Implementierung neuer und moderner Unterrichtsmethoden ein Bereich, der als Ergänzung des traditionellen Frontalunterrichts auch Bewegung impliziert. Hier war das Ergebnis einer Teilnahme an dem ,SEIS'-Programm (Selbstevaluation an Schulen) der Bertelsmannstiftung der Auslöser für die Arbeit an dem Konzeptschwerpunkt ,Methodenimplementierung'.

Methodenverbreitung im Lehrerkollegium
Um für eine Verbreitung neuer Methoden im Kollegium zu sorgen, dienen einige Lehrkräfte, die an Methodenfortbildungen teilgenommen haben, als Multiplikatoren. Die so geschulten Multiplikatoren geben ihr Wissen in schulinternen Fortbildungen an ihre Kolleg(inn)en weiter.

Gleichzeitig kann jede Lehrkraft neue Methoden und Unterrichtsideen über eine im Lehrerzimmer stehende Pinnwand weitergeben,
sodass auch hierdurch ein Austausch von Lehr-/Lernmethoden in
dem großen Kollegium initiiert wird.

Die Integration von Bewegung in den Unterricht stellt darüber hinaus ein Anliegen vieler Lehrkräfte dar. Es lässt sich erkennen, dass dem Themenspek-
trum Bewegung, Spiel und Sport – obwohl nicht explizit im Schulprogramm
erwähnt – im Allgemeinen, aber gerade auch im Zusammenhang mit dem
Lernen ein hoher Stellenwert im Schulleben zukommt. Das starke Bewegungsbedürfnis der durch die Auflösung der Orientierungsstufe in Niedersachsen
neu hinzugekommenen Fünft- und Sechstklässler(innen) rückte Bewegung
überhaupt erst stärker in den Fokus von Lehrkräften und Schulleitung:

> *„Also, ich habe gelernt durch Beobachtung, dass Bewegung … eine ganz*
> *zentrale Herausforderung für Schule ist. Und zwar dadurch, dass wir die*
> *fünften Klassen bekommen haben, ist mir das sehr viel bewusster gewor-*
> *den als vorher".*

Aus diesen Überlegungen heraus ergibt sich auch der Anspruch der Lehrkräfte an einen bewegten Unterricht: Sie erwarten von der Integration von
Bewegung vor allem verbesserte Lernleistungen der Schüler(innen). Zudem
wird im Rahmen einer ganzheitlichen Erziehung Bewegung als leibliche Dimension in einer Schule, die ihre Schüler(innen) nicht nur *„verkopft"* auf die Zukunft
vorbereiten möchte, als elementarer Bestandteil erachtet.

Weitere Informationen über das Gymnasium am Silberkamp
in Peine sind auf der Homepage der Schule unter
www.silberkamp.de zu finden.

Das Gymnasium am Silberkamp steht in diesem Buch als Beispiel für eine
Sekundarschule, die Bewegung auf besonders vielfältige Weise in den Unterricht integriert. Dies wird von den Lehrkräften, aber auch von den Schü-
ler(inne)n intensiv diskutiert – so werden vielfältige Gründe für einen Einsatz
angesprochen, aber auch Gründe thematisiert, die den Einsatz von Bewegung
im Unterricht hemmen. Im weiteren Verlauf des Kapitels werden all diese Themen ausgeführt. Zunächst werden die Rahmenbedingungen für Bewegung
im Unterricht angesprochen, in dem darauf eingegangen wird, welche Bedeutung ein bewegter Unterricht für die Schulbeteiligten hat und welche Faktoren den Einsatz von Bewegung im Unterricht erschweren (Kap. 5.1.1). Dann
wird konkret auf die Unterrichtspraxis eingegangen, in dem beschrieben wird,
wie die Lehrer(innen) ihre geschilderten pädagogischen Ansprüche hinsichtlich eines bewegten Unterrichts in der Unterrichtspraxis umsetzen (Kap. 5.1.2).
Abschließend erfolgt dann eine Zusammenfassung (Kap. 5.1.3).

5.1.1 Begründungen und Hemmnisse von bewegtem Unterricht

Wie erwähnt erweist sich in erster Linie der starke Bewegungsdrang der neu hinzugekommenen Fünft- und Sechstklässler(innen) als Anstoß, über den herkömmlichen Unterricht des Gymnasiums nachzudenken und den Versuch zu unternehmen, Bewegung verstärkt in den Unterricht zu integrieren. Eine Lehrkraft berichtet:

> *„Das war für uns eine tolle Erfahrung, als das (durch die Hinzunahme der 5. und 6. Klassen) ganz quirlig wurde und ganz unruhig wurde, sehr kreativ unruhig wurde. Freundlich, neugierig aufgeschlossen, unruhig wurde. Und ich denke, die Kollegen, die dann angefangen haben zu sagen, wie schaffe ich da Räume der Konzentration auf der einen Seite und der Bewegung auf der anderen Seite ..., sie sind sozusagen einer Philosophie gefolgt, die naheliegend ist: Wenn ich die Unruhe nicht mehr steuern kann, muss ich die Unruhe gezielt zulassen. Also organisiere ich die Unruhe, also mache ich daraus Bewegung. Das ist an sich eine ganz schlüssige Überlegung".*

Aus diesen Gedankenspielen heraus scheint für viele Lehrkräfte der Frontalunterricht über 45 Minuten die Ursache für die Unruhe zu sein, da er dem Bewegungsdrang der Schüler(innen) entgegensteht. Daher hat sich das Kollegium den Schwerpunkt der Implementierung neuer und innovativer Unterrichtsmethoden gesetzt, woraus sich verschiedene Unterrichtsentwicklungen ergeben haben, in denen Bewegung eine Rolle spielt.

Nach Ansicht der Lehrkräfte ist Bewegung aber nicht nur bedeutsam, weil es Unruhe im Unterricht entgegenwirkt. Sie gehen weiterhin davon aus, dass es den Lernprozess unterstützt, weil bewegter Unterricht den Kindern und Jugendlichen mehr Spaß macht. Durch den Spaß erhöht sich, so die Lehrkräfte, das Wohlbefinden und dadurch auch das Aufnahmevermögen, sodass durch diese Zusammenhänge das Lernen gefördert werden kann. Diese Überlegungen der Lehrkräfte führen dazu, dass Bewegung in Form von kurzen bewegten Unterbrechungen oder durch die Berücksichtigung von offenen, schüleraktiven Unterrichtsmethoden in den Unterricht integriert wird. Bewegung im Unterricht – so wird betont – dient dabei nicht dazu, die vorhandenen gesundheitlichen Defizite auszugleichen, die Lehrkräfte bei Schüler(inne)n feststellen, sondern dazu, das Lernen zu unterstützen. Eine Lehrkraft weist darüber hinausgehend auf die Bedeutung der leiblich-sinnlichen Dimension für den Lernprozess der oder des Lernenden hin.

Die Schüler(innen) stehen Bewegung im Unterricht ausnahmslos sehr positiv gegenüber und einige stellen deren Bedeutung für sie als Schüler(innen) sehr versiert heraus. Ein Sechstklässler erklärt, dass der praktische Anteil im Geschichtsunterricht dazu dient, dass man selbst empfindet, was früher gemacht wurde und es dadurch auch besser verstehen kann. Andere Schüler(innen) bestätigen die positive Wirkung von Lockerungsübungen auf ihre Konzentrationsfähigkeit und ein Zehntklässler stellt die seiner Meinung nach existierende Verbindung zwischen Entspannungsübungen und einem guten Resultat bei Klassenarbeiten heraus.

Abb. 2 Bewegter Unterricht

Obwohl sich viele Lehrkräfte sehr intensiv mit dem Thema Bewegung im Unterricht beschäftigen, lässt sich festhalten, dass nicht alle Lehrkräfte an der Schule einen bewegten Unterricht praktizieren. Auch von Seiten der Schüler (innen) wird bestätigt:

> *„Ja, bei vielen ist es noch nicht so durchgedrungen, irgendwie …. Die denken dann: Ja, das ist so was Spaßiges halt und das sollte man dann lieber nicht im Unterricht haben. Aber so im Großen und Ganzen … ist das doch ganz gut dann, dass man so ein paar Lehrer dann doch da von der Sorte hat, die das machen".*

Dafür, dass Bewegung nicht von allen Lehrkräften zur Unterstützung des Lernprozesses im Unterricht benutzt wird, gibt es weitere Begründungen von Seiten der Lehrkräfte. Ein großes Hemmnis scheint der fehlende Austausch von Unterrichtsideen zwischen den Lehrkräften zu sein. So scheint die Kommunikation auf einzelne relativ feste Gruppen innerhalb des Kollegiums beschränkt zu sein. Diese fehlende Kommunikation hat mehrere Ursachen. Es wird als normal betrachtet, dass bei einem Kollegium dieser Größenordnung nicht alle Lehrkräfte den Austausch zwischen den Kolleg(inn)en fördern und neuen, auch bewegten Methoden offen gegenüberstehen. Das Arbeitspensum, der damit verbundene Zeitmangel und auch die unterschiedlichen Persönlichkeiten der Lehrkräfte stehen oft einer intensiven Kommunikation der Lehrkräfte untereinander entgegen. Vor allem in Bezug auf Bewegung im Unterricht wünscht sich eine Lehrkraft, dass es für alle Kolleg(inn)en ‚schlüssig‘ wird, dass bewegter Unterricht keinen zusätzlichen Aufwand von der Lehrkraft erfordert, sondern im Gegenteil eine Erleichterung ist und eine Anregung der Schüler(innen) darstellt.

Jahrgangsteams als Kommunikationsinstanz
Es gibt bereits Anregungen am Silberkamp Gymnasium, wie man die als notwendig erachtete Kommunikation über Unterricht und Schule verbessern könnte. Da die Größe des Kollegiums das entscheidende Problem darstellt, wird die Einrichtung so genannter Jahrgangszimmer für die Arbeit in Jahrgangsteams als Lösungsmöglichkeit für dieses Problem angesprochen. Bei der Umsetzung dieser Idee wäre es entscheidend, dass die Lehrer(innen) so eingesetzt werden, dass sie hauptsächlich in einer Jahrgangsstufe unterrichten, denn ein Jahrgangsteam arbeitet relativ eigenverantwortlich und koordiniert die Arbeit in Bezug auf Methoden und Inhalte eigenständig.

Neben der fehlenden Kommunikation erschweren die Räumlichkeiten am Gymnasium nach Ansicht einiger Lehrkräfte die Integration von Bewegung in den Unterricht. Die fehlende Schalldämmung sowie die Enge in den Klassenzimmern scheinen bewegte Unterrichtsformen einzuschränken, während Gegenstimmen andeuten, dass angemessene bewegte Methoden in jedem, noch so kleinen Klassenzimmer möglich seien. Auch bei den Unterrichtsbeobachtungen konnten trotz räumlicher Enge keine Probleme bei bewegten Unterrichtseinheiten festgestellt werden:

> *„Die Schüler gehen zu den Zetteln, ab und zu bewegt sich ein Schüler auch etwas schneller. Ein Schüler joggt dreimal zu einem Zettel. Ab und zu unterhalten sich einige Schüler miteinander. Manche setzen sich zum Schreiben nicht auf den Stuhl, sondern bleiben über den Tisch gebeugt stehen. ... Einige Schüler sind auch hüpfend unterwegs oder drehen sich geschickt und schwungvoll mit angezogenen Beinen auf dem Tisch zu ihrem Arbeitsplatz hin. Es ist eng und die Schüler drehen sich oft seitwärts, um zwischen dem Mobiliar aneinander vorbei zu kommen. “*

Abb. 3 Laufdiktat

Gleichzeitig gilt die bei Bewegung im Unterricht in der Regel anfallende Unruhe als Hemmnis, welches für einige Lehrkräfte ein großes, für andere gar kein Problem darstellt. So wird im Unterrichtsgeschehen auf der einen Seite völlige Stille verlangt und damit Bewegung schwierig. Auf der anderen Seite werden bewegter Unterricht und schüleraktivierende Methoden als notwendig und angemessen angesehen und eine gewisse kreative und produktive Unruhe in Kauf genommen. Hier wird deutlich, dass es große Unterschiede hinsichtlich der Bewertung und Wahrnehmung von Unruhe im Unterricht gibt. Auch Schüler(innen) vermuten, dass der unbewegte Unterricht einiger Lehrkräfte aus der Angst vor zu viel Unruhe im Anschluss an bewegte Unterrichtsmethoden resultiert. Interessant ist, dass es Lehrkräfte gibt, die gerade in unruhigen Phasen die Bewegung dazu nutzen, um diesen Störungen zu begegnen.

Festzuhalten ist, dass ein großer Teil der Lehrkräfte den Unterricht immer dann bewegt inszeniert, wenn es sich anbietet und *„Aufwand und Nutzen"* im richtigen Verhältnis stehen. Für einige scheint dies eher selten der Fall zu sein, denn Stofffülle und Zeitmangel bzw. *„das Pensum, was wir (die Lehrkräfte) machen müssen, um dann irgendwann ein vernünftiges Abitur zu machen"* stehen dem entgegen.

Betrachtet man die Argumentationen für und gegen Bewegung im Unterricht und vor allem die nun folgenden Beispiele für einen bewegten Unterricht, wird deutlich, dass trotz nachvollziehbarer Bedenken am Gymnasium am Silberkamp Bewegung im Unterricht insgesamt ein hoher Stellenwert zugeschrieben wird.

5.1.2 Bewegte Unterrichtsinszenierungen

Das Spektrum der bewegten Unterrichtsinszenierungen am Gymnasium stellt sich vielfältig dar. Bewegung gehört einerseits implizit, sozusagen ‚automatisch' mit dazu, wenn die Lehrkräfte im Unterricht innovative und schüleraktivierende Unterrichtsmethoden nutzen oder Sozialformen wie Gruppen- und Partnerarbeiten wählen (Kap. 5.1.2.1). Weiterhin werden Formen von Bewegung explizit in den Unterricht eingebaut. Bewegungspausen sorgen für Abwechslung und Motivation im Lernprozess (Kap. 5.1.2.2) und darüber hinaus sind beide Formen des bewegten Lernens in der Unterrichtspraxis vorzufinden. Bewegung wird sowohl lernbegleitend (‚Lernen *mit* Bewegung', Kap. 5.1.2.3), als auch lernerschließend (‚Lernen *durch* Bewegung', Kap. 5.1.2.4) in die Unterrichtsinszenierungen integriert. Die verschiedenen beobachteten oder von den Schulakteuren beschriebenen Formen von bewegtem Unterricht werden im Folgenden näher erläutert.

5.1.2.1 Wechsel der Sozialform: Gruppen- und Partnerarbeit

Viele Lehrkräfte nutzen Partner- und Gruppenarbeiten als Alternative zu frontalen Unterrichtsformen. Bei diesen – zum großen Teil schüleraktivierenden Methoden – erwachsen die Bewegungsfreiheiten der Schüler(innen) häufig aufgrund des organisatorischen Rahmens der Inszenierungsform. Bewegung ensteht beim Lernen in Gruppen oder mit einem Partner bzw. einer Partnerin häufig in der Phase der Gruppenzusammenstellung. Auch die Arbeitsphasen selbst und die Ergebnispräsentation sind selten mit Stillsitzen verbunden.

Abb. 4 Gruppenarbeit

Durch den erhöhten Einsatz von Gruppen- oder Partnerarbeiten, aber auch durch die verstärkte Nutzung innovativer Unterrichtsmethoden wie z. B. der „Klippert-Methoden" (vgl. Klippert, 2007) beobachten die Lehrkräfte gleichzeitig neue Schülerkompetenzen. Im Gegensatz zu älteren Jahrgängen entwickeln die jüngeren Schüler(innen) früher ein stärkeres Selbstbewusstsein, was sich u. a. bei Vorträgen zeigt:

> *„Seit wir also diese Methodenimplementierung machen, stellen wir durchaus fest, es wachsen andere Kompetenzen heran, es gibt ein anderes Selbstverständnis. Zum Beispiel zu präsentieren. Also, die Fünftklässler stellen sich da sehr viel bewusster hin, jetzt schon und tragen etwas vor. Die kommen mit einer ganz anderen Kompetenz in 8 an als diejenigen, die wir in 7 bekommen haben, die wir in 9 so weit hatten, dass sie sich erstmal getraut haben frei zu sprechen. So, also da verändert sich jetzt wirklich was. Eine ganz andere Dynamik, die da jetzt entsteht."*

In der Wahrnehmung der Lehrkräfte können also Methoden, die eine gewisse Eigenaktivität der Schüler(innen) zulassen *und* fordern, auch die Entwicklung von Persönlichkeiten fördern.

5.1.2.2 Bewegungspausen

Bewegung in Form von Bewegungspausen wird ein hoher Stellenwert im Unterricht beigemessen. Die Bewegung wird dabei von den Lehrkräften in Form von bewegten oder entspannenden Pausen während des Unterrichts eingeschoben. Sie dienen der Aktivierung der Schüler(innen) nach einer konzentrierten Arbeitsphase oder wirken beruhigend bei Unruhe. Beide Formen werden von einigen Lehrkräften regelmäßig im Unterricht genutzt. Auch Schüler(innen) berichten davon und bestätigen die für sie konzentrationsfördernde Wirkung dieser bewegten Pausen. Vor allem vor Arbeiten schätzen sie diese Form von Bewegung im Unterricht besonders.

Abb. 5   Bewegte Pause

Den Bedarf nach Bewegungs- oder Entspannungspausen ermittelt in der Regel die Lehrkraft, die dafür natürlich ein wenig Sensibilität mitbringen muss, um den richtigen Zeitpunkt zu erkennen und somit dem Schülerbedürfnis entsprechen zu können. Bei einer Lehrkraft entscheidet jedoch jeweils eine Schülerin oder ein Schüler, wann der richtige Zeitpunkt für eine Bewegungseinheit gekommen ist. Diese(r) führt dann – nach einem kurzen Blickkontakt mit der Lehrkraft – die von ihr/ihm selbst ausgesuchte Übung mit den Klassenkamerad(inn)en durch. Im Französischunterricht wird diese Form der Bewegungspause zugleich mit dem Lerninhalt verknüpft, denn dort wird sie in der Fremdsprache durchgeführt (vgl. Abb. 6).

Abb. 6   Dehnübung im Französischunterricht

Diese Aufgabe erfordert von den Schüler(inne)n eine Vorbereitung, die zwar von einigen als lästig angesehen wird, den Sinn der Aufgabe verstehen sie aber durchaus:

> *„Also es macht schon Spaß ... es machen nicht immer alle so gerne die-*
> *se Übungen, weil wir es auf französisch machen müssen und auf deutsch*
> *wäre es einfacher gewesen .... Aber, wenn man da mal aufstehen kann*
> *und sich mal'n bisschen recken kann, das ist schon schön. I: Glaubst*
> *du, es wäre auf Deutsch was anderes? P: Na ja, man müsste sich dann*
> *nachmittags nicht hinsetzen und dann aus dem Wörterbuch die Voka-*
> *beln raussuchen. Aber es gehört ja zum Unterricht dazu, französisch,*
> *darum macht sie es ja auch".*

Die Zehntklässler(innen) erkennen sowohl den entlastenden Effekt (Aufstehen, Recken) dieser Übung, als auch die Funktion für das Fach Französisch und sehen diese Aufgabe als Bestandteil des Unterrichts an.

Schüler(in) als Bewegungslotse
Schüler(innen) als Bewegungslotsen einzusetzen beruht auf der Idee, dass ein(e) Schüler(in) während des Unterrichts die Bewegungspausen anleitet und nach Rücksprache mit der Lehrkraft durchführt. Die Schüler(innen) haben so die Gelegenheit, sich selbstständig mit ihren leiblichen Bedürfnissen auseinanderzusetzen und diese in Form der Bewegungspausen im Unterricht zu befriedigen. Die Schüler(innen) erhalten so die Möglichkeit, sich selbstständig mit dem Repertoire der Bewegungspausen auseinanderzusetzen und dieses nach ihrem Bedürfnis einzusetzen oder weiter zu entwickeln.

Der Einsatz von Bewegungspausen auch in höheren Klassen wird von vielen Lehrkräften befürwortet, es stellt sich jedoch die Frage, ob auch die Jugendlichen an diesen Pausen interessiert sind und darüber hinaus auch noch ungeniert mitmachen würden. Dabei herrscht Konsens darüber, dass man – wenn man nur früh genug beginnt – später mit allen Schüler(inne)n Bewegungspausen durchführen könnte. Auch die Jugendlichen selbst äußern sich positiv über Bewegungspausen, einige „Quatschköpfe" sollte man ruhig ignorieren.

5.1.2.3 Lernbegleitendes Bewegen

An der Schule gibt es viele Unterrichtssituationen, in denen Bewegung den Unterrichtsprozess begleitet. So gibt es einmal die Arbeitsformen, bei denen Texte, Aufgabenzettel oder auch Ergebnisblätter im ganzen Raum verteilt sind und sich die Schüler(innen) bei der Bearbeitung der Aufgabe durch den Klassenraum bewegen müssen. Darüber hinaus werden bewegte Formen des Unterrichts genutzt, um das Wissen der Schüler(innen) zu überprüfen. In Erkunde kommt dabei ein Ball zum Einsatz, der von Schüler(in) zu Schüler(in) geworfen wird, wobei der/die Werfer(in) nach Hauptstädten in Europa fragt und der/die Fänger(in) diese Frage beantwortet (vgl. Abb. 7).

Abb. 7   Balleinsatz im Erkundeunterricht

Weiterhin werden Vokabeln abgefragt, indem die Schüler(innen) bei richtigen Antworten einen Platz weitergehen oder in mehreren Stufen einen Stuhl erklimmen. In einem Fall antworten die Schüler(innen) alle gemeinsam, damit jeder die Chance auf eine richtige Antwort hat und alle zur gleichen Zeit den Stuhl erklimmen können. Dadurch kann jeder Schüler und jede Schülerin das eigene Wissen selbst einschätzen, es gibt keine besondere Überprüfung durch die Lehrkraft. Varianten dieser Methode bestehen im gemeinsamen Aufstehen bei bestimmten Ereignissen während ein Text vorgelesen wird. So filtern die Schüler(innen) z. B. im Französischunterricht die Accents, im Deutschunterricht die Pronomen und im Englischunterricht die Verneinung des Verbs ‚to do‘, also die ‚don't‘ und ‚doesn't‘ heraus und stehen dann auf.

Thema: „Satzteile" – ein Beispiel aus einer 4. Grundschulklasse
Die Kinder werden aufgefordert, sich für eine Art ‚Feuer-Wasser-Blitz-Spiel‘ zu den Satzteilen Bewegungen auszudenken. Dabei entscheiden sie sich für folgende Bewegungen: Bei den Verben wollen sie sich hinhocken, bei den Adjektiven um den Tisch laufen und bei den Nomen auf den Stuhl stellen. Die Lehrkraft ruft ein Wort und die Kinder reagieren entsprechend der Aufgabenstellung. Zusätzlich wird das Thema schon ein wenig mit der Bewegung verknüpft, denn die Lehrkraft achtet darauf, dass die kleingeschriebenen Verben durch eine Bewegungsform dargestellt werden, bei der sich die Kinder klein machen und die großgeschriebenen Nomen mit einer Bewegung präsentiert werden, bei der sich die Schüler(innen) groß machen.

5.1.2.4 Lernerschließendes Bewegen

An der Schule gibt es weiterhin Unterrichtsinszenierungen, bei denen die Lehrkräfte versuchen, die Inhalte durch Bewegung verständlicher zu machen. Diese Bewegungsaktivitäten im Unterricht lassen sich als lernerschließendes Bewegen charakterisieren. So berichtet eine Lehrkraft, dass sie im Erdkundeunterricht die Himmelsrichtungen durch entsprechendes Aufstellen im Raum verdeutlicht. Eine Schülerin erinnert sich an das Thema Herz-Kreislauf im Biologieunterricht, bei dem sich alle durch eine anstrengende Aktivität auf dem Schulhof praktisch die Verbindung von Anstrengung, Belastung und Erholung am Beispiel der Veränderung des Herzschlages erschlossen haben:

> „Zum Beispiel in Bio letztes Jahr haben wir das auch verstärkt gemacht, dass wir mal raus gegangen sind. Und z. B., als wir das Herz durchgenommen haben, sind wir raus gegangen, mussten uns einmal ganz doll anstrengen, Herzschläge zählen und dann einmal langsam wieder hoch gehen und noch mal die Herzschläge zählen".

Auch szenische Arbeitsformen beinhalten lernerschließende Bewegungsaktivitäten. So dienen Begriffspantomimen im Englischunterricht z. B. dazu, bestimmte Vokabeln zu festigen und kommen bei den Schüler(inne)n augenscheinlich sehr gut an. Dieses wird z. B. daran deutlich, dass sich am Ende einer Einheit einige Schüler(innen) beschweren, weil sie nicht an die Reihe gekommen sind. Im Deutschunterricht in Klasse 7 wird ein Schillergedicht szenisch erarbeitet, welches in den vorangegangenen Stunden bereits thematisiert worden war. Dabei werden verschiedene typische Arbeitsbereiche im Theater wie Bühnenbildner und Regie an Schülergruppen verteilt, später werden die Schauspieler(innen) bestimmt. Am Ende der Stunde wird das Stück aufgeführt. Die 45-Minuten-Stunde ist in diesem Fall sehr knapp bemessen, was sich z.B. an der sehr kurzen Probenzeit (1–2 Minuten) erkennen lässt. Die Schüler(innen) sind am Ende dieser Einzelstunde derart interessiert bei der Sache, dass sie über das Klingeln zur großen Pause hinaus diskutieren und erst aufhören, als die Lehrerin die Stunde abbricht und auf die nächste Deutschstunde verweist. Daran ist zu erkennen, dass Schüler(innen) – wenn sie ein Thema gefangen nimmt – durchaus gewillt sind, auch länger an einer Sache zu arbeiten und der 45-Minuten-Rhythmus dabei hinderlich sein kann.

Längere Lernblöcke

Ein starrer 45-Minuten-Rhythmus führt häufig dazu, dass Unterrichtsprozesse abgebrochen werden müssen, obwohl die Schüler(innen) interessiert bei der Sache und durchaus gewillt sind weiterzuarbeiten. Es ist daher überlegenswert, längere Unterrichtsblöcke zu schaffen. Ein erster Schritt kann dabei die Auflösung der 45-Minutenstunde und die schulweite Einrichtung von Doppelstundenblöcken sein, die auch nicht von einer verbindlichen kleinen Pause unterbrochen werden. Das setzt sicherlich eine rhythmisierende Strukturierung und eine Vielfalt von (bewegten) Unterrichtsmethoden voraus, denn ein traditioneller, frontaler Unterricht über 90 Minuten hinweg erscheint dann nicht mehr möglich. Anregungen und Beispiele zum Thema Tagestakt und Rhythmisierung finden Sie in Kapitel 2.

Thema: ‚Satzbausteine‘ – ein Beispiel aus einer 4. Grundschulklasse

Eine Möglichkeit, im Deutschunterricht Lerninhalte ganzheitlich und in Bewegung zu erschließen, besteht darin, Kinder mit Satzteilschildern auszustatten, die sie dann dazu nutzen, sich in der richtigen Reihenfolge aufzustellen, um sinnvolle Sätze zu bilden. Die Reihenfolge der einzelnen Satzteile kann dabei von den Schüler(inne)n variiert werden, der Sinn bleibt aber immer der gleiche. Einige Satzteile und somit auch Kinder, bleiben bei den Umstellungen aber immer zusammen. Daraus hat sich in der beobachteten Stunde das Thema ‚Satzbausteine‘ entwickelt.

Die beschriebenen Unterrichtseinheiten dienen dazu, das Thema leiblich zu erfahren. Diese qualitativ andere Art und Weise der Vermittlung erzielt bei den Schüler(inne)n leibliche Betroffenheit und bildet neben kognitiven auch leiblich geprägte Vorstellungen über das Thema heraus. Wenn der Unterricht so inszeniert wird, dass die Schüler(innen) sich den Unterrichtsstoff handelnd erschließen, gewinnen diese ihre Erkenntnisse hauptsächlich aus einer aktiven und selbstständigen Auseinandersetzung mit den Themen (vgl. Gudjons, 2001). Diese besitzt immer eine sinnlich-leibliche Dimension und erfolgt in verschiedenen Ausprägungsgraden *bewegt*. So ist im Geschichtsunterricht ein Nachbauen historischer räumlicher Gegebenheiten geplant, im Biologieunterricht erfolgt das Erkunden verschiedener Baumarten im Stadtpark und eine Physiklehrkraft nutzt das Fußballfeld auf dem Schulhof, um das Verhältnis von Tor zu Spielfeld erst praktisch auszumessen, und danach auszurechnen.
Diese bewegten und handlungsorientierten Lernformen finden häufig an alternativen Lernorten statt. Unterrichtsorte innerhalb des Schulgeländes, in der näheren Umgebung und auch weiter entfernte externe Lernorte werden für den Unterricht aufgesucht. So nutzen Lehrkräfte das Forum, einen großen Raum im Schulgebäude, wenn sie für den geplanten Unterricht mehr Platz benötigen als er im Klassenzimmer zur Verfügung steht. Verschiedene Experimente werden im Freien durchgeführt, weil sie im Klassenraum zu gefährlich erscheinen und wenn es die Witterungsgegebenheiten zulassen, wird auch mal der gesamte Unterricht ins Freie verlegt, weil das schöne Wetter dazu animiert.

5.1.2.5 Die Projektwoche
Neben den alltäglichen Möglichkeiten einer bewegten Unterrichtsgestaltung ist einmal pro Schuljahr eine Projektwoche fest im Jahresplan verankert. Um bestimmte Fächer in ihren Inhalten nicht zu beschneiden, werden die Projekte in den Tagen um die Halbjahreszeugnisse herum durchgeführt. In den Projekttagen wird der Unterricht vom normalen Stundenkorsett befreit und jede Klasse arbeitet an Projekten, die mit dem üblichen Unterricht jedoch scheinbar nicht verzahnt sind. Der Lernprozess erfolgt in Gruppen und die Schüler(innen) teilen sich ihren täglichen und wöchentlichen Zeitplan selbstständig ein. Am Ende der Woche stellen sie ihre Arbeiten oder Ergebnisse vor. Dabei handelt es sich um einen handlungsorientierten und ganzheitlichen Prozess, sodass auch hier Bewegung implizit vorhanden ist.

Projektorientiertes Lernen

Projektwochen könnten als projektorientiertes Lernen fächerüber-
greifend und mit dem übrigen Unterricht verzahnt durchgeführt
werden und so eine Bereicherung für das Unterrichtsangebot darstellen. Das projektorientierte Lernen könnte so eine stärkere Bedeutung innerhalb einer Schulwoche bekommen und würde nicht
nur am Ende eines Schulhalbjahres stattfinden. Mit der Freien
Ganztagsgrundschule STEINMALEINS in Jena wird in Kapitel 5.2
eine Schule beschrieben, die dies erfolgreich umsetzt.

5.1.3 Zusammenfassung

Unter den Bedingungen eines Gymnasiums mit einer offenen Ganztagskonzeption schaffen es viele Lehrer(innen) der Schule, den Unterricht bewegt
zu inszenieren. Bewegung dient dabei der Rhythmisierung und Auflockerung
der Lernphasen und wird außerdem sowohl auf lernbegleitender, als auch
auf lernerschließender Ebene in den Unterricht integriert. Darüber hinaus wird
der Unterricht durch den Wechsel der Sozialform sowie durch das Aufsuchen von alternativen Lernorten an der Schule bewegt gestaltet. Den Lehrkräften an der Schule gelingt es durch ein breites Handlungsrepertoire an
(bewegten) Unterrichtsmethoden auf beeindruckende Weise, einen bewegten Unterricht für die Schüler(innen) zu gestalten.

- Beigel, D. (2005). Beweg dich, Schule. Dortmund: Borgmann.
- Gasser, P. (2002). Neue Lernkultur. Aarau: Sauerländer.
- Klippert, H. (2007). Methoden-Training. Weinheim: Beltz.
- Welscher-Forche, U. (1999). Lernen fördern mit Elementen des Szenischen Spiels. Baltmannsweiler: Schneider.

5.2 BEWEGUNG DURCH OFFENEN UNTERRICHT UND PROJEKTE: DIE FREIE GANZTAGSGRUNDSCHULE STEINMALEINS IN JENA

Die Freie Ganztagsgrundschule STEINMALEINS aus Jena, einer Stadt mit ca. 103 000 Einwohnern, ist eine Ganztagsschule in gebundener Form und wurde im Jahr 2000 gegründet. Elf Grundschullehrer(innen), davon sieben mit sonderpädagogischer Fachqualifikation, und Freizeitpädagog(inn)en arbeiten im Schuljahr 2005/06 an dieser Schule Hand in Hand, um den ca. 73 Schüler(inne)n ein ganztägiges Leben und Lernen zu ermöglichen. Der Begriff ‚Freizeitpädagog(inn)en' wurde vom Kollegium selbst kreiert und umfasst sieben Personen mit unterschiedlichen Ausbildungen wie z. B. Sozialpädagog(inn)en, Motopäd(inn)en, Erzieher(innen) und Heilpädagog(inn)en.

Abb. 8 Schulgebäude der Freien Ganztagsgrundschule STEINMALEINS in Jena

An mindestens drei Tagen in der Woche haben alle Kinder der Schule Unterricht bis 15 Uhr, woran sich eine Schulöffnungszeit bis 16.30 Uhr anschließt. Die Schule verfolgt einen reformpädagogisch orientierten Ansatz, zu dessen Grundpfeilern die Jahrgangsmischung und die Integration von Schüler(inne)n mit sonderpädagogischem Förderbedarf zählen.

Die Homepage der Schule mit weiteren interessanten Informationsangeboten ist unter http://ganztagsgrundschule.querwege.de abrufbar.

Dabei möchte sich die Ganztagsgrundschule auf kein spezielles reformpädagogisches Konzept festlegen, sondern nutzt die Vielfalt der Ansätze (z. B. Jena-Plan oder Montessori-Materialien) auch in der Unterrichtsdidaktik und -methodik, zu ihren Gunsten aus.

Reformpädagogische Ansätze

Die heutigen reformpädagogischen Ansätze fußen auf pädagogischen Schulkonzepten von verschiedenen Schulerneuerern, die etwa in den ersten dreißig Jahren des zwanzigsten Jahrhunderts entstanden sind. Aus der Kritik am damaligen Schulsystem entstanden Reformschulen, mit denen Begriffe wie ‚Selbstständiges Lernen', ‚Freiarbeit', ‚Projektlernen', ‚Wochenplan', ‚Jahrgangsübergreifender Unterricht' oder ‚Schulleben' in Verbindung gebracht werden. Obwohl es durchaus kontroverse Diskussionen bezüglich einiger Reformpädagog(inn)en gibt, profitiert die heutige Unterrichtspraxis vor dem Hintergrund der Individualisierung und Öffnung des Unterrichts sehr stark von diesen Konzepten. Mit Peter Petersen (Jena-Plan, vgl. Petersen, 1927/[63]2007) und Maria Montessori (vgl. Oswald & Schulz-Benesch, 1967/[17]2001) werden zwei Vertreter der reformpädagogischen Ideen genannt.

Aus den verschiedenen pädagogischen Erziehungszielen, die sich die Schule setzt, werden zwei (Förderung der sozialen Kompetenz und Selbstregulierung des Lernprozesses) herausgegriffen, die speziell mit der Form der Unterrichtsinszenierung im Zusammenhang stehen. Der Schwerpunkt ‚Soziales Lernen' im Schulkonzept wird durch die Heterogenität der Lerngruppen (Stammgruppen), also durch die Jahrgangsmischung von Kindern des ersten bis vierten Jahrganges und die Integration von Kindern mit sonderpädagogischem Förderbedarf gefestigt. Denn ‚Soziales Lernen' wird in einem derartigen Unterrichtsrahmen laut Schulprogramm zur Selbstverständlichkeit:

> „Durch das gemeinsame Lernen von behinderten und nicht behinderten oder von jüngeren und älteren Schulkindern muss soziale Kompetenz nicht mühsam erlernt werden, sondern entsteht im Alltag" (Schulprogramm der Freien Ganztagsgrundschule STEINMALEINS, Stand 2006).

Die Lehrer(innen) beobachten, dass die Kinder voneinander lernen und ein gestärktes Selbstbewusstsein dadurch entwickeln, dass sie Helfende sein dürfen – aber durch entsprechende Aufgabenstellungen auch dazu aufgefordert werden. Die Kinder geben ihr Wissen gerne an andere Kinder weiter. Dies entlastet zugleich die beteiligten Pädagog(inn)en, welche die zur Verfügung stehende Zeit für Kinder nutzen können, die wirklich die Hilfe der Lehrkraft benötigen. Denn dadurch haben sie die Zeit und Ruhe, mit einzelnen Kindern intensiver zu arbeiten. Durch die Integration von Kindern mit sonderpädagogischem Förderbedarf lernen die anderen Kinder gleichzeitig, mit dieser speziellen Form von Heterogenität umzugehen. Das bedeutet, dass Kinder, die bspw. in Deutsch oder Mathematik nicht so ein hohes Fachwissen besitzen wie die restlichen Kinder, trotzdem anerkannt und respektiert werden. Die Schulleiterin meint hierzu:

> „Dass sie einfach lernen, okay, es ist normal. Jedes Kind ist verschieden und es ist okay, wenn jemand anders ist. Und dass sie natürlich auch dann so dazu angehalten werden zu helfen und zu sehen, wo man helfen

> *kann, ohne jetzt zu übertreiben, sondern (einschätzen lernen): Hier ist*
> *Unterstützung angebracht und hier ist sie vielleicht nicht unbedingt ange-*
> *bracht".*

Den zweiten Schwerpunkt, der mit dem Begriff ,Selbstregulierung' treffend charakterisiert werden kann, bildet das selbstständige und eigenbestimmte Lernen der Kinder. Die Unterrichtsinszenierungen werden so ausgewählt, dass die Kinder

> *"das Lernen erlernen und dazu herangeführt werden, selbstständig Wis-*
> *sen zu erarbeiten, sich anzueignen oder auch selbstständig Wissen zu*
> *festigen. Das wird hauptsächlich in der Wochenplanzeit und in den Grup-*
> *penarbeiten durchgeführt und da spielt, also wie jetzt eben schon gesagt,*
> *die Selbstständigkeit eine ganz große Rolle und wir sind da eher Unter-*
> *stützer beim Lernen für die Kinder."*

Aus diesen Schwerpunkten heraus folgt fast zwangsläufig ein Unterricht, der verstärkt auf offene und individualisierte Lehr- und Lernformen setzt. Unterrichtsschwerpunkte im Rahmen dieser offenen Unterrichtsinszenierungen stellen die Wochenplanarbeit und projektorientierte Lernformen dar. Die Arbeit am Wochenplan erfolgt an vier Tagen pro Woche täglich für etwa zwei flexibel gestaltete Zeitstunden und die projektorientierten Gruppenarbeiten an fächerverbindenden Themen erstrecken sich freitags über mehrere Stunden. Neben diesen offenen Unterrichtsformen gibt es weitere ,Unterrichtsbausteine', die die Unterrichtswoche vervollständigen. Der Tag in Jena beginnt mit einem offenen Anfang, in dem die Kinder in der Schule ankommen können. Im Anschluss daran werden an mehreren Tagen pro Woche Morgenkreise durchgeführt, die jeweils einen thematischen Schwerpunkt (Musikkreis, Sozialkreis etc.) haben. Nach der daran anschließenden Wochenplanarbeit und einer halbstündigen Gartenpause folgt der 45- oder 90-minütige Kursunterricht. Dies ist der einzige Unterricht in der Woche (ca. sechs Wochenstunden), in dem die Schüler(innen) nach Jahrgängen getrennt und nicht in ihren Stammgruppen, fachspezifisch unterrichtet werden. Der Kursunterricht umfasst sechs Wochenstunden, in denen es je nach Lehrkraft auch häufiger *"Phasen des eher klassischen Unterrichts (gibt), wo die Kinder auch mal sitzen und Frontalunterricht von einem Lehrer erfahren".* Durch den eher gleichschrittigen Unterrichtsverlauf verringern sich die Bewegungs- und Rückzugsmöglichkeiten der Kinder, die sie durch die Offenheit und Handlungsorientierung in den anderen Unterrichtszenarien genießen, für einen Zeitraum von etwa 45 Minuten. Darüber hinaus ergänzen weitere Unterrichtsfächer wie Sport, Ethik oder Religion und Werken den Unterrichtstag am Nachmittag, die auch in jahrgangsübergreifenden Gruppen in Doppelblöcken durchgeführt werden.
In drei speziellen themenspezifischen Projektwochen, die regelmäßig im Jahresverlauf durchgeführt werden, organisiert sich die Unterrichtswoche zeitlich und räumlich losgelöst vom herkömmlichen Takt.

Diese Tageselemente sind Ausdruck einer relativ offenen Tages-taktung, wie sie teilweise an den Schulen, die in Kapitel 2 vorge-stellt werden, vorkommt. Besonders starke Parallelitäten ergeben sich zwischen dem Schul- und Ganztagskonzept dieser Schule mit dem der Sophie-Scholl-Schule aus Gießen, die in Kap. 2.2 vorge-stellt wird.

Im Folgenden wird auf die unterschiedliche Thematisierung von Bewegung im Unterricht der Schule näher eingegangen. Zunächst erfolgt dazu eine Dar-stellung der grundsätzlichen Sicht der Akteure auf Unterricht und der damit verbundenen Bedeutung von Bewegung, die dieser im Unterricht zugeschrie-ben wird (Kap. 5.2.1). Anschließend werden die Unterrichtsbausteine erläu-tert, die den offenen und am praktischen Tun orientierten Unterricht besonders deutlich werden lassen, mit ihren jeweiligen Konsequenzen für die integrier-te Rolle von Bewegung (Kap. 5.2.2). Dabei wird offensichtlich, dass Bewegung an der Schule gewissermaßen automatisch und natürlich zum Unterricht dazu-gehört, obwohl im Schulkonzept nicht explizit darauf hingewiesen wird.

5.2.1 Bedeutung von Bewegung für das Unterrichtsgeschehen

Die Bedeutung für Bewegung in der Schule im Allgemeinen und im Unter-richt im speziellen, ergibt sich in Jena aus der ganzheitlichen Sicht auf die Kin-der. Eine Pädagogin erklärt die Bedeutung von Bewegung im Unterricht wie folgt:

> *„Der Hintergrund ist einfach, dass Kinder leistungsfähiger sind, wenn sie einen gesunden Wechsel zwischen Bewegung und stiller Konzentra-tion haben. ... Nur ein bewegliches, fröhliches Kind sozusagen wird auch eine Leistung bringen, die alle zufrieden stellt oder die es selbst auch zufrieden stellt“.*

Gleichzeitig schafft Bewegung nach Ansicht der Lehrkräfte die Voraussetzung für *„ein harmonisches Klima insgesamt in der Schule“*, denn dafür *„ist es ganz einfach nötig, dass die Kinder sich viel bewegen“*. Es wird deutlich, dass aus Sicht der Lehrkräfte Bewegung eine Bedingung für fröhliche und zufrie-dene Kinder in einem harmonischen Lern- und Lebensraum Schule darstellt. Bewegung wird als natürliches und auch im Unterricht zu berücksichtigen-des Bedürfnis der Kinder angesehen. Die Lehrkräfte erkennen einen großen Bewegungsdrang bei den Kindern, der bei den Erst- und Zweitklässler(inne)n als besonders ausgeprägt gilt. In diesem Zusammenhang wird darauf hinge-wiesen, dass die *„Bewegungsmotivation“* nicht bei allen Kindern gleich stark ausgeprägt ist und daher besonders die individualisierten Unterrichtskon-zeptionen die Möglichkeiten für eigenbestimmte Bewegungs- oder auch Ruhe-phasen bieten.

> *„Ich empfinde es immer als sehr angenehm, wenn die Bewegung auch im gewissen Maße natürlich bleibt. Also nicht, dass die Kinder sitzen und dann sagt man, so jetzt steht mal hier auf und bewegt die Finger und*

bewegt die Beine, sondern dass das einfach in diesen Unterrichtspro-
zess mit eingeführt wird, indem man z. B. die Aufträge für seine Fächer
so wählt, dass entsprechende Bewegungsmöglichkeiten da sind. Indem
man auch Spiele, die einfach jetzt an der Stelle auch passend sind, nicht
einfach als Selbstzweck, dass man sagt, man muss sich jetzt bewegen
und macht dann einfach ein Bewegungsspiel, sondern dass es wirklich
aus der Situation heraus aufgegriffen wird. Und eben auch diese Mög-
lichkeit, die Bewegung zuzulassen bei den Kindern und diesen Unter-
richt so aufzubauen, dass er diese Offenheit zeigt (und) den Kindern
diese Bewegung zugestehen."

An diesem Zitat wird deutlich, dass Bewegung während des Unterrichts nicht
als Selbstzweck gesehen wird, sondern als eng mit dem Lernprozess der
Kinder verwoben. Vor allem die Wochenplanarbeit, die projektorientierten
Gruppenarbeiten sowie die Projektwochen stellen an der Schule unterrichts-
organisatorische Möglichkeiten dar, diese enge Verwobenheit zwischen Lernen und Bewegen im konkreten Unterrichtsgeschehen praktisch zu ermöglichen.
Denn sie zeichnen sich durch einen hohen Grad an organisatorischer, methodischer und zum Teil auch inhaltlicher Offenheit des Unterrichts aus (vgl.
Peschel, 2006).

Offener Unterricht

Falko Peschel ist ein Vertreter einer ‚radikalen' Form ‚Offenen
Unterrichts'. Offener Unterricht bedeutet für ihn mehr als die Öffnung der Organisationsform unter Beibehaltung ‚geschlossener'
Arbeitsmaterialien und -pläne (vgl. Peschel, 2006). Der von ihm
präferierte ‚Offene Unterricht' zeichnet sich durch einen hohen
Grad von Offenheit aus – sowohl in der Unterrichtorganisation,
als auch der Unterrichtsmethode, des Unterrichtsinhalts, der
Sozialformen im Unterricht und in der Offenheit der Lehrkräfte
gegenüber den Schüler(inne)n und umgekehrt:

„Offener Unterricht gestattet es dem Schüler, sich unter Freigabe
von Raum, Zeit und Sozialform Wissen und Können innerhalb eines
‚offenen Lehrplanes' an selbst gewählten Inhalten auf methodisch
individuellem Weg anzueignen. Offener Unterricht zielt im sozialen
Bereich auf eine möglichst hohe Mitbestimmung bzw. Mitverant-
wortung des Schülers bezüglich der Infrastruktur der Klasse, der
Regelfindung innerhalb der Klassengemeinschaft sowie der gemein-
samen Gestaltung der Schulzeit ab" (ebd., S. 78).

In diesen Unterrichtsszenarien können die Kinder die Rahmenbedingungen und den Lernweg ihres Lernprozesses zu einem großen Teil selbst bestimmen. Dadurch entstehen sozusagen ‚automatisch' viele Bewegungsfreiräume im Unterricht. Gleichzeitig steht bei den handlungsorientierten Projektformen die Selbsttätigkeit und Selbstbestimmtheit der Schüler(innen) durch eigenverantwortliches Tun im Vordergrund. Es wird hervorgehoben, wie wichtig es ist, *„dass die Kinder selber aktiv sind und beim eigenen Tun etwas lernen"*, und damit die Verbindung von ‚Kopf, Herz und Hand' in einem ganzheitlichen Lernprozess betont.

5.2.2 Bewegte Unterrichtsinszenierungen

Im Folgenden werden nun die Unterrichtsbausteine erläutert, die den offenen und handlungsorientierten Charakter der Lernkultur der Ganztagsgrundschule am deutlichsten dokumentieren. Sie nehmen wie bereits beschrieben, einen großen Zeitraum im Wochentakt der integrativen Grundschule ein.

5.2.2.1 Wochenplanarbeit

Während der Wochenplanarbeit, die in der Regel als Lernblock vor der Frühstückspause organisiert ist, arbeiten eine Grundschullehrkraft und ein(e) Sonderpädagoge(in) eng zusammen. Während der Wochenplanzeit lernen die Kinder in ihren jahrgangsübergreifenden Stammgruppen. Für die im Wochenplan zu erfüllenden Aufgaben müssen sich die Kinder ihre Arbeitsmaterialien besorgen, Ansprech- aber auch Lernpartner(innen) suchen, die Pädagog(inn)en oder Mitschüler(innen) zur Kontrolle auf Vollständigkeit und Richtigkeit aufsuchen, Materialien wegbringen und wieder neu holen, etc. Sie dürfen in dieser Zeit in die Leseecke gehen oder sich auf die in einem Stammgruppenraum befindliche Hochebene zurückziehen, um in Ruhe arbeiten zu können. Durch diese organisatorische Offenheit während der Lernzeit wird die Eigenständigkeit und die Fähigkeit der Kinder, ihren Lernprozess selbstständig zu organisieren, gefördert und gefordert. Eine Schülerin bestätigt, dass durch die Offenheit bei der Wochenplanarbeit viele Handlungsfreiräume entstehen:

> *„Also ich finde es eigentlich am besten, wie es in der Wochenplanarbeit abläuft …. Da musst du nicht andauernd auf den Lehrer hören und die ganze Zeit irgendwo zuhören, sondern da hast du deine Aufgaben und es machen nicht alle dasselbe".*

Durch die Arbeitsweise während der Wochenplanzeit haben die Kinder viele Freiräume, in denen sie gemäß ihren individuellen Bedürfnissen entscheiden können, welche Arbeitsschritte sie als nächstes vollziehen wollen. Durch diese Handlungsfreiräume eröffnen sich Bewegungsräume, da die Schüler(innen) selbst entscheiden wo, wie und auf welche Weise sie die Lernaufgaben bearbeiten wollen. Sie haben die freie Wahl der Körperhaltung, des Arbeitsplatzes und auch die gewählte Methode kann Wege für Bewegung entstehen lassen.

Abb. 9 Freie Wahl der Arbeitshaltung

Hieran lässt sich erkennen, dass der ‚Eigenrhythmus' der Schüler(innen) während des gesamten Lernprozesses berücksichtigt und dadurch eine körperlich-leibliche ‚Selbstregulierung' gefordert wird.

Der ‚Eigenrhythmus' der Schüler(innen) als Rhythmisierungsmöglichkeit des gesamten Tagesablaufes wird in Kapitel 2.3 bei den Ausführungen zur Glocksee-Schule Hannover thematisiert.

Voraussetzung für eine derartige Arbeitsweise ist die Raumstrukturierung und das Mobiliar in den Klassenräumen. Alle Stammgruppenräume der Schule sind gleich strukturiert. So gibt es Ablageflächen für verschiedene Materialien, Rückzugsnischen, die als Gruppenecke, Leseecke, Spielecke, Schlafecke oder Entspannungsecke genutzt werden können, einen PC-Arbeitsplatz, gruppierte Arbeitstische, etc. (vgl. Abb. 10 und 10.1). Dies ermöglicht eine vollständige und individuelle Raumnutzung während des Unterrichts.

Abb. 10 und 10.1 Stammgruppenräume

5.2.2.2 Projektorientierte Gruppenarbeit

Neben der Wochenplanarbeit ist die projektorientierte Gruppenarbeit in fächerverbindendem Kontext eine weitere Unterrichtsinszenierung an der Ganztagsgrundschule, bei der Körperlichkeit und Bewegung im Lernprozess eine wichtige Rolle spielen.

Während sich von Montag bis Donnerstag die Tagestaktung annähernd gleicht, erweist sich der Freitag als besonders exponiert, denn: *„Freitag ist halt Zeit, sich komplett einem Thema zu widmen".* An diesem Wochentag werden den gesamten Vormittag über Gruppenarbeiten zu bestimmten Themenkomplexen handlungsorientiert und fächerverbindend durchgeführt. In der Regel erstreckt sich die Bearbeitung dieser Themen über einen Zeitraum von drei bis vier Wochen. Die Themen aus den Gruppenarbeiten finden sich auch in den Wochenplänen der Kinder wieder. Dadurch wird die Verzahnung von Projekt und anderen Unterrichtsfächern von den Lehrkräften noch verstärkt.

Der Unterricht findet an diesen Freitagen sehr häufig an alternativen Lernorten statt: *„Und da ist die Phantasie der Pädagogen, die hier arbeiten, teilweise atemberaubend."* Ein Beispiel für eine Gruppenarbeit zu dem Thema ‚Berufsfelder' verdeutlicht die den gesamten Lernprozess begleitende dynamische Wechselwirkung zwischen den Komponenten ‚Kopf- und Handarbeit' (Meyer, 1989, S. 423) und damit den ganzheitlichen Gedanken der Ganztagsgrundschule.

> *„(Wir sind in die) Lobeda-Altstadt gegangen. Die Kinder hatten den Auftrag, mit offenen Augen hier durch die Gegend zu gehen und zu schauen, wo sie Leute finden, die gerade arbeiten und diese Leute dann zu befragen. Also, was für einen Beruf sie haben? Welche Firma das ist, wo sie da arbeiten? (Oder): Welche Produkte hergestellt werden? ... Da sind ganz viele Sachen auch von den Kindern gefordert, einerseits die Bewegung, sich da hinzubegeben, andererseits ... Schranken zu überwinden. Also jetzt irgendwo reinzugehen, was vielleicht jetzt nicht unbedingt aussieht wie so ein Geschäft. Das ist ja immer noch das Einfachste, in ein Geschäft reinzugehen und eine Verkäuferin zu befragen, sondern auch mal, wenn ein Firmenschild draußen an der Tür ist, dann dort die Firma zu betreten ... sich vorzustellen. Das haben wir mit den Kindern auch geübt, im Rollenspiel: Zu sagen, wer man ist, was das Anliegen ist und da eben Informationen zu gewinnen. Das ist ein ganz anderes Lernen und bleibt bei den Kindern viel stärker haften, als wenn wir uns hinstellen ... und würden erzählen: ‚Wir möchten euch heute gerne das Berufsbild eines Kälte- und Klimatechnikers näher bringen'. ... Und Themen, die jetzt die Natur betreffen, lassen sich auch viel besser dort behandeln, wo man eben die Sachen auch betrachten kann. Also, da gibt es auch Exkursionen, in die nähere Umgebung in den Wald, ... wo wir dann mit Lupe und Fernglas und Bestimmungsbüchern losgehen."*

Die Lehrkräfte versprechen sich durch diese Art des Lernens eine bessere Nachhaltigkeit des Lerninhalts und betonen weiterhin die verbesserte Anschaulichkeit von ‚Originalschauplätzen'.

Abb. 11   Alternativer Lernort „Natur"

Neben den Exkursionen berichten die Kinder von regelmäßigen Experimenten, die im Rahmen der Gruppenarbeitsphasen durchgeführt werden. Ein Schüler erwähnt ein physikalisches Experiment (zur Oberflächenspannung) mit einem bis zum Rand gefüllten Wasserglas und vielen Geldstücken und es wird deutlich, wie sehr es ihn berührt: *„Außen steht es schon über, läuft aber nicht über"*. Ein wichtiger Ansatz für die Lehrkräfte besteht darin,

> *„dass die Kinder Wissen vermittelt bekommen, indem sie selbst entdecken. ... Dass so Wissen vermittelt wird, also nicht, dass einer oder der Lehrer als Überfigur dasteht und irgendeine Theorie rüberbringt, die die Kinder doch nicht verinnerlichen, sondern dass die Kinder wirklich selbst tätig werden."*

Die Projekt-Methode

Bekannte Vertreter der Projekt-Methode sind John Dewey und William Heard Kilpatrick. Die Grundlage für die „Projekt-Methode" ist ein Unterricht, in dem die Möglichkeit des „planvollen Handelns aus ganzen Herzen" gegeben ist. Kilpatrick nennt davon ausgehend das „herzhafte planvolle Tun", das „Einheitselement einer solchen Tätigkeit" und wünscht sich: „Da das planvolle Handeln die typische Einheit des wertvollen Lebens in einer demokratischen Gesellschaft ist, so sollte es auch zur typischen Einheit des Schulverfahrens gemacht werden" (Kilpatrick, 1935, S. 162). Bei der Projektarbeit, die demzufolge als handlungsorientierte Unterrichtsinszenierung gestaltet wird, gelangen Lebensbezug, eigenes Tun und Ganzheitlichkeit in den Vordergrund.

Ausgangspunkt ist eine von den Schüler(inne)n (und Lehrkräften) als wichtig erachtete problemhaltige Sachlage, die es zu lösen gilt. Hierzu wird ein Plan entwickelt, dem einzelne Arbeitschritte folgen. Der Plan wird von den Beteiligten reflektiert und bei Bedarf korrigiert. Das projektorientierte Lernen endet mit einer Darstellung der Arbeitsergebnisse (vgl. Bönsch, 1998, 131 ff.).

Das Erleben im eigenen Tun als grundlegendes Element dieser projektorientierten Gruppenarbeiten scheint absolut im Vordergrund zu stehen und stellt die Grundlage für den Erwerb von *Erfahrungen* dar. Denn Lernen und Erkenntnis durch *Erfahrungen* gelten als ein wichtiges Element des Projektkonzepts (vgl. Gudjons, 2008).

5.2.2.3 Projektwochen

Neben den Projektgruppenarbeiten am Freitag fokussieren auch die drei bis fünf Mal jährlich stattfindenden Projektwochen den reformpädagogischen Ansatz der Grundschule. Die Projektwochen finden entweder in der Stammgruppengemeinschaft statt oder werden schulweit durchgeführt. Dabei wird auf den Einstieg in das Projekt auf besondere Weise Wert gelegt. Um das Interesse der Kinder auf das Thema zu lenken, wird schon mal die Polizei eingeladen, die dann auf dem Schulhof eine *„Mine"* birgt, oder eine *„geheimnisvolle Zeitung"* weist auf eine auf dem Schulhof vergrabene Mumie hin. Dabei sind die Arbeitsaufträge extra sehr offen gehalten, damit sich die Kinder überlegen müssen, was sie jetzt eigentlich bearbeiten wollen und wie sie dabei vorgehen möchten, wodurch eine noch höhere Stufe an *„Selbstverantwortung"* gefordert wird. Es wird betont, dass die Schüler(innen) dafür sehr *„eigenständig und interessenorientiert arbeiten können"* und müssen.

Bewegung entsteht in diesen verschiedenen Unterrichtszenarien auf der einen Seite wiederum durch die Freiheitsgrade in der Unterrichtsorganisation und der Lernmethode. Wenn die Kinder die Unterrichtsgänge machen und Berufsgruppen in ihrem Arbeitsumfeld aufsuchen, kann von Stillsitzen keine Rede mehr sein. Die Schüler(innen) sorgen in diesem Fall eigenständig für die innere und die äußere Rhythmisierung ihres Lernprozesses. Die ‚Selbstverantwortung', die von den Kindern dabei verlangt wird, schließt dabei auch die leibliche Selbstverantwortung mit ein. Auf der anderen Seite ergänzt das Projektlernen den Lernprozess auch auf eine qualitative Weise. In den handlungsorientiert ausgerichteten Unterrichtsinszenierungen gewinnen die Schüler(innen) ihre Erkenntnisse hauptsächlich aus einer aktiven und selbstständigen Auseinandersetzung mit den Themen und unter Einbezug vieler Sinne.

Abb. 12 Experimente mit Wasser

Laut Gudjons (2001, S. 86 f.) rücken dadurch „Lernen und Arbeiten, Produktion und Konsumption, Verstand und Sinnlichkeit, Theorie und Praxis wieder zusammen" und „geistige und körperliche Arbeit wird ‚wiedervereinigt'". Durch diese sinnlich-leibliche Dimension erfolgt ein handlungsorientierter Unterricht in verschiedenen Ausprägungsgraden immer *bewegt*.

5.2.3 Zusammenfassung

An den Ausführungen zu den verschiedenen Unterrichtsbausteinen wird der grundsätzliche Anspruch der Schule an Unterricht und Erziehung und die Ausrichtung am Kind deutlich. Das Thema Bewegung im Unterricht scheint in allen Unterrichtsinszenierungen an der Freien Ganztagsgrundschule STEINMALEINS durch und das, wie es scheint, obwohl sich die Lehrkräfte nicht unbedingt explizit um Bewegung bemühen. Durch die reformorientierte Lehr- und Lernkultur, die integrative Ausrichtung und die daraus resultierende überwiegend offene und handlungsorientierte Unterrichtsgestaltung wird Sich-Bewegen zu einem selbstverständlichen Bestandteil der Unterrichtskultur.

Transparenz des Bewegungsverständnisses durch Berücksichtigung im Schulprogramm

Bewegung als notwendiges Element einer kindgemäßen Unterrichtskultur ergibt sich an dieser Schule also eher nachträglich aus der vorhandenen Unterrichtskultur. Eine explizite Verständigung über den Stellenwert von Bewegung und Spiel im Unterricht erscheint dennoch sinnvoll, um die durchscheinenden unterschiedlichen Vorstellungen bezüglich des Verständnisses und der Implementation von Bewegung im Unterricht zu bündeln. Diese gemeinsame Basis im Schulprogramm kann dazu dienen, das schulspezifische Bewegungsverständnis für alle Lehrkräfte, aber auch für die Eltern transparent werden zu lassen.

- Emer, W. & Lenzen, K.-D. (2005). Projektunterricht gestalten – Schule verändern. Baltmannsweiler: Schneider.
- Gudjons, H. (2008). Projektunterricht – Ein Thema zwischen Ignoranz und Inflation. Pädagogik 60 (1), 6 – 10.
- Gudjons, H. (2001). Handlungsorientiert lehren und lernen (6. überarb. und erw. Aufl.). Bad Heilbrunn/Opladen: Klinkhard.
- Peschel, F. (2006). Offener Unterricht (Teil I und II). Baltmannsweiler: Schneider.

5.3 BEWEGTER UNTERRICHT IN DER GANZTAGSKLASSE: DIE HAUPTSCHULE ROTHENBURG IN BRAUNSCHWEIG

Die Hauptschule Rothenburg, die 1963 gegründet worden ist, befindet sich in einem der größten Stadtteile Braunschweigs, der Weststadt. An der Schule werden ca. 200 Schüler(innen) in den Klassenstufen 5–10 unterrichtet. Der Beginn der schrittweisen Umwandlung der Hauptschule Rothenburg in eine gebundene Ganztagsschule fand im Jahr 2004 statt. Im Schuljahr 2005/2006 wurde mit einer Ganztagsklasse im fünften Jahrgang der Ganztagsbetrieb aufgenommen, der innerhalb von fünf Jahren auf alle Jahrgänge ausgeweitet werden soll. Das Kollegium der Rothenburg-Schule besteht aus 18 Lehrkräften, unterstützt von einer Sozialpädagogin.

Die Schülerschaft der Hauptschule Rothenburg gilt als nicht ganz einfach, da die Schule in einem sozialen Brennpunkt der Stadt liegt. Verstärkt wird diese Problematik durch eine sinkende Zahl von Schüleranmeldungen. So gibt es die Entwicklung von einer Dreizügigkeit der Jahrgänge hin zur Einzügigkeit. Betrachtet man das pädagogische Konzept der Ganztagshauptschule Rothenburg hinsichtlich der Berücksichtigung von Bewegung, Spiel und Sport, so zeigt sich, dass diese als Elemente eines Ganztagschulkonzeptes auf den ersten Blick eher von marginaler Bedeutung sind. Und auch der Schulleiter äußert sich folgendermaßen:

> „Wir sind ja hier nicht ... angetreten, vor dem Hintergrund dieses Modells ‚Bewegte Schule', das muss man ja auch ganz offen sagen. Das war ja nicht unser Ding und insofern hatten wir da zunächst mal ... andere Probleme und ... Dinge im Vordergrund gesehen. Also insbesondere ... die Verbesserung der Sozialkompetenz. Das war für uns ein wichtiger Punkt".

Das Verständnis von Bewegung an dieser Schule orientiert sich vordergründig an einem traditionellen Sportverständnis und wird deutlich, wenn man die weiteren Ausführungen im Schulkonzept zu diesem Ziel betrachtet. Ein Schwerpunkt liegt in der sportorientierten, ganztagsschulgerechten räumlichen Gestaltung der Schule im Außen- und Innenbereich, bei der vor allem der Fachbereich Sport tragend tätig ist. In den Sportaktivitäten der Schüler(innen) erkennt die Schule sowohl einen immanenten Wert, als auch einen kompensatorischen Effekt sowie eine Möglichkeit der Verbesserung des Sozialverhaltens der Schüler(innen). Die Hauptschule erhofft sich durch Sport und Bewegung, z.B. im Sportunterricht, in Arbeitsgemeinschaften oder auch in den freien Pausenzeiten, einen positiven Effekt auf die Sozialkompetenz ihrer Schüler(innen).

Vor diesem Hintergrund erhält die Ganztagskonzeption mit einer Klasse in gebundener Form in Bezug auf die Berücksichtigung bzw. die Integration von Bewegung in den Unterricht eine doppelte Bedeutung. Es stellt sich die Frage, ob Bewegung im Unterricht einen Beitrag zur sozialen Integration leisten kann oder andersherum, ob ein Unterricht, der die sozialen Kompetenzen der Schüler(innen) in den Vordergrund stellt, auch ein bewegter Unterricht ist. Im weiteren Verlauf dieses Kapitels wird deutlich, dass Bewegung im Unterricht in vielfältiger Weise dazu genutzt wird, um den (erhofften) Effekt der

Verbesserung der sozialen Kompetenzen zu erreichen. Gleichzeitig wird aufgezeigt, wie bewegt ein solcher Unterricht ist. Weiterhin wird erkennbar, dass besonders die Konzeption der gebundenen Ganztagsklasse – in einer ansonsten traditionell ausgerichteten Schulkultur – die Bedingungen für Unterrichtsinszenierungen schafft, die es ermöglichen, verstärkt Bewegung im Unterricht zu integrieren.

Die Ganztagsklasse wird im fünften Schuljahr von 18 Schüler(inne)n (davon 4 Mädchen und 14 Jungen) besucht. Der Ganztagsschulbetrieb läuft für diese Klasse von Montag bis Donnerstag jeweils von 8:00–16:00 Uhr. Der Stundenplan sieht für die Ganztagsklasse an den langen Tagen einen Lernzeitraum von acht Unterrichtsstunden á 45 Minuten vor, die jedoch zeitlich flexibel gestaltet werden können (s. u.). Am Freitag findet der Unterricht bis 13:35 Uhr statt.

5.3.1 Das Klassenlehrerprinzip

In der Ganztagsklasse wird das so genannte Klassenlehrerprinzip durchgeführt. Dieses basiert auf einer relativ hohen Stunden- und Fächeranzahl der leitenden Lehrkraft in der Klasse. Durch diese vermehrte Zeit in der eigenen Klasse haben die Schüler(innen) eine konstante Bezugsperson, die ihrerseits die Schüler(innen) besser kennen lernt und daher verstärkt auf deren Probleme eingehen kann. Gleichzeitig unterstützt das Unterrichten mehrerer Schulfächer die Durchführung von fächerverbindenden und projektorientierten Unterrichtsinszenierungen.

In der Hauptschule am Rothenburg werden die Vorteile des Klassenlehrerprinzips zunächst einmal durch eine flexible Rhythmisierung der Unterrichtsstunden deutlich. Sowohl am Vor- als auch am Nachmittag werden Unterrichtseinheiten entgegen der üblichen Taktung gestaltet. Unterrichtsstunden werden zusammengelegt oder Pausen umgelegt. Lediglich die große Hofpause wird in der Regel beibehalten, um den Schüler(inne)n die Kontakte zu ihren älteren Mitschüler(inne)n nicht vorzuenthalten. Der Wegfall der Schulklingel am Nachmittag unterstützt die veränderte Taktung. Durch die flexible Handhabung der kleinen Pausen reagieren die Schüler(innen) auch vormittags nicht mehr auf die vorhandene Schulklingel, sondern arbeiten an ihren Aufgaben über das Klingelzeichen hinaus und warten auf die Pausenankündigung durch die Lehrkraft. Dadurch wird es möglich, gezielter auf die Bedürfnisse der Schüler(innen) einzugehen und beispielsweise auf Unruhe flexibel zu reagieren. Nach Ansicht der Lehrkraft resultiert die für eine Hauptschulklasse recht ruhige und arbeitsame Unterrichtsatmosphäre aus einer Art Klassenlehrerinnenbonus. Durch das ,Mehr an Zeit' ist es ihr möglich ein intensiveres Verhältnis zu den Schüler(inne)n aufzubauen und gezielter auf deren Probleme einzugehen.

Zuwendung als Voraussetzung für Selbstvertrauen
Tatsächlich liegt nach Rekus, Hintz und Ladenthin (1998) in der intensiven Zuwendung von der Lehrkraft zur Schülerin oder zum Schüler die Voraussetzung für ein gegenseitiges Vertrauen und Zutrauen, woraus der Lernende Selbstvertrauen schöpfen kann. Vor allem im Umgang mit Problemen der Schüler(innen) ist es wichtig, sensibel vorzugehen.

Bedingt durch die längeren Unterrichtsblöcke gelingt es, den Unterricht in größeren Blöcken zu organisieren, Bewegung bewusst zu integrieren und darüber hinaus auch fächerverbindend und projektorientiert zu unterrichten.

5.3.2 Bewegte Unterrichtsinszenierungen

Es gibt unterschiedliche Szenarien, in denen Bewegung *und* Sport auf verschiedene Arten in den Unterricht integriert werden.

5.3.2.1 Wechsel der Unterrichtsmethode

Durch wechselnde Unterrichtsmethoden und die Nutzung verschiedener Lernräume bemüht sich die Klassenlehrkraft den Unterricht in der Ganztagsklasse *„aufgelockerter"* zu gestalten, da sie bereits bei 45-Minuteneinheiten und einem traditionellen Unterrichtsstil eine gewisse Bewegungsunruhe bei den Schüler(inne)n bemerkt. Durch die Vielfalt und den Wechsel der Methoden und vor allem durch das häufige Durchführen eines Sitzkreises – dafür müssen erst alle Tische und Stühle beiseite geräumt werden – wird der Unterricht bewegter, sodass *„dieses nur stur auf dem Stuhl sitzen"* aufgebrochen wird. Bei der Beobachtung des Unterrichts fällt auf, dass es vor allem durch die veränderte Taktung ermöglicht wird, ein Unterrichtsthema in längeren Einheiten zu bearbeiten. Gleichzeitig findet Frontalunterricht in diesen Blöcken eher selten statt. Stattdessen setzt sich die Klasse zusammen, bespricht Arbeitsaufträge und die Schüler(innen) arbeiten anschließend mehr oder weniger selbstständig an Themen und Aufgaben. Durch Gruppen- und Partnerarbeit wird die Kommunikation der Schüler(innen) untereinander gefördert, gleichzeitig ergibt sich dadurch ‚automatisch' mehr Bewegung im Unterricht.

5.3.2.2 Bewegungspausen

Darüber hinaus wird der Unterricht regelmäßig mit Bewegungsspielen aufgelockert. Dafür wird neben dem Klassenraum auch die neu geschaffene Pausenhalle und bei guten Wetterbedingungen auch eine Wiese auf dem Schulhof genutzt. Besonders wichtig ist es der Klassenlehrkraft in gemeinsamen kleinen Pausen mit den Schüler(inne)n nach draußen zu gehen und dabei auch auf Bewegung der Schüler(innen) zu achten. So bringt sie z. B. Springseile mit und lässt die Schüler(innen) testen, wie oft sie springen können. Besonders im Nachmittagsbereich wird häufig die Sporthalle genutzt und zwar immer dann, *„wenn wir so meinten, jetzt können wir auch Bewegung gebrauchen"*. Die Möglichkeit der Nutzung der gesamten Sporthalle an vielen Nachmittagen stellt dabei natürlich eine Besonderheit dar und wird recht häufig wahrgenommen. Gleichzeitig dient auch der Schulhof mit seinem großen Angebot an Sportgelegenheiten wie Tischtennisplatten, Basketballkörben und einem Volleyballfeld als Ort, an dem gemeinsam bewegte Pausen durchgeführt werden.

5.3.2.3 Handlungsorientierter und fächerverbindender Unterricht

Auch fächerverbindender Unterricht wird regelmäßig inszeniert. So werden beispielsweise Verbindungen zwischen Geometrie und Kunst deutlich. Auch Unterrichtsprojekte bzw. Exkursionen werden in den regulären Unterricht eingebunden. So organisieren die Schüler(innen) z.B. ihre Besuche beim Gesundheitsamt oder im Tierheim selbstständig. Sie verfassen die Anfragen in Briefform und vereinbaren die Termine. Das Briefeschreiben ist dabei zeitgleich Thema im Deutschunterricht. Ein weiteres Beispiel stellt eine klasseninterne abendliche Amphibienwanderung dar, bei der die Klasse praktisch an naturwissenschaftliche Themen herangeführt wird. Im Anschluss daran wird das Erlebte im (Biologie-) Unterricht nachbearbeitet (vgl. Abb. 13).

Abb. 13 Nachbereitung der Amphibienwanderung

Neben der starken Handlungsorientierung wird in den verschiedenen Unterrichtsprojekten der Alltags- und Lebensweltbezug als ein wichtiger Ansatz der Hauptschulbildung sichtbar. Durch die Einbeziehung von Exkursionen und der starken Projektorientierung wird die Anschaulichkeit bestimmter Unterrichtsinhalte und damit gleichzeitig die Lernfreude und Lernmotivation der Schüler(innen) gesteigert. Indem die Klassenlehrkraft bei Unterrichtsexkursionen gleichzeitig mit den Schüler(inne)n das Verhalten im Straßenverkehr bespricht, in Projekten den Umgang mit Werkzeug fordert und dadurch auch fördert und die Schüler(innen) selbständig Termine vereinbaren lässt, werden die Alltagskompetenzen der Kinder und gleichzeitig durch Erfolgserlebnisse und Zutrauen auch das Selbstbewusstsein gestärkt.

Ein weiteres Beispiel, bei dem am Alltag der Schüler(innen) angeknüpft wird, stellt das gelegentliche gemeinsame Kochen in der Mittagspause dar. Diese gemeinsame Aktion macht den Schüler(inne)n sehr viel Spaß. Sie sind sogar bereit, dafür ihre Mittagspause zu ‚opfern‘. Vor allem das gemeinsame Tun hebt ein Schüler als Grund für den Spaß, den ihm das Kochen bereitet, hervor. Gleichzeitig verknüpft die Lehrkraft das Kochen mit alltagsnahem Unterricht, indem sie den Schüler(inne)n Grundsätze einer gesunden Ernährung vermittelt, soziales Miteinander einübt und sie einkaufen lässt. Besonders – aber sicher nicht ausschließlich – bei der Hauptschulklientel erscheint eine derartige Aktion sehr sinnvoll. So fehlt es in den Familien vielfach an Kenntnissen über gesunde Ernährung und auch ein gemeinsames Kochen findet wohl eher selten statt. Diese handlungsorientierte Form der Unterrichtsinszenierung, also die tätige und planvolle Auseinandersetzung mit einem Themenbereich, ermöglicht ganzheitliches Lernen und erfüllt damit die Voraussetzungen, die an bewegtes Lernen geknüpft werden.

Die Bedeutung von Bewegung im Rahmen einer handlungs- und projektorientierten Unterrichtsinszenierung wird ausführlich in den Kap. 5.2.2.2 und 5.2.2.3 bei den Ausführungen zur Freien Ganztagsgrundschule STEINMALEINS in Jena dargestellt.

5.3.2.4 Das Sportprojekt

Ein spezielles Sportprojekt der Ganztagsklasse, die Teilnahme an einem Nachtlauf, verdeutlicht das an Handlungsorientierung und Lebenswelt der Schüler(innen) orientierte Unterrichtsverständnis. In unseren Beobachtungen haben wir uns ein Bild von den Vorbereitungen der Klasse für die Teilnahme an einem städtischen Nachtlauf im Rahmen des regulären Unterrichts machen können, später berichten die Schüler(innen) und die Lehrkraft vom tatsächlichen Ablauf des Ereignisses.

Hierbei werden die speziellen pädagogischen Ziele der Hauptschule sichtbar. Auf der einen Seite geht es um die Erhöhung des Selbstwertgefühls des einzelnen Schülers bzw. der einzelnen Schülerin und auf der anderen Seite um eine Stärkung der Klassengemeinschaft. Darüber hinaus wird eine verbesserte

Identifikation der Schüler(innen) mit der Schule angestrebt. Solche Auswirkungen wünscht sich die Klassenlehrkraft im Vorfeld der Sportaktion. Sie äußert die Hoffnung auf eine Selbstwertsteigerung und eine positive Identifikation im Hinblick auf das ‚Hauptschüler(innen)dasein' durch die Präsentation der Schule bei einem öffentlichen Ereignis:

> „Wir wollen da vorne drauf schreiben HS Rothenburg und wir wollen zeigen, wir sind diese Schule ... und wir machen diese Schule und wir können auch ein bisschen was von dieser Schule zeigen, was Positives".

Zunächst ist hervorzuheben, dass die Klasse gemeinsam darüber entscheidet, dass sie an dem Nachtlauf teilnehmen möchte. Nachdem das beschlossen ist, werden regelmäßig Laufeinheiten in den wöchentlichen Unterrichtsplan eingefügt, die außerhalb des regulären Sportunterrichts liegen. Dazu gehen die Schüler(innen) entweder in die Sporthalle oder laufen gemeinsam mit der Lehrkraft in einem Gelände außerhalb der Schule.

Abb. 14 Training für den Nachtlauf

Auch das Laufpensum wird von den Schüler(inne)n festgelegt, so wird jeder vor dem Lauf gefragt, wie lange er heute laufen möchte. Die gesamte Klasse hält sich dann an die Laufzeit, die mehrheitlich genannt wird. In dieser, für alle festgelegten Zeit können die Schüler(innen) entsprechend ihres Leistungsvermögens in ihrem individuellen Tempo laufen.

Im Anschluss an den Nachtlauf berichten Schüler(innen) und Lehrkraft davon, dass der Nachtlauf sehr viel Spaß bereitet hat. Weiterhin wird berichtet, dass die Schüler(innen) den anwesenden Eltern ihre Leistungsfähigkeit zeigen konnten und stolz darauf waren, was sicherlich zu einer Erhöhung des Selbstwertes der einzelnen Schüler(innen) beitragen kann.

Stärkung des Selbstkonzepts durch Erfolgserlebnisse
Ipfling und Zenke (1999) weisen daraufhin, dass vor allem Haupt-
schüler(innen), die vielfach ein negatives Selbstbild besitzen, welches durch negative Stigmatisierungserlebnisse noch verstärkt
wird, Lob und Anerkennung benötigen. Da der reguläre Schulunter-
richt mitunter nur wenige Erfolgserlebnisse vermittelt, *„ist die
Pflege jener Randbereiche und jener Sonderformen des Unterrichts,
die in den Praxisbeispielen so oft angesprochen werden und die
Anlässe zur Stärkung der Schüler bieten: z. B. Projekte, Aktivitäten
des Schullebens, praktisches Lernen"* umso wichtiger (Ipfling &
Zenke, 1999, S. 372).

Es ist anzunehmen, dass das gemeinsame Erlebnis des Nachtlaufs darüber
hinaus auch Auswirkungen auf die Klassengemeinschaft hat. So berichtet
die Klassenlehrkraft davon, dass die Schüler(innen) beim Lauf gegenseitig aufeinander geachtet und gemäß den unterschiedlichen Leistungsfähigkeiten
Gruppen gebildet hätten:

> *„Die sind auch viel zusammen gelaufen dabei, haben halt auch aufein-
> ander geachtet, ... Wenn einer schwächer wurde, haben die dann auch
> drei Gruppen gebildet, also eine, die zügiger laufen konnte und haben
> also niemanden alleine gelassen und das fand ich ganz schön, also das
> hat mir auch da ganz gut gefallen, eigentlich, und die beiden, die den
> Sechskilometerlauf gelaufen sind, die sind auch zusammen gelaufen.
> ... aber sie hatten auch ein relativ ähnliches Tempo, der eine hätte ein
> bisschen schneller (laufen können), aber das war auch OK gemeinsam
> zu laufen. Das hat denen auch gut getan. "*

Auch dieses Sportprojekt wird stark durch das Klassenlehrerprinzip im gebundenen Ganztag begünstigt, der Freiräume für Unterricht in diesem erweiterten Unterrichtsverständnis offen lässt. Dies ermöglicht neben solchen Projekten
auch grundsätzlich ein erweitertes Sportangebot. So wird neben dem regulären Sportunterricht an einem Nachmittag zusätzlich Schwimmunterricht
durchgeführt, der auch erst möglich wurde, weil mehr Zeit im Klassenverbund
zur Verfügung stand. Der Erfolg ist sichtbar: Waren zu Beginn noch über die
Hälfte der Schüler(innen) Nichtschwimmer, so sind es zum Ende des Schuljahres noch knapp ein Fünftel.

5.3.3 Lehrerengagement

Es wird deutlich, dass hinter der Arbeit der Lehrkraft eine bestimmte Vision steht, die sie mit den Schüler(inne)n verwirklichen möchte. Ihr geht es in erster Linie darum, bei den Schüler(inne)n ein positives Selbstbild zu erreichen. Zusätzlich möchte sie soziale Kompetenzen vermitteln, so äußert sie ihr Vorhaben mit der Klasse folgendermaßen:

> *„Aber ich finde so, dass die Kinder lernen sollten, wir gehen gut miteinander um, und wir lernen miteinander und wir sind auch was Positives, oder halten auch zusammen. Und also ich habe Erlebnisse in meiner Klasse, die auch manchmal so in diese Richtung gehen und die ich ganz positiv finde und deswegen möchte ich das gerne unterstützen und hoffe, dass ich dahin komme mit den Kindern".*

Außerdem zeigt sich, dass die Lehrkraft mit den Schüler(inne)n das durchführt, was ihr am Ganztagsbetrieb so wichtig erscheint. Ganztagsschule ist für sie mehr als Unterricht, es ermöglicht ihr mit den Schüler(inne)n ein Stück Alltag zu leben und in diesem Zusammenhang auch mehr Bewegung und Sport zu integrieren:

> *„Für mich ist das insgesamt, dass der Ganztagsbetrieb das erleichtert mit den Kindern umzugehen, mit den Kindern zu leben. Das ist ja dann schon, das ist ja für mich nicht nur noch Schule, sondern das ist ein Stück weit mit den Kindern leben und da ist der Ganztagsbetrieb auch dafür geeignet, mehr mit denen an Bewegung zu machen, mehr Sport zu machen und so ganz alltägliche Dinge zu machen".*

Gesellschaftliche Verpflichtung der Ganztagsschule

Appel & Rutz (2005) sehen vor allem aufgrund der zunehmenden Vernachlässigung von Kindern und Jugendlichen durch Eltern und Gesellschaft für Ganztagsschulen die „unerlässliche Verpflichtung, diese Defizite durch verstärkte Zuwendung zu kompensieren" (Appel & Rutz, 2005, S. 64). Vor diesem Hintergrund dürfen z. B. Aspekte der gesunden Ernährung oder der Förderung der Alltags- und Bewegungskompetenzen nicht außer Acht gelassen werden.

Der Klassenlehrkraft scheint die ‚ganzheitliche Verantwortung' der Schule bewusst zu sein, von der Appel & Rutz (2005) im Zusammenhang mit der Ganztagsschule sprechen. Die Schüler(innen) verbringen mehr Zeit an der Schule, sodass neben dem Bildungsauftrag der Schule auch vermehrt der Erziehungsauftrag zum Tragen kommt.

Unterstützung durch die Schulleitung
Herauszustellen ist dabei die große Unterstützung durch die
Schulleitung, die die Klassenlehrkraft bei allen Projekten und
Aktionen, die sie mit ihrer Klasse plant und durchführt, erfährt.
Ohne diese Rückendeckung ist eine derartige Form der Unter-
richtsinszenierung sicherlich nicht möglich.

5.3.4 Zusammenfassung

Die Ganztagsklasse an der Hauptschule Rothenburg in Braunschweig ist ein
gelungenes Beispiel dafür, wie durch eine gebundene Ganztagskonzeption
Bedingungen geschaffen werden, die es erlauben, mehr Bewegung in den
Unterricht und den Schultag zu integrieren. An der Unterrichtsgestaltung werden zahlreiche Aspekte einer bewegten Schul- und Unterrichtskultur sichtbar.
Besonders das Klassenlehrerprinzip und die damit verbundene hohe Stundenzahl der Klassenlehrkraft in ihrer Klasse ermöglichen es den Schultag so zu
gestalten, dass Bewegung, Spiel und Sport die Zielsetzungen der Haupt-
schule unterstützen und immanente Bestandteile werden. Auf der einen Seite wird der klassische Frontalunterricht durch Sozialformen wie Gruppen- oder
Partnerarbeit aufgebrochen und gleichzeitig werden Bewegung und Spiel als
Rhythmisierungshilfen im Unterricht genutzt. Auf der anderen Seite schafft die
verstärkte Handlungsorientierung der Inszenierungen durch die Einheit von
,Kopf, Herz und Hand' ein ganzheitliches bewegtes Lernen. Der gebundene
Ganztag ermöglicht gleichzeitig die verstärkte Berücksichtigung der Proble-
me und Bedürfnisse von Hauptschüler(inne)n. Er hilft, sie in ihren Alltagskom-
petenzen zu stärken und einen Lebensweltbezug im Unterricht herzustellen.
Die Zielsetzungen einer Ganztagsschule, und im speziellen einer Ganztagshauptschule, werden implizit oder auch explizit durch und mit Bewegung und
Sport unterstützt. Über den Fachunterricht hinaus erweitert ein derartiges
Unterrichtsverständnis gleichzeitig die Förderung wichtiger Handlungskompe-
tenzen auch in sportlicher Hinsicht. Gerade das Erlernen des Schwimmens
eröffnet den Schüler(inne)n Freizeitmöglichkeiten, die ihnen anderenfalls evtl.
verschlossen bleiben würden. Die Konzeption der gebundenen Ganztagsklasse und des Klassenlehrerprinzips in Verbindung mit dem dargestellten
Unterrichtsverständnis sind so für den bewegten und lebenspraktischen Unterricht an der Hauptschule verantwortlich.

- Ipfling, H.-J. & Zenke, K.G. (1999). Zur Weiterentwicklung des Hauptschulbildungsganges. In D. J. Bonder, H.-J. Ipfling & K.G. Zenke (Hrsg.), Handbuch Hauptschulbildungsgang. Bd. 2. Praxisberichte (S. 363–390). Bad Heilbrunn: Klinkhardt.
- Rekus, J., Hintz, D. & Ladenthin, V. (1998). Die Hauptschule. Alltag, Reform, Geschichte, Theorie. Weinheim: Juventa.

5.4 RESÜMEE:
BEWEGUNG IM UNTERRICHT

In diesem Kapitel wurden drei Schulen vorgestellt, die durch unterschiedliche Vorgehensweisen einen bewegten Unterricht im ganztägigen Schultag für ihre Schüler(innen) gestalten. Auf der einen Seite integrieren die Lehrkräfte Bewegung bewusst in ihren Unterricht, vor allem dann, wenn es während der Lernphasen traditionell eher weniger Bewegungsfreiräume gibt. Dann sorgen sie mit Bewegungspausen oder mit schüleraktivierenden Methoden für den für einen erfolgreichen Lernprozess so wichtigen Wechsel von Spannung und Entspannung oder inszenieren, trotz der erschwerenden Rahmenbedingungen, einen handlungsorientierten Unterricht. Dadurch wird deutlich, dass auch unter den Bedingungen eines offenen Ganztags in einem traditionellen Tagestakt, wie am Gymnasium Silberkamp in Peine, auf Bewegung im Unterricht keinesfalls verzichtet werden muss. An Schulen, die mit einer gebundenen Ganztagskonzeption arbeiten, erweist sich das ‚Mehr an Zeit' als wichtige Hilfe, Bewegungsfreiräume zu schaffen. Die Freie Ganztagsgrundschule STEINMALEINS in Jena setzt auf einen reformorientierten Ansatz, der durch offene Unterrichtsmethoden und häufige Unterrichtsprojekte den ‚Eigenrhythmus' der Schüler(innen) berücksichtigt und gleichzeitig ein bewegtes Lernen mit allen Sinnen ermöglicht. Das rhythmisierende Ganztagskonzept und die spezielle Unterrichtskultur der Ganztagsgrundschule geben den körperlich-seelischen Bedürfnissen der Kinder von vornherein so viel (Bewegungs-)Raum,

dass sich die Lehrkräfte nicht explizit um Bewegung bemühen müssen. Die
Ausführungen zur Hauptschule Rothenburg zeigen, dass ein hohes Lehrer-
engagement in Verbindung mit einer individuellen Unterrichtsrhythmisierung
zu einem bewegten Unterricht führen kann und gleichzeitig die pädagogischen
Zielvorgaben, die in der Ganztagsschuldiskussion u. a. an Hauptschulen herangetragen werden, berücksichtigt werden.
Alle drei Schulbeispiele berücksichtigen Bewegung, Spiel und Sport im Unterricht aus einer jeweils anderen Schulphilosophie heraus und unterstreichen
dadurch die Vielfalt, mit der Bewegung Unterricht bereichern kann.

6 LITERATURVERZEICHNIS

- Adrian, G. (2008). Mittags in Bewegung – den Tag rhythmisieren. *Praxis Schule 5 – 10*, 19 (6), 42 – 45.
- Apel, H., Engler, S., Friebertshäuser, B., Fuhs, B. & Zinnecker, J. (1995). Kulturanalyse und Ethnographie. Vergleichende Feldforschung im studentischen Raum. In E. König & P. Zedler (Hrsg.), *Bilanz Qualitativer Forschung. Band 2: Methoden* (S. 343 – 375). Weinheim: Deutscher Studien Verlag.
- Appel, S. & Rutz, G. (2005). *Handbuch Ganztagsschule*. Schwalbach: Wochenschau.
- Arnoldt, B. (2007). Öffnung von Ganztagsschule. In H. G. Holtappels, E. Klieme, T. Rauschenbach & L. Stecher (Hrsg.), *Ganztagsschule in Deutschland. Ergebnisse der Ausgangserhebung der ‚Studie zur Entwicklung von Ganztagsschulen' (StEG)* (S. 86 – 105). Weinheim: Juventa.
- Arnoldt, B. (2009). Der Beitrag von Kooperationspartnern zur individuellen Förderung an Ganztagsschulen.
  In L. Stecher, C. Allemann-Ghionda, W. Helsper & E. Klieme (Hrsg.), *Ganztägige Bildung und Betreuung. Beiheft der Zeitschrift für Pädagogik* (S. 63 – 80). Weinheim: Beltz.
- Baumert, J. (2002). Deutschland im internationalen Bildungsvergleich. In N. Killius, J. Kluge & L. Reisch (Hrsg.), *Die Zukunft der Bildung* (S. 100 – 150). Frankfurt am Main: Suhrkamp.
- Becker, A.; Michel, M. & Laging, R. (Hrsg.). (2008). *Bewegt den ganzen Tag. Bewegungskonzepte in der ganztägigen Schule*. Baltmannsweiler: Schneider.
- Beigel, D. (2005). *Beweg dich, Schule! Eine ‚Prise Bewegung' im täglichen Unterricht der Klassen 1 – 10*. Dortmund: Borgmann.
- Benner, D. (1996). *Allgemeine Pädagogik: Eine systematisch-problemgeschichtliche Einführung in die Grundstruktur pädagogischen Denkens und Handelns*. Weinheim: Juventa.
- Blumenberg, H. (1998). *Begriffe in Geschichten*. Frankfurt am Main: Suhrkamp.
- Bönsch, M. (1998). Projektarbeit – Projektorientierung. In D. Haarmann (Hrsg.), *Wörterbuch Neue Schule – Stichworte zur aktuellen Reformdiskussion* (S. 131 – 138). Weinheim: Beltz.
- Brettschneider, W. & Klimek, G. (2009). *Sportbetonte Schulen: Ein Königsweg zur Förderung sportlicher Talente?* Aachen: Meyer & Meyer.
- Bronfenbrenner, U. (1981). *Die Ökologie der menschlichen Entwicklung: Natürliche und geplante Experimente*. Stuttgart: Klett-Cotta.
- Bundesjugendkuratorium (2002). *Bildung ist mehr als Schule – Leipziger Thesen zur aktuellen bildungspolitischen Debatte*. Internetdokument. Zugriff im September 2002 unter
  http://www.bmfsfj.de/dokumente/Artikel/ix_88329.htm.

- Burk, K. (2006). Mehr Zeit in der Schule – der Rhythmus macht's. In K. Höhmann (Hrsg.), *Ganztagsschule gestalten: Konzeption, Praxis, Impulse* (S. 92 – 105). Seelze: Kallmeyer.
- Coelen, T. (2004). „Ganztagsbildung" – Integration von Ausbildung und Identitätsbildung durch die Kooperation von Schulen und Jugendeinrichtungen. In H. Otto & T. Coelen (Hrsg.), *Grundbegriffe der Ganztagsbildung. Beiträge zu einem neuen Bildungsverständnis in der Wissensgesellschaft.* (S. 228 – 248). Wiesbaden: VS.
- Coelen, T. & Otto, H. (2008). Zur Grundlegung eines neuen Bildungsverständnisses. In T. Coelen & H. Otto (Hrsg.), *Grundbegriffe Ganztagsbildung – das Handbuch* (S. 17 – 30). Wiesbaden: VS.
- Coenen, G. (2007). Bewegungsraum Schulhof. In R. Hildebrandt-Stramann (Hrsg.), *Bewegte Schule – Schule bewegt gestalten* (S. 292 – 303). Baltmannsweiler: Schneider.
- Dannenmann, F., Hannig-Schosser, J. & Ullmann, R. (1997). *Schule als Bewegungsraum. Konzeptionen – Positionen – Konkretionen.* Stuttgart: Ministerium für Kultus, Jugend und Sport.
- Dieckmann, K., Höhmann, K. & Tillmann, K. (2007). Schulorganisation, Organisationskultur und Schulklima an ganztägigen Schulen. In H. G. Holtappels, E. Klieme, T. Rauschenbach & L. Stecher (Hrsg.), *Ganztagsschule in Deutschland. Ergebnisse der Ausgangserhebung der ‚Studie zur Entwicklung von Ganztagsschulen' (StEG)* (S. 164 – 185). Weinheim: Juventa.
- Dietrich, J. (1992b). Offene Pause. *sportpädagogik, 16* (4), 45 – 49.
- Dietrich, K. (1992a). Bewegungsräume. *sportpädagogik, 16* (4), 16 – 21.
- Dietrich, K., Hass, R., Marek, R., Porschke, C. & Winkler, K. (2005). *Schulhofgestaltung an Ganztagsschulen. Ein Leitfaden.* Schwalbach: Wochenschau.
- Dobe, M. (2006). Gebundene und ungebundene Freizeit. In K. Burk (Hrsg.), *Auf dem Weg zur Ganztags-Grundschule* (S. 186 – 193). Frankfurt am Main: Grundschulverband.
- Dohmen, G. (2001). *Das informelle Lernen – Die internationale Erschließung einer bisher vernachlässigten Grundform menschlichen Lernens für das lebenslange Lernen aller.* Internetdokument. Zugriff im September 2009 unter http://www.bmbf.bund.de/pub/das_informelle_lernen.pdf. Bonn: BMBF.
- Drews, U. & Durdel, A. (1998). Offene Schule – offener Unterricht. In D. Haarmann (Hrsg.), *Wörterbuch Neue Schule – Stichworte zur aktuellen Reformdiskussion* (S. 119 – 123). Weinheim: Beltz.

- Edinger-Achenbach, S. (1993). Der Schulhof – ein Spielraum für Kinder. *motorik, 16* (1), 13 – 19.
- Emer, W. & Lenzen, K. (2005). *Projektunterricht gestalten – Schule verändern: Projektunterricht als Beitrag zur Schulentwicklung.* Baltmannsweiler: Schneider.
- Fatke, R. (2003). Fallstudien in der Erziehungswissenschaft. In B. Friebertshäuser & A. Prengel (Hrsg.), *Handbuch Qualitative Forschungsmethoden in der Erziehungswissenschaft* (S. 56 – 68). Weinheim: Juventa.
- Faure, E. et al. (1972). *Learning to Be: The World of Education Today and Tomorrow.* Internetdokument. Zugriff im September 2009 unter http://unesdoc.unesco.org/images/0000/000018/001801e.Pdf. Paris: UNESCO.
- Fessler, N. (1999). Die institutionalisierte Zusammenarbeit von Schule und Sportverein: Ein Beispiel zur Förderung des Kinder- und Jugendsports? In N. Fessler, V. Scheid & G. Trosien (Hrsg.), *Gemeinsam etwas bewegen! Sportverein und Schule – Schule und Sportverein in Kooperation; Dokumentation der Fachtagung vom 1. bis 2. Oktober 1998 in Freiburg/ Breisgau* (S. 49 – 67). Schorndorf: Hofmann.
- Fessler, N. (2004). Sport in der Ganztagsschule: Schulprogramm oder Gestaltung unterrichtsfreier Zeiten? In E. Christmann, E. Emrich & J. Flatau (Hrsg.), *Schule und Sport: Berichtsband zum Schulsportkongress des Landessportverbandes für das Saarland vom 17. – 18. September 2004 in Saarbrücken* (S. 203 – 225). Schorndorf: Hofmann.
- Feuser, G. (1999). Aspekte einer integrativen Didaktik unter Berücksichtigung tätigkeitstheoretischer und entwicklungspsychologischer Erkenntnisse. In H. Eberwein (Hrsg.), *Integrationspädagogik – Kinder mit und ohne Behinderung lernen gemeinsam. Ein Handbuch* (S. 215 – 226). Weinheim: Beltz.
- Flick, U. (1995). *Qualitative Forschung. Theorie, Methoden, Anwendung in Psychologie und Sozialwissenschaften.* Reinbek: Rowohlt.
- Flick, U., Kardorff, E. v. & Steinke, I. (2000). *Qualitative Forschung. Ein Handbuch.* Reinbek: Rowohlt.
- Forster, J. (1997). Kind und Schulraum – Ansprüche und Wirkungen. In G. Becker, J. Bilstein & E. Liebau (Hrsg.), *Räume bilden. Studien zur pädagogischen Topologie und Topographie* (S. 175 – 194). Seelze: Kallmeyer.
- Franke, E. (2003). Ästhetische Erfahrung im Sport – ein Bildungsprozess? In E. Franke & E. Bannmüller (Hrsg.), *Ästhetische Bildung* (S. 17 – 37). Butzbach: Afra.
- Franke, E. (2005). Körperliche Erkenntnis – die andere Vernunft. In J. Bietz, R. Laging & M. Roscher (Hrsg.), *Bildungstheoretische Grundlagen der Bewegungs- und Sportpädagogik* (S. 180 – 201). Baltmannsweiler: Schneider.

- Friebertshäuser, B. (1992). *Übergangsphase Studienbeginn: Eine Feld-studie über Riten der Initiation in eine studentische Fachkultur.* Weinheim: Juventa.
- Funke-Wieneke, J. (2004). *Bewegungs- und Sportpädagogik. Wissen-schaftstheoretische Grundlagen, zentrale Ansätze, entwicklungspädago-gische Konzeption.* Baltmannsweiler: Schneider.
- Gasser, P. (2002). *Neue Lernkultur.* Aarau: Sauerländer.
- Glocksee-Schule (2001). *Idee und Konzept. 30 Jahre Glocksee. Die ande-re Art Schule zu machen.* Glocksee-Schule Hannover: Eigenverlag.
- Größing, S. (1998). Bewegung und Kindsein – eine Beziehung in päda-gogischer Betrachtung. In U. Illi, D. Breithecker & S. Mundigler (Hrsg.), *Bewegte Schule – Gesunde Schule. Beiträge zur Theorie* (S. 159 – 169). Wäldi: Internat. Forum für Bewegung.
- Gudjons, H. (2001). *Handlungsorientiert lehren und lernen: Schüler-aktivierung, Selbsttätigkeit, Projektarbeit.* Bad Heilbrunn: Klinkhardt.
- Gudjons, H. (2005). Bewegter Unterricht. Oder: Lernen und Lehren mit dem Körper. *Pädagogik, 57* (10), 6 – 9.
- Gudjons, H. (2008). Projektunterricht. Ein Thema zwischen Ignoranz und Inflation. *Pädagogik, 60* (1), 6 – 10.
- Helsper, W. (2001). Die sozialpädagogische Schule als Bildungsvision? Eine paradoxe Entparadoxierung. In P. Becker & J. Schirp (Hrsg.), *Jugendhilfe und Schule. Zwei Handlungsrationalitäten auf dem Weg zu einer?* (S. 20 – 45). Münster: Votum.
- Hentig, H. v. (2003). *Die Schule neu denken: eine Übung in pädagogi-scher Vernunft.* Weinheim: Beltz.
- Heyer, P. (1998). Bausteine einer integrativen Didaktik für die Grund-schule. In M. Rosenberger (Hrsg.), *Schule ohne Aussonderung – Idee, Konzepte, Zukunftschancen: Pädagogische Förderung behinderter und von Behinderung bedrohter Kinder und Jugendlicher* (S. 89 – 102). Berlin: Luchterhand.
- Hildebrandt-Stramann, R. (2007a). *Bewegte Schule – Schule bewegt gestalten.* Baltmannsweiler: Schneider.
- Hildebrandt-Stramann, R. (2007b). *Ganztag und Unterricht – durch Bewegung rhythmisiert.* Braunschweig: Manuskript.
- Hildebrandt-Stramann, R. (2009). Lernen mit Leib und Seele. *Sport-unterricht, 59* (1), 3 – 7.
- Höhmann, K. & Kummer, N. (2006). Vom veränderten Takt zu einem neuen Rhythmus. Auswirkungen einer neuen Zeitstruktur auf die Ganz-tagsschulorganisation. In S. Appel (Hrsg.), *Jahrbuch Ganztagsschule 2007. Ganztagsschule gestalten* (S. 264 – 276). Schwalbach: Wochenschau.

- Höhmann, K. & Kummer, N. (2007). Mehr Lernzeit durch einen anderen Umgang mit Zeit. In H. Kahl & S. Knauer (Hrsg.), *Bildungschancen in der neuen Ganztagsschule. Lernmöglichkeiten verwirklichen* (S. 91–103). Weinheim: Beltz.
- Höhmann, K. & Rademacker, H. (2006). Hausaufgaben und die Frage nach dem Sinn. In K. Höhmann & H. G. Holtappels (Hrsg.), *Ganztagsschule gestalten: Konzeption, Praxis, Impulse* (S. 132–145). Seelze: Kallmeyer.
- Höhmann, K., Holtappels, H. G. & Schnetzer, T. (2004). Ganztagsschule. Konzeptionen, Forschungsbefunde, aktuelle Entwicklungen. In H. G. Holtappels, K. Klemm, H. Pfeiffer, H-G. Rolff & R. Schulz-Zander (Hrsg.), *Jahrbuch der Schulentwicklung* (S. 253–289). Weinheim: Juventa.
- Holtappels, H. G. (1994). *Ganztagsschule und Schulöffnung. Perspektiven für die Schulentwicklung.* Weinheim: Juventa.
- Holtappels, H. G. (2005). Ganztagsschulen entwickeln und gestalten – Zielorientierungen und Gestaltungsansätze. In K. Höhmann, H. G. Holtappels, I. Kamski & T. Schnetzer (Hrsg.), *Entwicklung und Organisation von Ganztagsschulen. Anregungen, Konzepte, Praxisbeispiele* (S. 7–44). Dortmund: IFS-Verlag.
- Holtappels, H. G. (2006). Stichwort: Ganztagsschule. *Zeitschrift für Erziehungswissenschaft, 9* (1), 5–29.
- Holtappels, H. G. (2007). Angebotsstruktur, Schülerteilnahme und Ausbaugrad ganztägiger Schulen. In H. G. Holtappels, E. Klieme, T. Rauschenbach & L. Stecher (Hrsg.), *Ganztagsschule in Deutschland. Ergebnisse der Ausgangserhebung der ‚Studie zur Entwicklung von Ganztagsschulen' (StEG)* (S. 186–206). Weinheim: Juventa.
- Holtappels, H. G. (2009). Ganztagsschule und Schulentwicklung. Konzeption, Steuerung und Entwicklungsprozesse. In F. Prüß, S. Kortas & M. Schöpa (Hrsg.), *Die Ganztagsschule: Von der Theorie zur Praxis. Anforderungen und Perspektiven für Erziehungswissenschaft und Schulentwicklung* (S. 111–135). Weinheim: Juventa.
- Holtappels, H. G., Klieme, E., Rauschenbach, T. & Stecher, L. (2007). *Ganztagsschule in Deutschland. Ergebnisse der Ausgangserhebung der ‚Studie zur Entwicklung von Ganztagsschulen' (StEG).* Weinheim: Juventa.
- Idel, S. (1999). Die empirische Dignität der Einzelschule – Schulporträts als Gegenstand qualitativer Schulforschung. In A. Combe, W. Helsper & B. Stelmaszyk (Hrsg.), *Forum Qualitative Schulforschung. Schulentwicklung, Partizipation, Biographie* (S. 29–60). Weinheim: Deutscher Studienverlag.
- Illi, U. & Zahner, L. (1999). Bewegte Schule – Gesunde Schule. In U. Pühse & U. Illi (Hrsg.), *Bewegung und Sport im Lebensraum Schule* (S. 23–49). Hofmann: Schorndorf.

- Ipfling, H.-J. & Zenke, K.G. (1999). Zur Weiterentwicklung des Haupt-schulbildungsganges. In D.J. Bronder, H.-J. Ipfling & K.G. Zenke (Hrsg.), *Handbuch Hauptschulbildungsgang. Bd. 2. Praxisberichte* (S. 363–390). Bad Heilbrunn: Klinkhardt.
- Kasper, E. (1997). „Die müssen sich verstecken können.". In G. Becker, J. Bilstein & E. Liebau (Hrsg.), *Räume bilden. Studien zur pädagogischen Topologie und Topographie* (S. 195–208). Seelze: Kallmeyer.
- Kilpatrick, W.H. (1935). Die Projekt-Methode. In J. Dewey & W.H. Kilpatrick (Hrsg.), *Der Projekt-Plan: Grundlegung und Praxis* (S. 161–179). Weimar: Böhlau.
- Klippert, H. (2007). *Methoden-Training. Übungsbausteine für den Unterricht.* Weinheim: Beltz.
- Klupsch-Sahlmann, R. (1999). Mehr Bewegung in die Schule – grundlegende Gedanken zur pädagogischen Konzeption. In R. Klupsch-Sahlmann (Hrsg.), *Mehr Bewegung in die Grundschule* (S. 7–24). Berlin: Cornelsen Scriptor.
- Koch, J. (2007). Schulbauten in Bewegung. In R. Hildebrandt-Stramann (Hrsg.), *Bewegte Schule – Schule bewegt gestalten* (S. 281–291). Baltmannsweiler: Schneider.
- Köhler, U. & Krammling-Jöhrens, D. (2000). *Die Glocksee-Schule: Geschichte – Praxis – Erfahrungen.* Bad Heilbrunn: Klinkhardt.
- Kolbe, F., Rabenstein, K. & Reh, S. (2006). *Expertise „Rhythmisierung". Hinweise für die Planung von Fortbildungsmodulen für Moderatoren.* Internetdokument. Zugriff im September 2009 unter http://www.lernkultur-ganztagsschule.de/html/downloads
- Kretschmer, J. (1992). Ist der Klassenraum ein Bewegungsraum? *sportpädagogik, 16* (4), 42–44.
- Kretschmer, J. & Laging, R. (1994). Selbstarrangierte Bewegungs-situationen. *sportpädagogik, 18* (4), 42–43.
- Kugelmann, C. (2008). Geschlechtssensibel unterrichten: Eine sport-didaktische Herausforderung. In D. Kuhlmann & E. Balz (Hrsg.), *Sportpädagogik: Ein Arbeitstextbuch. Reihe Sportwissenschaft und Sportpraxis* (S. 201–210). Hamburg: Czwalina.
- Kunze, I. & Meyer, M.A. (1999). Das Schulporträt in der erziehungs-wissenschaftlichen Forschung. In I. Kunze (Hrsg.), *Schulporträts aus didaktischer Perspektive. Bilder von Schulen in England, in den Niederlanden und in Dänemark* (S. 9–40). Weinheim: Beltz.
- Laging, R. (2007a). Die Bausteine einer Bewegten Schule. In R. Laging & G. Schillack (Hrsg.), *Die Schule kommt in Bewegung: Konzepte, Untersuchungen, praktische Beispiele zur Bewegten Schule* (S. 143–164) (2. Aufl.). Baltmannsweiler: Schneider.

- Laging, R. (2007b). Ganztagsschulen bewegt mitgestalten – Möglichkeiten der Mitwirkung außerschulischer Partner. In B. Seibel (Hrsg.), *Bewegung, Spiel und Sport in der Ganztagsschule: Dokumentation eines Symposiums an der Südbadischen Sportschule Steinbach* (S. 47–65). Schorndorf: Hofmann.
- Laging, R. (2007c). Schule als Bewegungsraum. Nachhaltigkeit durch Selbstaktivierung. In R. Hildebrandt-Stramann (Hrsg.), *Bewegte Schule – Schule bewegt gestalten* (S. 62–85). Baltmannsweiler: Schneider.
- Laging, R. (2007d). Theoretische Bezüge und Konzepte der Bewegten Schule – Grundlagen und Überblick. In R. Laging & G. Schillack (Hrsg.), *Die Schule kommt in Bewegung: Konzepte, Untersuchungen, praktische Beispiele zur Bewegten Schule* (S. 2–38) (2. Aufl.). Baltmannsweiler: Schneider.
- Laging, R. (2008). Bewegung und Sport. Zur integrativen Bedeutung von Bewegungsaktivitäten im Ganztag. In T. Coelen & H. Otto (Hrsg.), *Grundbegriffe Ganztagsbildung – das Handbuch* (S. 253–262). Wiesbaden: VS.
- Laging, R. (2010a). Sport in der Ganztagsschule. In N. Fessler, A. Hummel & G. Stibbe (Hrsg.), *Handbuch Schulsport.* Schorndorf: Hofmann.
- Laging, R. (2010b). Bewegungsangebote und Kooperationen in Ganztagsschulen – Ergebnisse aus StuBSS. In P. Böcker & R. Laging (Hrsg.), *Bewegung, Spiel und Sport in der Ganztagsschule – Aktuelle Tendenzen der Schulentwicklung, Sozialraumorientierung und Kooperation von Schule und außerschulischen Partnern.* Baltmannsweiler: Schneider.
- Laging, R. & Schillack, G. (2007). *Die Schule kommt in Bewegung: Konzepte, Untersuchungen, praktische Beispiele zur Bewegten Schule* (2. Aufl.). Baltmannsweiler: Schneider.
- Laging, R. & Stobbe, C. (2009). Schulportraits als Beratungszugang zur Entwicklung von bewegungsorientierten Ganztagsschulen. In M. Hietzge & N. Neuber (Hrsg.), *Schulinterne Evaluation: Impulse zur Selbstvergewisserung aus sportpädagogischer Perspektive* (S. 215–231). Baltmannsweiler: Schneider
- Laging, R. & Stobbe, C. (2010). *Wie bewegt sind Ganztagsschulen? Ergebnisse einer Befragung zu Bewegungs- und Sportaktivitäten in Hessen, Niedersachsen und Thüringen.* Baltmannsweiler: Schneider.
- Landessportbund Hessen (2001). *Zukunftsorientierte Sportstättenentwicklung. Band 9: Schulhof in Bewegung: Orientieren – Planen – Gestalten.* Aachen: Meyer & Meyer.
- Landessportbund Nordrhein-Westfalen (LSB NRW) (2005). *Sport im Ganztag 3. Schwerpunkte, Praxis, Perspektiven.* Duisburg.
- Liechti, M. (2000). *Erfahrung am eigenen Leibe. Taktil-Kinästhetische Sinneserfahrung als Prozess des Weltbegreifens.* Heidelberg: Winter.

- Ludwig, H. (2005). Die Entwicklung der modernen Ganztagsschule. In V. Ladenthin & J. Rekus (Hrsg.), *Die Ganztagsschule. Alltag, Reform, Geschichte, Theorie* (S. 261–277). Weinheim: Juventa.

- Lutz, M., Behnken, I. & Zinnecker, J. (2003). Narrative Landkarten. Ein Verfahren zur Rekonstruktion aktueller und biografisch erinnerter Lebensräume. In B. Friebertshäuser & A. Prengel (Hrsg.), *Handbuch Qualitative Forschungsmethoden in der Erziehungswissenschaft* (S. 414–435). Weinheim: Juventa.

- Mack, W. (2009). Von der Konfrontation zur Kooperation. Bildungstheoretische Begründungen einer neuen Form von Kooperation von Jugendhilfe und Schule. In F. Prüß, S. Kortas & M. Schöpa (Hrsg.), *Die Ganztagsschule: Von der Theorie zur Praxis. Anforderungen und Perspektiven für Erziehungswissenschaft und Schulentwicklung* (S. 295–306). Weinheim: Juventa.

- Maykus, S. (2009). Kooperation: Mythos oder Mehrwert? Der Nutzen multiprofessioneller Kooperation der Akteure schulbezogener Jugendhilfe. In F. Prüß, S. Kortas & M. Schöpa (Hrsg.), *Die Ganztagsschule: Von der Theorie zur Praxis. Anforderungen und Perspektiven für Erziehungswissenschaft und Schulentwicklung* (S. 307–322). Weinheim: Juventa.

- Merleau-Ponty, M. (1966). *Phänomenologie der Wahrnehmung*. Berlin: de Gruyter.

- Messner, R. (1991). Die Rhythmisierung des Schultages. Erfahrungen und pädagogische Überlegungen zu einem dringlich gewordenen Problem. In C. Kubina & H. Lambrich (Hrsg.), *Die Ganztagsschule: Bestandsaufnahme, Grundlegung, Perspektive* (S. 54–66). Wiesbaden.

- Meyer, H. (1989). *Unterrichtsmethoden. 2. Praxisband.* Frankfurt am Main: Cornelsen Scriptor.

- Müller, C. & Petzold, R. (2006). *Bewegte Schule: Aspekte einer Bewegungserziehung in den Klassen 5 bis 10/12.* Sankt Augustin: Academia.

- Naul, R. (2005). Bewegung, Spiel und Sport in offenen Ganztagsschulen. *Sportunterricht, 54* (3), 68–72.

- Naul, R. (2008). Die Ganztagsschule. Neues Lernen in der Schule für Kopf und Körper, mit Bewegung und Verstand. In W. Schmidt (Hrsg.), *Zweiter Deutscher Kinder- und Jugendsportbericht. Schwerpunkt: Kindheit* (S. 319–336). Schorndorf: Hofmann.

- Negt, O. (2000). Vorwort von Oskar Negt. In U. Köhler & D. Krammling-Jöhrens (Hrsg.), *Die Glocksee-Schule: Geschichte – Praxis – Erfahrungen* (S. 9–14). Bad Heilbrunn: Klinkhardt.

- Neuber, N. (2008). Zwischen Betreuung und Bildung – Bewegung, Spiel und Sport in der Offenen Ganztagsschule. *Sportunterricht 57* (6), 180–185.

- Neuber, N. & Schmidt-Millard, T. (2006). Sport in der Ganztagsschule. *sportpädagogik, 30* (5), 4 – 13.
- Oelkers, J. (2003). Ganztagsschulen, Gesamtschulen und demokratische Schulstruktur. Überlegungen zur Schulreform in Deutschland. *Pädagogik, 55* (12), 36 – 40.
- Oelkers, J. (2004). Gesamtschule und Ganztagsschule – Politische Dimensionen des deutschen Bildungssystems. In H. Otto & T. Coelen (Hrsg.), *Grundbegriffe der Ganztagsbildung. Beiträge zu einem neuen Bildungsverständnis in der Wissensgesellschaft* (S. 221 – 246). Wiesbaden: VS.
- Oerter, R. & Montada, L. (2002). *Entwicklungspsychologie.* Weinheim: Beltz.
- Oswald, P. & Schulz-Benesch, G. (1967/[17]2001). *Grundgedanken der Montessori-Pädagogik: Aus Maria Montessoris Schrifttum und Wirkkreis.* Freiburg: Herder.
- Otto, H. & Coelen, T. (2004). Auf dem Weg zu einem neuen Bildungsverständnis: Ganztagsschule oder Ganztagsbildung? In H. Otto & T. Coelen (Hrsg.), *Grundbegriffe der Ganztagsbildung. Beiträge zu einem neuen Bildungsverständnis in der Wissensgesellschaft* (S. 7 – 16). Wiesbaden: VS.
- Peschel, F. (2006). *Offener Unterricht. Idee, Realität, Perspektive und ein praxiserprobtes Konzept zur Diskussion. Band 1 und 2.* Baltmannsweiler: Schneider.
- Petersen, P. (1927/[63]2007). *Der kleine Jena-Plan einer freien allgemeinen Volksschule.* Weinheim: Beltz.
- Pfitzner, M. (2003). Sicherheitsförderung im Schulsport. In N. Gissel (Hrsg.), *Abenteuer, Erlebnis und Wagnis: Perspektiven für den Sport in Schule und Verein?* (S. 37 – 48). Hamburg: Czwalina.
- Prengel, A. (2006). *Pädagogik der Vielfalt: Verschiedenheit und Gleichberechtigung in interkultureller, feministischer und integrativer Pädagogik.* Wiesbaden: VS.
- Prüß, F. (2009). Ganztägige Bildung und ihre Bedeutung für Entwicklungsprozesse. In F. Prüß, S. Kortas & M. Schöpa (Hrsg.), *Die Ganztagsschule: Von der Theorie zur Praxis. Anforderungen und Perspektiven für Erziehungswissenschaft und Schulentwicklung* (S. 33 – 58). Weinheim: Juventa.
- Reinhardt, K. (1992). *Öffnung der Schule. Community Education als Konzept für die Schule der Zukunft?* Weinheim: Beltz.
- Rekus, J., Hintz, D. & Ladenthin, V. (1998). *Die Hauptschule: Alltag, Reform, Geschichte, Theorie.* Weinheim: Juventa.
- Riegel, K. (2010). Bewegungspausen im Unterrichtsalltag der Ganztagsschule. In R. Hildebrandt-Stramann, R. Laging & J. Teubner (Hrsg.), *Bewegung, Spiel und Sport in der Ganztagsschule – StuBSS: Ergebnisse der qualitativen Studie.* Baltmannsweiler: Schneider.

- Riegel, K. & Hildebrandt-Stramann, R. (2009). *Bewegung und Lernen.* Braunschweig: Eigenverlag.
- Röhner, C. & Rauschenberger, H. (2008). *Kompetentes Lehren und Lernen. Untersuchungen und Berichte zur Praxis der Reformschule Kassel.* Baltmannsweiler: Schneider.
- Rumpf, H. (1981). *Die übergangene Sinnlichkeit – drei Kapitel über die Schule.* München: Juventa.
- Scherer, H. (2005). Bewegung und Bildung – relationale Bildung im Bewegungshandeln. In J. Bietz, R. Laging & M. Roscher (Hrsg.), *Bildungstheoretische Grundlagen der Bewegungs- und Sportpädagogik* (S. 123 – 140). Baltmannsweiler: Schneider.
- Schulz-Algie, S. (2010). Kooperation Ganztagsschule und Vereine – erfolgreiche Gelingensbedingungen. In P. Böcker & R. Laging (Hrsg.), *Bewegung, Spiel und Sport in der Ganztagsschule – Aktuelle Tendenzen der Schulentwicklung, Sozialraumorientierung und Kooperation von Schule und außerschulischen Partnern.* Baltmannsweiler: Schneider.
- Seibel, B. (2007). *Bewegung, Spiel und Sport in der Ganztagsschule: Dokumentation eines Symposiums an der Südbadischen Sportschule Steinbach.* Schorndorf: Hofmann.
- Sherborne, V. (1998). *Beziehungsorientierte Bewegungspädagogik.* München: Reinhardt.
- Stibbe, G. (2006). Ganztagsschule mit Programm. Oder: Auf dem Weg zur Bewegungsraumschule. *sportpädagogik, 30* (5), 48 – 50.
- Strauss, A. L. (1994). *Grundlagen qualitativer Sozialforschung.* München: Fink.
- Tamboer, J. W. I. (1979). Sich Bewegen – ein Dialog zwischen Mensch und Welt. *sportpädagogik, 3* (2), 14 – 19.
- Thies, W. (2006). Gemeinsam lernen in der Sophie-Scholl-Schule Gießen. *Geistige Behinderung, 44* (3), 241 – 250.
- Tillmann, K. (2005). Ganztagsschule: Die richtige Antwort auf PISA? In K. Höhmann, H. G. Holtappels, I. Kamski & T. Schnetzer (Hrsg.), *Entwicklung und Organisation von Ganztagsschulen. Anregungen, Konzepte, Praxisbeispiele* (S. 45 – 58). Dortmund: IFS-Verlag.
- Tillmann, K. (2006). Ganztagsschulen: Die schulpädagogische Perspektive. In K. Höhmann (Hrsg.), *Ganztagsschule gestalten: Konzeption, Praxis, Impulse* (S. 34 – 39). Seelze: Kallmeyer.
- Trebels, A. H. (1992). Das dialogische Bewegungskonzept. Eine pädagogische Auslegung von Bewegung. *Sportunterricht, 41* (1), 20 – 29.
- Vogel, P. (2004). Zum Gebrauch des neuhumanistischen Wortes „Bildung". In H. Otto & T. Coelen (Hrsg.), *Grundbegriffe der Ganztagsbildung. Beiträge zu einem neuen Bildungsverständnis in der Wissensgesellschaft* (S. 33 – 40). Wiesbaden: VS.

- Vogel, P. (2006). Bildungstheoretische Optionen zum Problem der Ganztagsbildung. In H. Otto (Hrsg.), *Zeitgemäße Bildung. Herausforderung für Erziehungswissenschaft und Bildungspolitik* (S. 14 – 21). München: Reinhardt.
- Wagenschein, M. (1968/⁵1999). *Verstehen lehren.* Weinheim: Beltz
- Waschler, G. (2004). Kooperation zwischen Schule und Sportverein. In Verbindung pädagogischer und sportspezifischer Zielstellungen. *Sportpraxis, 45* (3), 22 – 24.
- Welscher-Forche, U. (1999). *Lernen fördern mit Elementen des szenischen Spiels.* Baltmannsweiler: Schneider.
- Winkler, M. (2004). PISA und die Sozialpädagogik. Anmerkungen zu einer verkürzt geführten Debatte. In H. Otto & T. Coelen (Hrsg.), *Grundbegriffe der Ganztagsbildung. Beiträge zu einem neuen Bildungsverständnis in der Wissensgesellschaft* (S. 61 – 80). Wiesbaden: VS.
- Zimmer, R. (1993). Kinder brauchen Spielraum. *motorik, 16* (1), 2 – 6.
- Ziroli, S. (1998). *Kooperation zwischen Schule und Sportverein. Grundlagen, Konzepte und empirische Befunde.* Schorndorf: Hofmann.
- Ziroli, S. (2006). *Bewegung, Spiel und Sport an Grundschulen. Profilbildung, theoretische Grundlagen und empirische Befunde.* Aachen: Meyer & Meyer.

Themenhefte der folgenden Zeitschriften:

- Ganztags Schule machen (2007). *Rhythmisierung.* Themenheft der Zeitschrift Ganztags Schule machen, 1 (1). Seelze: Friedrich.
- Grundschule (2010). *Bewegung in der Ganztagsschule.* Themenheft der Zeitschrift Grundschule, 42 (4). Braunschweig: Westermann.
- Praxis Schule 5 – 10 (2008). *Bewegte Schule bewegt Lernen.* Themenheft der Zeitschrift Praxis Schule 5 – 10, 19 (6). Braunschweig: Westermann.
- sportpädagogik (2001). *Schulen in Bewegung.* Themenheft der Zeitschrift sportpädagogik, 25 (2). Seelze: Friedrich.
- sportpädagogik (2006). *Sport in der Ganztagsschule.* Themenheft der Zeitschrift sportpädagogik, 30 (5). Seelze: Friedrich.

DIE PORTRAITIERTEN SCHULEN

- **Freie Ganztagsgrundschule STEINMALEINS**
  Susanne-Bohl-Straße 2
  07747 Jena
  Tel.: 03641 / 635861
  E-Mail: schule@quer-wege.de
  Homepage: http://ganztagsgrundschule.querwege.de/

- **Gesamtschule Ebsdorfer Grund**
  Zur Gesamtschule 21
  35085 Ebsdorfergrund
  Tel.: 06424/94010
  E-Mail: verwaltung@gse-heskem.de
  Homepage: http://www.gs-ebsdorfergrund.de/

- **Glocksee-Schule Hannover**
  Am Lindehofe 14
  30519 Hannover
  Tel.: 0511/16849197
  E-Mail: sekretariat@glocksee.de
  Homepage: http://www.glocksee.de/

- **Grundschule Schöningen**
  Schützenbahn 9
  38364 Schöningen
  Tel.: 05352/3582
  E-Mail: info@gs-schoeningen.de
  Homepage: http://www.gs-schoeningen.de/

- **Gymnasium am Silberkamp**
  Am Silberkamp 1
  31224 Peine
  Tel.: 05171/49771
  E-Mail: gymnasium-am-silberkamp@stadt-peine.de
  Homepage: http://www.silberkamp.de/

- **Hauptschule Rothenburg**
  Die Hauptschule Rothenburg ist im Schuljahr 2009/10 aufgelöst
  worden und existiert daher in der in diesem Buch portraitierten Form
  nicht mehr.

- **IGS Peine-Vöhrum**
  Pelikanstraße 16
  31228 Peine
  Tel.: 05171/940090
  E-Mail: info@igs-peine.de
  Homepage: http://www.igs-peine.de/

- **Reformschule Kassel**
  Schulstraße 2
  34131 Kassel
  Tel.: 0561/311272
  E-Mail: sekretariat@reform.ksan.de
  Homepage: http://www.reformschule-kassel.de

- **Sophie-Scholl-Schule Gießen**
  Grünberger Straße 222
  35394 Gießen
  Tel.: 0641/944300
  E-Mail: Schule@Lebenshilfe-Giessen.de
  Homepage: http://www.sophie-scholl-schule-giessen.de

- **Theodor-Heuss-Schule Marburg**
  Willy-Mock-Straße 12
  35037 Marburg
  Tel.: 06421/1664120
  E-Mail: info@ths-marburg.de
  Homepage: http://www.ths-marburg.de/

- **Wartburgschule Eisenach**
  Wilhelm-Pieck-Straße 1
  99817 Eisenach
  Tel.: 03691/203776
  E-Mail: info@wartburgschule.de
  Homepage: http://www.wartburgschule.de/

- **Wollenbergschule Wetter**
  Weinstraße 9-11
  35083 Wetter
  Tel.: 06423/94140
  E-Mail: verwaltung@wollenbergschule.de
  Homepage: http://www.wollenbergschule.de/

AUTORINNEN UND AUTOREN

Prof. Dr. Ralf Laging ist Professor für Bewegungs- und Sportpädagogik am Institut für Sportwissenschaft und Motologie der Philipps-Universität Marburg. Er hat das Verbundprojekt „Studie zur Entwicklung von Bewegung, Spiel und Sport in der Ganztagsschule" an den Universitäten Marburg, Braunschweig und Jena federführend geleitet.
Arbeitsschwerpunkte: Bildung und Bewegung, Bewegte Schule, Turnen, Didaktik und Methodik, Bewegung, Spiel und Sport in der Ganztagsschule.

Ahmet Derecik ist wissenschaftlicher Mitarbeiter am Institut für Sportwissenschaft der Westfälischen Wilhelms-Universität Münster. Zuvor war er als Mitarbeiter im Forschungsprojekt „Studie zur Entwicklung von Bewegung, Spiel und Sport in der Ganztagsschule" an der Philipps-Universität Marburg tätig.
Arbeitsschwerpunkte: Bewegung, Spiel und Sport in der Ganztagsschule, Informelles Lernen, Interkulturelle Bewegungserziehung.

Katrin Riegel ist Lehrkraft für besondere Aufgaben am Seminar für Sportwissenschaft und Bewegungspädagogik der Technischen Universität Braunschweig und war dort als wissenschaftliche Mitarbeiterin auch im Rahmen des Forschungsprojekts „Studie zur Entwicklung von Bewegung, Spiel und Sport in der Ganztagsschule" tätig. Darüber hinaus unterrichtet sie als Sportlehrerin an einer Grundschule.
Arbeitsschwerpunkte: Bewegung, Spiel und Sport in der Ganztagsschule, Bewegung und Lernen, Psychomotorische Entwicklungsförderung und Spielvermittlung.

Cordula Stobbe ist wissenschaftliche Mitarbeiterin im Projekt „Studie zur Entwicklung von Bewegung, Spiel und Sport in der Ganztagsschule" am Institut für Sportwissenschaft und Motologie an der Philipps-Universität Marburg.
Arbeitsschwerpunkte: Bewegung, Spiel und Sport in der Ganztagsschule, Integrative bzw. Inklusive Pädagogik, Motopädagogik.

Landauer - flexible Schulmöbel
ohne Rückenlehne!

Spielraum und Bewegung

Mit Tischen und Sitzen können Spielräume geschaffen werden. Ob Unterricht, Theaterspiel oder Spielszenen: Die Landauer sind flexibel einsetzbar!

Unser Angebot:

Die Landauer gibt es in den Farben gelb, rot, grün, blau und in vier Größen. Ein Set besteht aus Tisch, Beistellregal und Sitzwalze.

Geprüfte Sicherheit:

Der Rheinisch Westfälische TÜV hat die Landauer mit dem Prädikat "Geprüfte Sicherheit" ausgezeichnet.

Unser Service:

Beratung, Fachliteratur und Workshops zum Thema "Landauer".

Ein Produkt der:
Franz Sales Werkstätten GmbH
Dahlhauser Straße 239 . 45279 Essen - Horst
Tel.: 0201 - 85 36 - 3 . Fax: 0201 - 85 36 - 460
E-Mail: landauer@franz-sales-haus.de